Im Knaur Taschenbuch Verlag sind bereits
folgende Bücher des Autors erschienen:
Das RAF-Phantom (mit W. Landgraeber und E. Sieker)
Verschlußsache Terror
Drahtzieher der Macht
Operation 9/11
Das *Titanic*-Attentat
verheimlicht – vertuscht – vergessen 2007–2013

Über den Autor:
Gerhard Wisnewski, geboren 1959, beschäftigt sich mit den verschwie-
genen Seiten der Wirklichkeit. Seit 1986 ist der studierte Politikwissen-
schaftler als freier Autor und Dokumentarfilmer tätig. Viele seiner
Bücher wurden Bestseller, unter anderem *Operation 9/11, Das RAF-
Phantom* und v. a. das seit 2007 erscheinende Jahrbuch *verheimlicht –
vertuscht – vergessen.*
www.wisnewski.de

Gerhard Wisnewski

ungeklärt
unheimlich
unfassbar

Die spektakulärsten
Kriminalfälle 2013

KNAUR

Besuchen Sie uns im Internet:
www.knaur.de

Originalausgabe Dezember 2013
Knaur Taschenbuch
Copyright © 2013 bei Knaur Taschenbuch.
Ein Unternehmen der Droemerschen Verlagsanstalt
Th. Knaur Nachf. GmbH & Co. KG, München.
Alle Rechte vorbehalten. Das Werk darf – auch teilweise –
nur mit Genehmigung des Verlags wiedergegeben werden.
Redaktion: Thomas Bertram
Umschlaggestaltung: ZERO Werbeagentur, München
Satz: Daniela Schulz, Puchheim
Druck und Bindung: CPI books GmbH, Leck
ISBN 978-3-426-78645-1

2 4 5 3 1

Inhalt

Vorwort

Ein *Jahrbuch des Verbrechens?* Warum das denn? Sind Zeitungen und Zeitschriften nicht schon voll von Verbrechen? Quellen die Regale der Buchhandlungen nicht schon über vor Kriminalromanen, und sitzen nicht Millionen am Sonntagabend vor dem Bildschirm, wenn im Fernsehen der neueste *Tatort* läuft? Das stimmt zwar, doch wenn man sich die fiktiven Stoffe und die journalistische Berichterstattung genauer ansieht, stellt man fest, dass die Kriminalität lediglich konsumiert, aber nicht analysiert wird. Morde, Vergewaltigungen oder Raubüberfälle werden abgebrannt wie Silvesterraketen, um den berühmten »Thrill« zu erzeugen. Sie dienen nur der Unterhaltung, um nicht zu sagen: der Volksbelustigung. Unter dem Gejohle des Publikums werden immer neue Säue durchs Dorf getrieben. Haben die medialen »Säue« das Dorf aber erst einmal verlassen, hört man wenig bis nichts mehr von ihnen, und die Medien verlieren die Fälle aus den Augen. Oder wissen Sie vielleicht, was aus dem Berliner Tunnelraub geworden ist, der im Januar 2013 entdeckt wurde? Wie es 2013 mit dem Fall der Massenvergewaltigung in Indien weiterging, der monatelang die Schlagzeilen beherrschte? Warum eine Frau in den USA ihrem Mann den Penis abschnitt? Wie es kommt, dass jedes Jahr Tausende von Menschen in Lateinamerika auf grausame Weise gelyncht werden? Was eigentlich hinter der geheimnisvollen Terrorgruppe »NSU« steckt? Oder hinter dem Diamantenraub von Brüssel, den Attentaten von Boston oder dem Massaker von Woolwich, bei dem in London ein Soldat von »Islamisten« regelrecht abgeschlachtet wurde?

Wurden diese Verbrechen überhaupt richtig und vollständig dargestellt? Oder wurde etwas Wichtiges vergessen oder gar verschwiegen? Zwar habe ich derartige Themen auch bisher schon in meinen Jahrbüchern *verheimlicht – vertuscht – vergessen* behandelt, allerdings stellte sich mit der Zeit heraus, dass die dubiosen Kriminalfälle, Attentate und »Unglücksfälle« genug Raum einnahmen, um ein eigenes Buch zu rechtfertigen. Während künftig im *Jahrbuch des Verbrechens* die kriminalistische Analyse erfolgen soll, bleibt *Das andere Jahrbuch* weiterhin den geheimen politischen Hintergründen unserer Gegenwart vorbehalten. Soweit es auch beim kriminellen Geschehen eines Jahres verschwiegene Hintergründe gibt, wird deren Klärung ebenfalls Aufgabe des vorliegenden Buches sein. Denn bei Verbrechen soll es einen nicht nur gruseln, sondern sie sollen auch zum Nachdenken anregen und das eigene Verständnis erweitern. Und nicht zuletzt sollen sie als Warnung an uns alle dienen: vor der Kriminalität in unserer Umgebung und vielleicht sogar in uns selbst. Verstehen können wir diese Warnung aber nur, wenn wir die Fälle richtig verstehen. Dazu möchte dieses Buch einen Beitrag leisten.

Und nun wünsche ich Ihnen eine spannende Lektüre.

München, im November 2013

Gerhard Wisnewski

»Wir machen den Weg frei«:
Das Geheimnis der Tunnelgangster

Darf ich vorstellen – der neue Werbespot der Volksbanken/Raiffeisenbanken: Ein paar sympathische Männer schieben das Rolltor einer Tiefgarage auf. Ausgerüstet mit Kopflampen, treten sie an die gegenüberliegende Wand, falten einen großen Plan auseinander und stecken darüber die Köpfe zusammen. Dann treten weitere Männer mit einem Bohrgerät heran. Langsam fräst sich der Bohrkopf in den Beton, bis sich vier große kreisrunde Löcher zu einer einzigen großen Öffnung vereinen. Anschließend wird gebuddelt, geschaufelt und geschwitzt. Schnitt in das Innere des Schließfachraums einer Bank: Erst entsteht im Boden ein kleiner Riss, dann wird er immer größer und größer, und schließlich schlüpft einer der sympathischen Männer mit den Kopflampen heraus wie ein Küken aus dem Ei. Schnell sind die Schließfächer aufgehebelt, und die Herren lassen begeistert Bargeld und Pretiosen durch die Finger gleiten. In der letzten Szene prostet man sich mit Energy-Drinks zu, dann werden die Akteure unscharf. Zum Schluss der Slogan: »Volksbanken – Raiffeisenbanken: Wir machen den Weg frei«.

Gut, nicht? Keine Ahnung, warum die Volksbanken diesen Spot bis heute nicht gedreht haben. Schließlich werben sie auf ihrer Website mit dem Spruch »Jeder Mensch hat etwas, das ihn antreibt – wir machen den Weg frei«. Und Darsteller und Filmset waren ja immerhin auch vorhanden:

- ein paar sympathische Männer, die etwas hatten, das sie antrieb – nämlich reine Gier;
- ein scheinbar unüberwindliches Hindernis in Gestalt von zwei Betonwänden und 30 bzw. 45 Metern bestem Berliner Sandboden;

- ein erstrebenswertes Ziel in Form eines Raumes mit 1600 Schließfächern, davon die Hälfte vermietet.

Im Visier von Kriminellen

Nur leider war das keine Werbephantasie, sondern triste Berliner Realität. Was die Angestellten der Volksbank Berlin-Steglitz in der Schlossstraße 46 am Morgen des 14. Januar 2013 entdeckten, schlug dem Fass den Boden aus. Der Schließfachraum bot ein Bild der Verwüstung, fast wie nach einem Bombeneinschlag. Hunderte Schließfächer aufgebrochen und herausgerissen. Auf dem Boden, zwischen Abraum und Gesteinsbrocken, stapelten sich Metallschubladen. Laut Medien waren insgesamt 309 der 1600 Fächer geknackt worden, 294 davon waren auch tatsächlich vermietet – eine Trefferquote von etwa 95 Prozent. Zahlreiche Bankkunden erlitten hohe Verluste, weil ihr Schließfach nicht versichert war. Als Kriminalbeamte den Tatort näher in Augenschein nahmen, staunten sie nicht schlecht: Vom Tresorraum aus führte ein 45 Meter langer, professionell gebauter Stollen zu einer benachbarten Tiefgarage in der Wrangelstraße 11–12 bzw. umgekehrt. Tipptopp angelegt und verschalt.

Nun gilt ein Schließfach bei einer Bank immer noch vielen Bürgern als Inbegriff der Sicherheit. Wäre es nicht Wahnsinn, all die Schmuckstücke und das Bargeld zu Hause zu lagern? Und ob! Also ab zu einer Bank, ein Schließfach gemietet und die Geldscheine oder wertvollen Pretiosen hineingeschichtet. Das Ganze hat allerdings einen gewissen Nachteil, den viele gerne übersehen: In einer Wohnung mögen sich Wertgegenstände befinden oder auch nicht, in der Schließfachanlage einer Bank finden sich auf jeden Fall welche – was natürlich auch die einschlägigen Kriminellen wissen. Mit anderen Worten, die physische Sicherheit eines Tresorraumes wird durch den Nachteil erkauft, dass jeder darüber Bescheid weiß, dass sich dort Werte konzentrieren. So stehen Banken samt deren Schließfachanlagen von jeher im Fokus von kriminellen Elementen.

Was in der aufgeregten öffentlichen Diskussion völlig unterging: Volksbank und Wachdienste hätten gewarnt sein müssen. Der sogenannte »Berliner Tunnelraub« war nur der vorläufige Höhepunkt einer ganzen Kette von Angriffen auf die Bank. Die Volksbank Steglitz befand sich seit längerem im Visier von Kriminellen, die schon früher ein Auge auf das alleinstehende Haus an der Wrangelstraße geworfen hatten und unbedingt hinein wollten. Und zwar spätestens seit Oktober 2010. Bereits damals versuchten Einbrecher, in den Tresorraum vorzudringen: Seinerzeit »hatten sie ein Fenster aufgehebelt und sich Umbauten am Gebäude zunutze gemacht«, berichtete der *Tagesspiegel* (Online-Ausgabe, 3.2.2013). Am 26. Januar 2012 schließlich »wurde ein Fenster aufgehebelt und ein Laptop gestohlen«. Kurz nach diesem letzten bekannten Einbruch in die Volksbank mieteten Unbekannte im Februar 2012 die Tiefgarage in der Wrangelstraße an, um den Stollenbau zu beginnen. Obwohl es also bereits mehrere Einbruchsversuche in die Bank gegeben hatte, wurde der »finale Coup« vom Januar 2013 nicht verhindert! Ich schrieb der Pressesprecherin Nancy Mönch von der Berliner Volksbank eine Mail:

Medienberichten zufolge hat es bereits zuvor Einbruchsversuche in diese Volksbank-Filiale gegeben, und zwar

- *im Oktober 2010, wobei die Täter ebenfalls versuchten, in den Tresorraum vorzudringen,*
- *am 26. Januar 2012, wobei ein Laptop gestohlen worden sei.*

Meine Fragen:

Welche Einbruchsversuche gab es noch?

Denn schließlich waren das nur die Fälle, die den Medien zu entnehmen waren. Vor allem aber interessierte mich Folgendes:

Haben Sie Ihre Kunden jeweils danach über diese Einbruchsversuche informiert und ihnen dabei empfohlen, ihre Werte in den Schließfächern zu versichern, da die Bank offenbar im Fokus des Interesses von Kriminellen stand? Zumal dabei sogar versucht wurde, in den Tresorraum durchzubrechen?

Für eine baldige Antwort wäre ich dankbar.

Mit freundlichen Grüßen

Diese Antwort traf nie bei mir ein. Ob die Bank ihre Kunden vor den Kriminellen warnte, ist also unklar. Aber wäre das nicht ihre Pflicht gewesen? Klar ist nur, dass die Kunden die Dummen waren. Während dem Geldinstitut nichts geraubt wurde, stellten viele Kunden zu spät fest, dass ihre Schließfächer nicht versichert waren.

Das Rätsel der Garage

Einer dieser Kunden ist Martin Konrad (Name geändert). Er und seine Frau wurden bei dem Raub um eine fünfstellige Summe erleichtert, sagt er – zum Teil in bar, zum Teil als Schmuck. Zusammen mit anderen Betroffenen hat Konrad nach dem Einbruch eine Interessengemeinschaft gegründet. Der Geschädigte kennt die Örtlichkeiten – auch in der Tiefgarage. Laut Konrad handelt es sich dabei um eine Halle mit offenen Stellplätzen. Das heißt, jeder Stellplatz ist einsehbar – bis auf die beiden, von denen aus die Bank angebohrt wurde: »Sie müssen sich das so vorstellen«, erzählte er mir in einem Telefonat. »Das ist eine große, rechteckige Halle. Vielleicht 20 bis 30 Fahrzeuge pro Seite. Sie ist also verhältnismäßig groß, und komischerweise wurde da eine Ecke abgetrennt. In der einen Ecke haben sie zwei Garagen konstruiert, mit einem Garagentor davor. Ansonsten ist die ganze Halle offen.«

Ein solcher Zufall ist aber nur schwer vorstellbar: dass Kriminelle in der Umgebung der Bank Garagen inspizieren und dabei eine Garagenhalle finden, in der ausgerechnet die beiden Stellplätze abgetrennt sind, die man benötigt, um die Bank anzubohren. »Sonst hätte man da gar nicht unbeobachtet arbeiten können«, meint Konrad. Und was für ein Zufall, dass die beiden Stellplätze auch noch frei und anmietbar waren. Viel wahrscheinlicher ist tatsächlich, dass die beiden Garagenplätze erst für den Coup zugebaut wurden, denn sonst hätte man ihn ja gar nicht durchführen können: »Wir stellen uns ja immer wieder die Frage, wie kann so was passieren, dass da in einer Garage – und das sind ja sehr viele Leute, die da unten eine Garage haben, und das geht da rein und raus –, dass da keiner etwas mitbekommt!«, wunderte sich Schließfachinhaber Konrad mir gegenüber. »Da drüber ist zum Beispiel eine Pizzeria, und sowohl der Besitzer als auch sein Personal haben da unten ihre Fahrzeuge. Das verstehe ich nicht, dass die Leute nichts mitbekommen haben.« Tja, rätselhaft. Zwar liegt die Pizzeria nicht genau darüber, sondern vorne an der Wrangelstraße, während die fragliche Garage sich hinter dem Gebäude unter einem Parkplatz befindet. Aber hätte man als Garagenmieter nicht den regen Baustellenbetrieb mitbekommen müssen? Aber niemand hat etwas bemerkt: »Ich bin hier jeden Tag und parke mein Auto in der Garage«, zitierte der *Berliner Kurier* (14.1.2013) den Restaurantinhaber. »Aber mir ist nichts aufgefallen.« In der Tiefgarage gebe es »durch Rolltore abgegrenzte Bereiche«, so die Zeitung. »Solange die geschlossen waren, konnte der Einbruch nicht bemerkt werden.« Eben. Und das wirft einige Fragen auf.

Noch seltsamer fand Konrad, dass die Interessengemeinschaft der Betroffenen beim ersten Treffen im Februar 2013 aus dem

Restaurant »im Grunde genommen rausgeschmissen« wurde. Und als man den Inhaber gebeten habe, einen Zettel mit einem Hinweis auf die nächste Versammlung aufzuhängen, sei dieser Bitte nicht entsprochen worden: »Der hatte überhaupt kein Interesse, obwohl er selbst geschädigt ist. Der hat nicht ein einziges Mal bei uns angerufen und hat gefragt, was wir erreicht haben, welchen Anwalt wir haben oder so was. Er sagte nur, er hätte da unten [in der Bank] Geld gehabt und sei froh, dass er vor Weihnachten noch eine Summe rausgeholt habe.«

Gier kann Berge versetzen

Ein Komplize? Nicht doch. Höchstens insofern, als die Kriminellen sich vielleicht das eine oder andere Mal in seinem Restaurant stärkten. Laut einem Internet-Restaurantführer ist das Lokal »Treffpunkt italienischer Gastlichkeit«: »Vielfältige Vorspeisen, hausgemachte Pasta und der frische Fisch verwöhnen die Gaumen … Nach erfolgtem Genuss ziehen die Gäste beglückt von dannen und schmettern auf dem Heimweg vielleicht die eine oder andere Rossini-Arie.« Worauf man wetten kann. Und auch bei der Arbeit singt man gelegentlich gern. Und diese spezielle Arbeit hatte es in sich: »Der Tunnelbau gehört wohl zu den faszinierendsten, interessantesten, aber auch schwierigsten Aufgaben eines Bauingenieurs. Um die anspruchsvollen und komplexen Problemstellungen lösen zu können, ist eine interdisziplinäre Zusammenarbeit zwischen den planenden und ausführenden Organen unumgänglich«, meint Diplom-Ingenieur Markus Englmaier in einem geschichtlichen Abriss der Zunft (wobei er sicher nicht an einen Stollen wie diesen dachte). Laut Polizei war der Tunnel etwa 45 Meter lang, die Innenmaße betrugen 1,5 x 1 m. Und damit sind wir auch schon beim ersten Geheimnis dieses unterirdischen Ganges, nämlich seinem Verlauf. Seine Länge wurde zunächst mit 30 Metern angegeben – was ziemlich genau dem

Abstand der beiden Gebäude entspricht (33 m). Beim Nachmessen des Stollens kam man allerdings plötzlich auf die beträchtliche Länge von 45 Metern. Der Grund ist, dass der Stollen von Gebäude zu Gebäude nicht gerade verläuft, sondern diagonal. Er beginnt an der Tiefgarage unter einem Parkplatz hinter der Wrangelstraße 11–12, knickt nach wenigen Metern, vom Einstieg aus gesehen, nach rechts Richtung Wrangelstraße ab, beschreibt dann eine etwa 20 Meter lange Gerade, bevor er in einem Winkel von fast 90 Grad wieder nach links abbiegt, um nach wenigen Metern abermals nach rechts abzuknicken und den Tresorraum der Bank zu treffen.

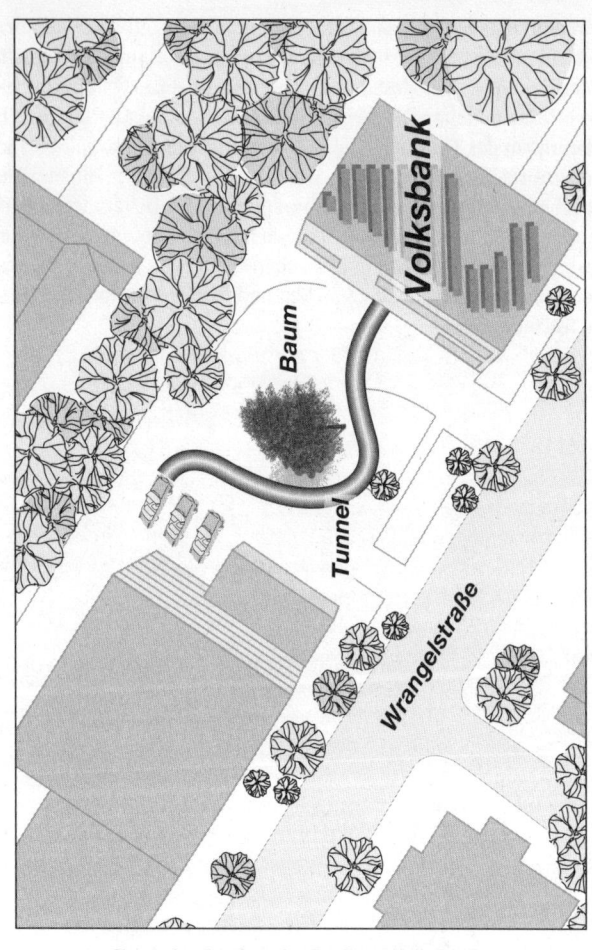

Tunnelverlauf an der Berliner Volksbank.
Quelle: Terra Xpress/ZDF

Eine erstaunliche Odyssee durch den Untergrund. Warum dieser enorme Aufwand betrieben wurde, war den Ermittlern auch Monate nach der Entdeckung des Tunnels unbekannt, wie mir das Landeskriminalamt Berlin versicherte. Gab es hier irgendein Hindernis? In der Tat kann man ja nicht einfach irgendwo einen Stollen bohren, ohne befürchten zu müssen, auf jede Menge unterirdische Widerstände zu stoßen. »Dass man nicht auf Strom und Telefon treffen würde«, sei zwar »abzusehen« gewesen, »weil die etwa einen bis zwei Meter unter der Erde liegen, und die waren ja wohl etwas tiefer«, so Fabian Remspecher vom Institut für Bauingenieurwesen der TU Berlin. »Aber was mich auch wundert, ist, dass sie auch sonst auf nichts gestoßen sind: Kanalleitungen oder Gasleitungen oder auch, was es in Berlin ja häufig gibt, ein altes Fundament.« Tatsächlich liegen in Berlin viele Überreste von Gebäuden, die im Zweiten Weltkrieg zerbombt wurden, unter der Erde: »Wenn sie auf ein altes Mauerwerk gestoßen wären, wären sie ja auch nicht weitergekommen. Die müssen das wahrscheinlich schon ein bisschen vorerkundet haben. Ohne Plan stelle ich mir das wirklich schwierig vor.« Auch der beschriebene Knick »musste ja geplant werden. Also, an welcher Stelle er kommen soll, welchen Radius er haben soll – da kann ich auch nicht einfach Pi mal Daumen nehmen …«

Ein Vorteil für die Einbrecher bestand darin, dass der unterirdische Gang von einem Privatgrundstück zum anderen führte, nämlich vom Grundstück Wrangelstraße 11–12 zum Anwesen der Volksbank. Und unter Privatgrundstücken verlaufen normalerweise relativ wenige Leitungen. Das Geflecht der Hauptleitungen liegt unter den öffentlichen Straßen und Gehwegen, wie mir Katharina Poka, Bezirksingenieurin für Steglitz, erklärte: »Von da werden in der Regel nur die Hausanschlüsse auf das jeweilige Grundstück gelegt.« An der Oberfläche über dem Tunnel ist nichts Besonderes zu erkennen. Über dem Stollen sieht man eine Zufahrt zu einem Parkplatz, einen Parkplatz, eine Grünfläche, einen Mülltonnenabstellplatz und einen Baum, anschließend die Zufahrt zur Volksbank – sonst nichts. Wobei man daraus noch nicht unbedingt auf das schließen kann, was sich unter der Erde befindet. Verläuft hier vielleicht ein Stück Kanalisation? Oder liegt hier ein altes Fundament? Am ehesten scheint der Haken, den die Einbrecher schlugen, an dem erwähnten Baum vorbeizuführen. Verhinderte etwa Wurzelwerk ein Weiterkommen? Denn schließlich hätte eine Beschädigung der Wurzeln zu einem auffälligen Absterben der Pflanze führen können. Oder verirrten sich die Gauner schlicht im Untergrund? Warum führten sie den Tunnel nicht links am Baum vorbei? Und wie fanden sie »auf den rechten Weg« zurück? Noch sind längst nicht alle Rätsel des Tunnels geklärt.

Auf der Suche nach neuen Lagerstätten

Und wenn wir schon bei Fragen sind: Was suchten die Einbrecher eigentlich in den Schließfächern der Bank? Wirklich nur Omas Schmuck, Opas Goldmünzen und Vaters Sparstrumpf? Oder suchten sie etwa etwas ganz Bestimmtes? Warum wählten sie überhaupt diese Art des »Banküberfalls«? Schließlich kann man ja auch einfach hineinspazieren, »mit der Knarre abheben« und wieder verschwinden. Das dauert nur ein paar Minuten, Kosten und Aufwand sind minimal. Auf der anderen Seite stehen Risiko und Ertrag dieser Methode immer weniger in einem rentablen Verhältnis, seit Banken und ihre Geldbestände immer besser geschützt werden. So verhindern Zeitschlösser eine schnelle Auszahlung größerer Summen, oder die Geldbündel sind mit Farbpatronen präpariert, die bei unsachgemäßer Öffnung platzen. Gleichzeitig führten registrierte Geldscheine, in Taschen versteckte GPS-Sender sowie die überall vorhandenen Überwachungskameras zu einer verbesserten Aufklärungsquote. Sie stieg in den letzten Jahrzehnten von 60 auf 70 Prozent; in manchen Jahren lag sie gar bei

84 Prozent. Gleichzeitig sank durch die geschilderten Maßnahmen der Ertrag der Räuber.

All das könnte Grund genug für die Berliner Tunnelgangster gewesen sein, in den Untergrund zu gehen. Schließlich ist es wie im richtigen Leben, beispielsweise bei der Rohstoffgewinnung: Mit zunehmender Erschöpfung der leicht erreichbaren Vorkommen steigt der Aufwand für die Erschließung weniger gut erreichbarer Lagerstätten. Auf der anderen Seite erklärt dies den in diesem Fall betriebenen Aufwand noch nicht ganz. Der Vorsitzende des Vereins Berliner Unterwelten e.V. und »Untergrundexperte« Dietmar Arnold fand den Aufwand für den Tunnel »beachtlich«: »Erst die Kernbohrungen [in die Garagenwand], ohne dass es jemand gehört bzw. mitbekommen hat. Dann die Sandabfuhr. Zudem hat es sich um Berliner Sandboden gehandelt, der für solchen Vortrieb sehr ungeeignet ist.« Ich hatte im Februar 2013 mit Arnold Kontakt aufgenommen. Der Unterwelten e.V. erkundet seit Jahrzehnten den Berliner Untergrund samt Bunkern und vergessenen U-Bahnhöfen. »Abgesehen davon, entdeckt zu werden, bestand die Gefahr, dass der Tunnel im Sandboden einstürzt, da Sand normalerweise nicht stabil genug ist«, so Arnold. »Deswegen muss der Vortrieb dezimeterweise erfolgt sein. 15 Zentimeter Vortrieb, dann ein bis zwei Absteifungen und so weiter.«

162 Tonnen Aushub

Weil sich der Verein auch mit der Geschichte der Fluchttunnel unter der ehemaligen DDR-Grenze beschäftigt, hat er früher selbst einmal einen rund zwölf Meter langen »Modelltunnel« angelegt. »Mit Absteifungen haben wir rund einen Meter pro Tag geschafft, mit vier Leuten. Bei 45 Metern also Bauzeit für den Vortrieb geschätzt max. 60 Tage [Nettoarbeitszeit für den Tunnelvortrieb], allerdings ohne Sandtransport. Und den Sand konnten die Gangster ja nur heimlich abfahren.«

Arnold hat die Sache einmal durchgerechnet:

>»Abraum ist das erste Problem. Rein rechnerisch würden bei dieser Größe rund 54 m³ zusammenkommen. Da der Boden nach dem Aushub aber ›aufgeht‹ (ungefähr auf das Eineinhalbfache, da die Verdichtung wegfällt), ist mit etwa 80–85 m³ Aushub zu rechnen, die wirklich zusammengekommen sein dürften. Das heißt, dass bei der Dichte von Sandboden 136 Tonnen (136 000 kg) Sand zusammengekommen sind. Sollten die Gangster aufgrund der Höhe der Tiefgarage nicht mit einem Kleintransporter, sondern nur mit einem Kombi in die Garage eingefahren sein, ergibt das z. B. bei einem VW-Passat Variant mit einer Zuladung von max. 500 Kilo rechnerisch 272 Fahrten allein für den Abraum.

Und damit das nicht auffällt, gehe ich eher von einer Zuladung von 250–300 Kilo pro Fahrt aus (sonst hängt der Wagen durch). Das bedeutet rund 450 Fahrten.

Also mehrmals am Tag. (…) Und dann mussten die den Sand ja noch irgendwo entsorgen, was eigentlich hätte auffallen müssen.«

Allerdings beruhte diese Berechnung auf einer Tunnelbreite von 80 Zentimetern: Wenn man die mir zuletzt von der Berliner Polizei genannten Zahlen zugrunde legt (1,5 x 1 x 45 m) kommt man gemäß Arnolds Rechnung sogar auf 101,25 m³ Aushub, 162 Tonnen Abraumgewicht und 540 Abfuhren (bei 300 Kilogramm Zuladung).

Ein industrielles Unternehmen

Interessant ist aber nicht nur, was aus dem Tunnel heraus-, sondern auch, was hineingeschafft wurde. Zum Beispiel kubikmeterweise Holzbohlen oder Bretter, mit denen der Tunnel komplett verschalt wurde (Decke, Boden, Wände). Für ein umlaufendes Brettsegment benötigte man etwa fünf Meter Brett (Höhe plus Breite mal zwei). Bei einer Brettbreite von 20 Zentimetern bräuchte man 225 Segmente à fünf Meter, macht zusammen 1125 Meter oder 1,125 Kilometer! Natürlich müssen auch diese Bretter irgendwo beschafft, zugeschnitten und angeliefert worden sein. Ebenso wie die nach dieser Rechnung etwa 900 rechten Winkel, mit denen die Bretter oben und unten miteinander verschraubt wurden, so dass praktisch ein geschlossener Holzkanal bzw. -stollen entstand. In der erwähnten Tiefgarage muss also ein reger Baubetrieb geherrscht haben: 540 Fahrzeugladungen Sand mussten abtransportiert und 900 Einzelbretter angeliefert werden. Demnach wurde der Stollen nicht nur ausgehoben, sondern regelrecht industriell gefertigt. Dass dies niemand mitbekommen haben soll, ist eigentlich unglaublich.

Absolute Erfolgsgarantie?

Es steht wohl fest, dass dieses Projekt nur bei einem beträchtlichen Anreiz und einer absoluten Erfolgsgarantie in Angriff genommen worden sein dürfte. Denn ein solcher Tunnel wird vermutlich nicht »auf Verdacht« gebaut. Was bei einem Banküberfall möglich ist – nämlich hineinmarschieren und sich überraschen lassen von dem, was es zu holen gibt –, ist hier keine Option. Ebenso muss ausgeschlossen sein, dass man beim Eindringen in den Schließfachraum irgendwelche Überraschungen in Form von Alarmanlagen oder Wachdiensten erlebt. Ein Jahr Arbeit (seit Anmietung der Garagenplätze) und ein beträchtlicher Kostenaufwand, nur um einen Bewegungsmelder auszulösen und anschließend die Flucht zu ergreifen, wäre schließlich allzu dumm.

Ein unüberwindliches Dilemma

Kurz und gut, die Täter mussten den Tunnel nicht nur an einem Ende in Angriff nehmen – nämlich in der Tiefgarage –, sondern auch am anderen: in der Bank. Vermutlich, um die Erkundungen zu erleichtern, hatten sie hier mit einem falschen Pass ein Schließfach angemietet. Medienberichten zufolge gab es nämlich ein unüberwindliches Dilemma, mit dem die Täter sich beschäftigt haben müssen: einen Bewegungsmelder, vielleicht auch noch andere Sensoren im Schließfachraum. Ohne eine Strategie für diese Sensoren hätten die Einbrecher ihr Unternehmen gar nicht erst in Angriff zu nehmen brauchen, weil dann bereits bei der ersten Bewegung im Tresorraum der Alarm losgegangen wäre, und alles wäre umsonst gewesen. Die Täter mussten sich also mit zwei Punkten zwingend beschäftigen: den Sensoren und dem Wachschutz.

»Eines der größten Rätsel ...«

Das Verhalten des Sicherheitsdienstes ist denn auch »eines der größten Rätsel«, wie der *Tagesspiegel* (Online-Ausgabe, 3.2.2013) schrieb. Denn dieser Wachschutz hatte es offenbar in der Hand, das ganze Unternehmen zu vereiteln – tat es aber nicht. Während der Einbruch erst am Montagmorgen, 14. Januar 2013, entdeckt wurde, schlug bereits in der Nacht zum Samstag ein Bewegungsmelder im Tresorraum an, sehr wahrscheinlich ausgelöst durch die Einbrecher. Schließlich war dies auch der einzig logische Einbruchstermin. Nach dem Verstreichen des letzten Werktages (Freitag) war es sicher sinnvoll, in der Nacht zum Samstag anzufangen, um das ganze Wochenende nutzen zu können. Es passierte also genau das, was passieren musste, nämlich dass durch die erste Bewegung im Tresorraum Alarm ausgelöst wurde. Die Täter hatten die Alarmsensoren demnach nicht vor dem Einbruch ausgeschaltet. Dennoch müssen sie einen Grund für die Zuversicht, ja die Gewissheit gehabt haben, dass der Alarm folgenlos bliebe. Denn sonst hätten sie den Stollen ja gar nicht erst zu graben brauchen.

Bleibt eigentlich nur noch der Wachdienst. Und tatsächlich versagte dieser auf geheimnisvolle Weise: »Der private Wachschutz, bei dem der Alarm einging, sei daraufhin zwar zur Bank gefahren, habe das Gebäude umrundet und sei dann wieder weggefahren, als nichts Auffälliges von außen zu sehen gewesen war«, zitierte der *Tagesspiegel* die Ermittler. Möglicherweise, spekuliert die Zeitung, hätten es die Täter genau darauf ankommen lassen, um anschließend den Bewegungsmelder außer Gefecht zu setzen und in Ruhe ihre Arbeit aufzunehmen. Aber ist das wirklich plausibel? Lässt man es nach einem oder eineinhalb Jahren Arbeit und unendlichen Mühen wirklich »darauf ankommen«, ob ein Wachschutz zufällig im Keller nachsieht oder nicht? Wohl kaum. Denn im Normalfall ist davon auszugehen, dass der Wachschutz nachsehen wird.

Mäusejagd im Tresorraum

Verlief der Coup der Gangster mit der Ankunft des Wachdienstes also tatsächlich »nicht ganz so wie geplant«, wie die ZDF-Sendung *Terra Xpress* vom 16. Juni 2013 vermutete? Oder verlief alles tatsächlich genau wie geplant? Es ist kaum vorstellbar, dass diese Profis sich nicht mit dem Sicherheitsdienst auseinandersetzten. Schließlich stand und fiel damit das ganze Unternehmen. Ihr Plan für Alarm und Sicherheitsdienst muss genauso solide gewesen sein wie der Tunnelbau selbst. Werfen wir dazu einen Blick auf die Version der ZDF-Journalisten: »Ein Mann könnte den Tunneldieben jetzt noch einen Strich durch die Rechnung machen«, hieß es in der Sendung vom 16. Juni: »Zwei Tage vor der Entdeckung der Tat geht ein Alarmsignal bei der Sicherheitsfirma der Bank ein.« Also in der Nacht auf Samstag. »In solchen Fällen rückt ein privater Wachmann an. Der Einsatz der Polizei wäre zu kostspielig. Vermutlich sind hier die Gangster schon dabei, die

Außenwand zu durchlöchern, als auf der anderen Seite des Tresorraums ihr Traum vom großen Geld, vom perfekten Verbrechen zu platzen droht.« Noch einmal die Frage: Ist es wirklich denkbar, dass die Gangster einen 45-Meter-Tunnel bauten, um sich anschließend von einem Wachmann überraschen zu lassen? »Alarmsignale, die aus der Bank kommen, müssen sofort überprüft werden«, so *Terra Xpress* weiter. »Meistens sind solche Tresorräume mit sensiblen Bewegungsmeldern oder Erschütterungssensoren gesichert. Vermutlich haben die Tunnelgangster den Alarm ausgelöst. Der Wachmann muss die Räume der Bank untersuchen.« – »Entscheidende Sekunden« für die Täter, wie das ZDF feststellt. Und dann? »Dann passiert nichts.« Nach dieser Version endet »die Tour des Berliner Wachmannes (…) vor dem Tresor«. Allein »darf und kann« er den Raum angeblich nicht betreten. Vielmehr soll er »bei einem Alarm im Tresorraum eigentlich die Polizei und die Bankverantwortlichen informieren. Doch der Wachmann in Steglitz überprüft anscheinend nur die Bank, nicht den Tresorraum. Für ihn ist an diesem Abend der Job erledigt. Warum er nicht die Polizei benachrichtigt, wird nicht gesagt.« – »Wann, wie, wo und warum Alarm ausgelöst wurde, dazu werde ich keine Auskunft geben«, lässt Volksbank-Pressesprecherin Mönch das ZDF-Team abblitzen. »Vielleicht glaubt der Wachschutz an einen Fehlalarm«, mutmaßt daraufhin das ZDF. Auch die Erklärung, warum der Wachmann nicht im Tresorraum nachsah, ist nicht überzeugend: »Angeblich soll es zuvor mehrere Fehlalarme gegeben haben, ausgelöst durch Mäuse«, war im *Tagesspiegel* vom 3. Februar 2013 zu lesen. »Der Wachmann soll schlicht keine Lust gehabt haben, wegen Mäusen in den Keller zu steigen. Weder Polizei noch Volksbank wollten diese Information kommentieren. Tatsächlich löste der Alarm aus, weil die zweite Wand durchbrochen worden war.« Also die Wand zum Tresorraum; danach haben sich die Einbrecher vermutlich sofort um den Bewegungsmelder oder andere Sensoren »gekümmert«.

Nun mag es in einem Tresorraum ja tatsächlich jede Menge Mäuse geben – allerdings liegen die schön brav in ihren Schließfächern und turnen nicht herum, um einen Bewegungsmelder auszulösen. Für lebendige Mäuse ist ein Tresorraum nämlich eine ziemlich karge Umgebung. Was sollten die Tiere also im sterilen Tresorraum einer Bank verloren haben? So gibt denn auch zu denken, dass zwar tatsächlich ein Alarm ausgelöst wurde und der Wachschutz vor Ort war – aber weder in den Schließfachraum sah noch den Einbruch auf andere Weise stoppte. Die Version der ZDF-Sendung *Aktenzeichen XY ungelöst* vom 7. August 2013 wirft sogar noch mehr Fragen auf. Demzufolge schaltete der Wachmann den Alarm nur vorübergehend ab, um ihn anschließend sofort wieder zu aktivieren. Hätte nun nicht jede weitere Bewegung der Einbrecher sofort einen neuen Alarm auslösen müssen? Aber nichts geschah: »Während der folgenden 48 Stunden jedenfalls, bis zur Entdeckung der Tat, verlässt kein weiteres Signal die Bank«, hieß es in *Terra Xpress*.

Ein unauflöslicher Widerspruch

Es fällt schwer, hier an einen Zufall zu glauben. Einerseits muss der Alarm aus dem Tresorraum gekommen sein, denn einen anderen Teil der Bank haben die Täter nicht betreten. Andererseits wird genau dieser Tresorraum nicht untersucht. Ein unauflöslicher Widerspruch. Auch vor dem Hintergrund der früheren Einbrüche hätten Bank und Wachunternehmen schließlich gewarnt sein müssen. Ein erklärungsbedürftiger Umstand. Aber genau hier mauern plötzlich alle – die Polizei genauso wie die Volksbank. Mit Erklärungen hat es deren Pressesprecherin bekanntlich ohnehin nicht so. Wann und warum Alarm ausgelöst wurde, wollte sie nicht sagen. Die Bank ist schließlich fein raus: »Wir sind nicht ausgeraubt worden«, stellt Mönch in dem ZDF-Film lapidar fest.

Die Rente ist weg

Die Kunden hatten nicht so viel Glück: »Mein ganzes Leben hat sich verändert«, sagt beispielsweise die 74-jährige Volksbank-Kundin Rita K. in der ZDF-Dokumentation. »Ich muss versuchen, so alt wie ich bin, mir eine Arbeit zu suchen, um weiter zu existieren«, klagt die Frau, die sich ebenfalls der bereits erwähnten Interessengemeinschaft angeschlossen hat. »Ein Teil meiner Rente hat sich verabschiedet«, sagt auch ein anderer Volksbank-Kunde. »Warum mietet man ein Schließfach an?«, fragt Jutta L.: »Mit der Intention, dass das Hab und Gut in einer Bank besonders sicher aufbewahrt ist.« Nun hat sich genau das in den vergangenen Jahren auch schon für viele Millionen anderer Bankkunden als Trugschluss erwiesen, die zum Beispiel auf eine schlechte Beratung hereinfielen und so ihr Vermögen verloren. Weniger bekannt war bisher, dass dies selbst Schließfachkunden betreffen kann. »Ob Feuer, Wasser oder Langfinger: Wir investieren in einem hohen Maß in Sicherheit, damit Ihre Wertsachen immer gut bei uns aufgehoben sind«, hieß es einmal in einem Volksbank-Schreiben an die Schließfach-Kundin Rita K. Anlässlich des Einbruchs klärte die Volksbank-Sprecherin das Publikum auf: »Wenn Sie wollen, dass Ihre Wertgegenstände geschützt sind vor nämlich diesen Extremen: Einbruch, Feuer und Wasserschaden, dann müssen Sie eine Schließfachversicherung abschließen.« Manche Kunden hörten das zum ersten Mal: »Man hat mir keine Versicherung zu dem Tresorfach angeboten«, widerspricht Volksbank-Kundin Jutta L. Also offenbar auch nicht nach den wiederholten Einbruchsversuchen in den letzten Jahren. »Dass es bei der Berliner Volksbank keine automatische Schließfachversicherung gibt, müsste jedem Kunden bekannt gewesen sein«, meint dagegen Pressesprecherin Mönch. Nicht bekannt war den Kunden aber möglicherweise, dass Einbrecher schon mehr als ein Auge auf diese Filiale geworfen hatten.

Ein denkwürdiges Telefonat

Gleichgültigkeit und Desinteresse vermittelt auch die Polizei. In zahlreichen Telefonaten mit der Pressestelle der Polizei Berlin gelang es mir nicht, den genauen Ablauf des Geschehens im Tresorraum zu rekonstruieren. Die Informationen über den Bankraub scheinen wesentlich besser geschützt zu sein als der ausgeräumte Tresorraum selbst. Typisch ist etwa das folgende Telefongespräch, das ich etwa fünf Wochen nach dem Einbruch mit der Pressestelle der Berliner Polizei geführt habe:

GW: *Kann man nicht feststellen, von wo der Alarm kam – da war doch ein Bewegungsmelder im Schließfachraum. Das kann die Sicherheitszentrale doch feststellen, oder?*

Polizei: *Möglicherweise können die das, das weiß ich jetzt nicht, wo der Bewegungsmelder gewesen ist. Kann jetzt auch im Augenblick den Leiter der SOKO nicht erreichen, sonst könnte ich den mal fragen, welcher Alarm da ausgelöst wurde. Ansonsten muss man sich das natürlich so vorstellen, dass in dem Augenblick, wo noch niemand durchgebrochen ist, auch nichts zu sehen ist. Selbst wenn man die Schränke beiseiteschieben würde. Dann sagt sich der Mann vom Wachdienst: Tja ... was mag da wohl sein?*

GW: *Sind die nicht durch den Boden reingekommen?*

Polizei: *Die sind hinten durch die Wand gekommen, sieht man auf einem Foto der Volksbank. Da sieht man, dass der Schrank, der an der Wand stand, vorgeschoben wurde, mit den Schließfächern.*

GW: *Dabei müsste dann doch der Bewegungsmelder losgegangen sein.*

Polizei: *Hätte sein können, dass der losgeht, aber …*

GW: *Die Frage ist doch die: Wenn ich ein Jahr lang einen Tunnel grabe, dann muss ich mich doch als Täter mit dem Bewegungsmelder beschäftigen … sonst komme ich da rein, und das war's dann auch schon mit meinem Einbruch.*

Polizei: *Diese Frage kann ich leider auch nicht beantworten, weil das auch Gegenstand der Ermittlungen ist, wie das so möglich war.*

GW: *Noch mal die Frage: Wurde denn der Sicherheitszentrale nun angezeigt, welcher Sensor da Alarm schlägt?*

Polizei: *Das ist auch … 'ne Frage, die noch geklärt werden muss. Da war ja einer von diesen Objektschutzleuten, und der hat ja dann bei der ersten Auslösung, die da mal war, bevor da überhaupt was passiert ist, da hat er wohl gesagt, dass das ein allgemeiner Alarm war, den er dann wieder abgeschaltet hat, weil so aus seiner Sicht nichts zu erkennen war. Aber was nun da tatsächlich war, welche Leitung, welche Lampe und welcher Alarm hätte auslösen müssen, ist noch nicht ganz geklärt. Da sind die Ermittler noch dran.*

GW: *An welcher Sicherheitszentrale hängt denn diese Volksbank?*

Polizei: *Weiß ich nicht.*

GW: *Welche Sicherheitsfirma das war, können Sie mir auch nicht sagen?*

Polizei: *Nee, weiß ich jetzt nicht.*

GW: *Könnten Sie das für mich rausfinden?*

Polizei: *Könnte ich mal versuchen ...*

Leider führten die Versuche – falls sie überhaupt unternommen wurden – nicht zum Erfolg.

Wachmänner, die auf dem Absatz kehrtmachen

Interessanterweise war dies nicht das erste Mal, dass ein Berliner Wachmann bei einem Tresorraub quasi auf dem Absatz kehrtmachte. So war es auch schon am 27. Juli 2008 gewesen, als eine Bande die Schließfächer der Commerzbank-Filiale am Kurfürstendamm 59 leer räumte, die gerade saniert wurde: »Mit eigenem Werkzeug und Werkzeug von der Baustelle« stemmten die Täter »zwei Kellertüren und eine Wand auf, um in den Tresorraum der Commerzbank zu gelangen«, berichtete damals das Nachrichtenportal *Berlin.de* (27.7.2008). »Hier brachen sie rund 100 von 500 Schließfächern von Privatkunden der Bank auf.« Dem *Tagesspiegel* (Online-Ausgabe, 30.7.2008) zufolge »müssen sich die Einbrecher am Tatort sehr gut ausgekannt haben«. Woher dieses Wissen kam, sei unklar. Und auch diverse Sicherheitsmängel kamen den Panzerknackern zu Hilfe. Erst löste die Alarmanlage »mehrere Stunden lang« *(Tagesspiegel)* nicht aus, und als sie schließlich doch auslöste, zog der Sicherheitsdienst unverrichteter Dinge wieder ab: »Der Wachschutz der Bank ist nach Ermittlungen der Polizei zwar zum Gebäude gefahren und hat es außen kontrolliert – aber dann hat er sich wieder entfernt«, so die Zeitung. Seltsam, nicht wahr? Jedenfalls seltsam genug, um die Berliner Polizei auch nach den Umständen dieses Einbruchs zu fragen:

Polizei: *Ich weiß, dass es da mal so einen Alarm gegeben hat, aber Näheres auch nicht.*

GW: *Wann kann man das denn erfahren?*

Polizei: *Das ist die Frage, ich bin in ständigem Kontakt mit der ermittlungsführenden Dienststelle, aber das kann ich im Augenblick nicht sagen. Da sind noch ein paar Fragen offen, die noch nicht zu klären waren.*

Panzerknacker oder Polizei?

Bei der weiteren Kommunikation mit den Ordnungshütern wusste man manchmal gar nicht, ob man hier mit der Polizei oder mit den Panzerknackern telefonierte. Die Beamten wurden so sehr von Wissens- und Erinnerungslücken geplagt, dass man versucht war, sie direkt in eine Fachklinik für Alzheimerkranke zu überweisen. Selig sind eben die, die sich an nichts erinnern können und nichts wissen wollen. Dabei ist die Vergangenheit äußerst interessant. Denn angesichts der früheren Erfahrungen mit Tunnelräubern in Berlin hätte der Tunnelraub von 2013 niemals gelingen dürfen. Dass Kriminelle die Berliner Banken im Visier haben, ist nämlich seit vielen Jahren bestens bekannt – genauso wie die Vorgehensweise und Techniken der Bankräuber. Wieso ein Alarm aus dem Tresorraum einer Bank folgenlos bleiben konnte, ist daher schlichtweg unerklärlich.

Das bösartige Genie der Täter

Legendär ist beispielsweise auch der Coup in einer Filiale der Commerzbank in Berlin-Zehlendorf an der Ecke Matterhorn-/ Breisgauerstraße vom 27. Juni 1995. Er »gilt als einer der spektakulärsten Banküberfälle in der Geschichte der Bundesrepublik Deutschland« und »erlangte weltweit hohe Aufmerksamkeit wegen der ungewöhnlichen Vorgehensweise der Täter« *(Wikipedia).* Das bösartige Genie der Täter setzte dabei neue Maßstäbe und hätte genügend Stoff für einen unwahrscheinlichen Thriller abgegeben. Folgen wir der ARD-Dokumentation *Der Coup von Zehlendorf* aus dem Jahr 2007, dann sah alles nach einem »normalen Bankraub« aus. Etwa um Viertel nach zehn Uhr morgens dringen mehrere maskierte und bewaffnete Täter in die Bank ein und rufen »Überfall!«. Kunden und Personal müssen sich auf den Boden legen. Doch statt sich um die Kasse zu kümmern, wollen die Bankräuber in den Keller. Schon damals richtet sich das Interesse dieser Täter auf die Schließfächer, vermutlich aufgrund des verbesserten Schutzes der Bargeldbestände durch Zeitschlösser und anderes mehr. Zusätzlich fordern sie die horrende Lösegeldsumme von 17 Millionen DM, ein vollgetanktes Fluchtauto und sogar einen Hubschrauber mit Pilot – und das alles innerhalb von sechs Stunden. Ein Nervenkrieg entwickelt sich. Als ein Sondereinsatzkommando die Wohnung über der Bank besetzt, schießen die Täter. Die Polizisten müssen sich zurückziehen. Als Nächstes drohen die Bankräuber, eine Geisel zu erschießen. Am Abend beginnt die Polizei das Geld portionsweise vor die Bank zu stellen. Die Täter schicken einen Bankangestellten, um es hereinzuholen. Irgendwann später krachen Schüsse. Als die Polizei daraufhin in der Bank anruft, erklären die Täter, sie hätten nur auf eine Lampe geschossen. Kurz: Die Bankräuber führen den perfekten Nervenkrieg und halten Geiseln und Polizei permanent unter Höchstspannung.

April, April – die Täter sind weg!

Spätabends verlängern sie das Ultimatum bis in die frühen Morgenstunden. Anschließend werden die Geiseln gefesselt, man stülpt ihnen Stoffbeutel über den Kopf. Schließlich läuft die Frist ab – doch nichts passiert. Als die Polizei in der Bank anruft, nimmt niemand ab. Es bleibt totenstill. Und auch auf die Rufe der Geiseln reagiert niemand. Letztendlich gelingt es einem Bankangestellten, sich zu befreien und der Polizei am Telefon zu sagen, dass die Täter seit über einer Stunde nicht mehr gehört und gesehen wurden. Als die Polizei gegen vier Uhr früh die Bank stürmt, erlebt sie eine Überraschung. Außer den Geiseln ist niemand da; die Täter sind weg. Im Keller wurden über 200 Schließfächer aufgebrochen. In einem Raum befindet sich im Boden ein rundes Loch – der Einstieg in einen 70 x 75 cm messenden Tunnel. Genauso mit Holzbohlen und Winkeln abgestützt wie 2013 der Tunnel zur Berliner Volksbank. Langsam dämmert den Beamten das ganze Ausmaß der Operation: »Mir ist dann auch erst klargeworden, dass die uns die Geiselnahme und den Banküberfall eigentlich nur vorgespielt haben«, sagt der ehemalige Ermittler Martin Textor in der Dokumentation. »Der Plan war, die Polizei mit einer vermeintlichen Geiselnahme und einem Fluchtplan zu binden, gedanklich, und mit ihren Kräften zu binden, um unten in Ruhe die wohlgefüllten Schließfächer der betuchten Zehlendorfer Kunden der Commerzbank ausräumen zu können.« Das Einstiegs- bzw. Ausstiegsloch für den Tunnel fand die Polizei in einer nahe gelegenen Garage in der Matterhornstraße 48/50. Der Tunnel führte von dort etwa 70 Meter zu einem engen Regenwasserkanal unter der Matterhornstraße. Hundert Meter weiter gruben die Täter von diesem Regenwasserkanal aus dann noch einen rund 15 Meter langen Tunnel zum Keller der Bank.

Superhirnis statt Superhirne

Über die Polizei ergoss sich Hohn und Spott. »Schwupp und weg!«, »Polizei versagt«, »Die Polizei steht nackt da« lauteten die Schlagzeilen. Und sogar: »Berlin hat nicht nur die größte, sondern auch die dümmste Polizei«, erinnert sich Textor.
Doch während die Täter bei der Tat äußerst professionell zu Werke gingen und um perfekte Spurenvernichtung bemüht waren, hatten sie für die anschließenden Ermittlungen der Polizei an-

scheinend keinen Plan. In der an die Garage angrenzenden Autowerkstatt flog sofort ein Komplize auf. Bei den Ermittlungen hatte er sich in Widersprüche verstrickt. Vor allem aber wurden in der Autowerkstatt Gegenstände gefunden, die mit dem Verbrechen zu tun hatten – beispielsweise Overalls, wie sie die Bankräuber getragen hatten. Oder Schläuche, mit denen der Tunnel belüftet wurde. Das war der Durchbruch – diesmal für die Polizei. Schon Mitte Juli 1995 saßen die Hauptverdächtigen in Haft. Eigentlich unerklärlich – wie konnten die äußerst umsichtigen Täter die Spuren in der Autowerkstatt einfach vergessen? Warum blieb ihr Komplize überhaupt dort, statt erst mal ins Ausland zu fliehen? Diesmal ergossen sich Hohn und Spott über die Einbrecher: »Die Superhirne sind nur Superhirnis«, konstatierte die Berliner Presse.

In Wirklichkeit reicht die Tradition der Berliner Tunnelräuber aber noch weiter zurück – bis zu den Gebrüdern Sass, die im Jahr 1929 vom Nachbarhaus aus einen Tunnel zur Disconto-Bank am Wittenbergplatz buddelten und 179 von 181 Schließfächern plünderten. Mit anderen Worten, die Berliner Banken wissen seit nunmehr fast 100 Jahren, dass mit Tunnelräubern zu rechnen ist. Seltsam, dass solche Einbrüche trotzdem immer wieder gelingen und die Kunden offenbar nicht nachhaltig genug zum Abschluss von Schließfachversicherungen gedrängt werden. Seltsam auch, dass Wachmänner in letzter Zeit immer wieder vor der Tresortür oder der Bank haltmachen und keine weiteren Maßnahmen ergreifen. Und noch seltsamer, dass sich nach dem Einbruch in die Berliner Volksbank 2013 keine schnellen Fahndungserfolge einstellen wollten. Auch ein halbes Jahr nach der Tat vom Januar 2013 fehlte von den Einbrechern offenbar noch immer jede Spur. Und auch die Berliner Presse fragte nicht mehr nach. Das nächste Mal ging die Sache erst im Frühsommer durch die Medien, und zwar, als Ende Mai 2013 der Boden an der Volksbank aufgebaggert, der Stollen ausgehoben und verfüllt wurde. Da die Holzbohlen morsch zu werden drohten, bestand die Gefahr, dass Tunnel und Boden einstürzen würden. Mit wie vielen Millionen die Täter durch ihn verschwanden, ist noch immer ungeklärt. Immerhin konnte die Polizei in der erwähnten *Aktenzeichen XY*-Sendung vom 7. August 2013 wenigstens ein Phantombild präsentieren. Es stammte vom Käufer der etwa 900 Holzwinkel, die in einer polnischen Tischlerei in Auftrag gegeben worden waren. Da dort nur selten solche Großaufträge eingehen, konnte sich das Personal gut an den Mann erinnern. Demnach sieht der Gesuchte eher bieder aus, mit kurzen, schwarzen Haaren und einem ordentlichen Linksscheitel. Als Oberbekleidung trug er dem Phantombild zufolge ein Hemd und ein Sakko oder eine Jacke. Er ist eher kräftig gebaut, zwischen 1,75 und 1,80 Meter groß und etwa 30 bis 35 Jahre alt. Und während die Polizei offenbar noch fahndet, scheint die Sache für die Berliner Volksbank erledigt: »Wir haben zwar einen Schaden«, meinte die zitierte Pressesprecherin Mönch in der ZDF-Sendung, aber »den kriegen wir über die Versicherung ersetzt«. Es sei zwar »makaber«, räumte sie ein, aber »die Kunden wurden hier beraubt, es ist Kundeneigentum, was hier gestohlen worden ist, und nicht die Bank«. Man würde ja gern gratulieren, wenn da nicht die Geschädigten wären. Viele Schließfächer waren eben nicht versichert; zahlreiche Kunden haben Familienerbstücke, ihr Erspartes oder ihre Altersversorgung verloren …

Der Bus des Schreckens:
Massenvergewaltigung in Indien

Delhi Cantonment Polizeistation. Um 22.25 Uhr geht ein Anruf ein: »Ein Mädchen und ein Junge liegen vollkommen nackt an der Straße nach Delhi Cantonment, nahe der Überführung bei Mahipalpur«, sagt der Anrufer. »Eine Menge Leute stehen da.« Das Delhi Cantonment ist ein Verwaltungsbezirk der indischen Metropole Neu-Delhi. Was im ersten Moment wie ein Notruf von vielen erschienen sein mag, entpuppt sich in kürzester Zeit als einer der schockierendsten Kriminalfälle der Welt. Geschehen am 16. Dezember 2012. Doch erst als am 21. Januar 2013 fünf Verdächtige vor einem Gericht in Neu-Delhi erscheinen müssen, erregt das Verbrechen so richtig Aufsehen, weil die Zeitungen den Fall nun erneut aufgreifen.

An besagtem Abend des 16. Dezember 2012 lagen eine junge Frau und ein Mann schwer verletzt und misshandelt am Straßenrand in Neu-Delhi. Während die junge Frau bewusstlos in ein Krankenhaus eingeliefert wurde, schilderte der junge Mann ein unfassbares Verbrechen: Nachdem er und seine 23-jährige Freundin in Munirka in Süd-Delhi in einen Bus eingestiegen waren, seien sie von den Insassen und dem Fahrer angegriffen worden. Während man ihn geschlagen und festgehalten habe, sei seine Freundin von allen sechs Mitfahrenden vergewaltigt worden. Anschließend habe man sie beide aus dem Bus geworfen.

Der Bus des Schreckens

Damit war ihr Martyrium aber noch nicht zu Ende. Nachdem der Bus schließlich versucht hatte, das Mädchen zu überfahren, blieben die beiden jungen Leute noch etwa 20 Minuten am Straßenrand liegen, ohne dass sich jemand um sie kümmerte. Nachdem die

Polizei eingetroffen sei, hätten die Beamten sich erst mal eine Dreiviertelstunde lang gestritten, welche Dienststelle überhaupt zuständig sei, berichtete der Freund der jungen Frau später. Da er sich an einen weißen Bus mit der Aufschrift »Yadav School Bus« sowie einige Buchstaben auf dem Nummernschild erinnerte (DL-1PB), begann alsbald eine fieberhafte Suche. Während die Ärzte um das Leben der jungen Frau kämpften, wurden am nächsten Tag 50 Busse untersucht. Am Nachmittag des 17. Dezember 2012 wurden die Beamten fündig: »Die Polizisten haben einen Busfahrer namens Ram Singh aus R K Puram festgenommen, nachdem ein Bus eingekreist wurde, der für eine Schule in Noida und Pushp Vihar fährt«, schrieb die *Times of India* am 18. Dezember 2012. Der Bus mit der Nummer DL1PB0149 sei beschlagnahmt worden. Sofort schien alles klar zu sein. Der Fahrer Ram Singh habe ein Geständnis abgelegt und die anderen Verdächtigen genannt, so die *Times of India* weiter. Auch das Seil, mit dem das männliche Opfer geschlagen wurde, sei gefunden worden. Kriminaltechniker hätten Blutspuren in dem Bus gesichert, der außerdem von dem jungen Mann identifiziert worden sei. Er habe nicht nur die Sitze und die Gardinen wiedererkannt, sondern auch den Fahrer Ram Singh. Im Krankenhaus kam inzwischen heraus, was der 23-jährigen angehenden Krankengymnastin Jyoti Singh Pandey in dem Bus angetan worden war. Das Mädchen hatte nicht nur schwere Kopf- und Gesichtsverletzungen. Das eigentlich Schockierende waren ihre Unterleibsverletzungen. Nach Aussagen ihres Begleiters waren die Täter mit einer Eisenstange in die Vagina eingedrungen, hatten die Genitalien zerfetzt und den Darm regelrecht herausgerissen.

Ein gefährliches Pflaster

Um es gleich vorweg zu sagen: Mit westlichen Maßstäben kommen wir bei der Klärung der Hintergründe dieses Verbrechens nicht weiter. Denn schließlich ist Indien eines der ärmsten Länder

der Welt und streckenweise ein sehr gefährliches Pflaster. Fast die Hälfte der 1,2-Milliarden-Bevölkerung hat pro Tag weniger als einen Dollar zur Verfügung. In vielen Gebieten, besonders in den Slums, herrscht eine Mischung aus Verzweiflung und Gewalt. Bittere Armut, Unterernährung, Chancenlosigkeit, Alkohol- und Drogenmissbrauch ergeben zusammen mit dem Kastensystem und mit jeder Menge schräger Kulte eine brisante Mischung. Abermillionen von Menschen gelten allein wegen ihres gesellschaftlichen Standes oder ihrer »Kaste« als wertlos. So etwa die sogenannten »Unberührbaren« (Dalits) und die eingeborene Bevölkerung der Adivasi. Aber auch Frauen und Kinder. »Es gibt zahlreiche bitterarme Menschen in Delhi«, heißt es in einem »Indien-Blog« (5.9.2010):

> »Die meisten von ihnen trieb die Hoffnung auf Arbeit vom Land in die Hauptstadt. Wir sehen sie auf Gehwegen, Grünstreifen oder unter Plastikplanen am Straßenrand hocken und vor sich hin starren. Manche haben sich zu einem kleinen Paket zusammengerollt und schlafen, die Glieder, dünn wie Stöcke, haben sie in Tücher gehüllt, die gelbgrau sind vor Dreck und Schweiß.«

Bei manchen kann man nicht mehr unterscheiden, ob sie tot sind oder noch leben. Den meisten Passanten ist das möglicherweise auch egal, da sie genug mit dem eigenen Überleben zu tun haben. Wo schon ein Menschenleben nicht viel gilt, ist eine Vergewaltigung nicht unbedingt etwas Besonderes.

Indien am Pranger

Das ist das eine. Auf der anderen Seite muss man feststellen, dass Indien seit einiger Zeit im Zentrum westlicher Propaganda steht. Und dafür kam der spektakuläre Fall aus Neu-Delhi gerade recht.

Das Riesenland soll endlich auf die globale Linie gebracht werden, die da heißt: Emanzipation, Gleichberechtigung, Abschaffung alter Gesellschaftsstrukturen und Moralvorstellungen, Abwertung und Entmachtung der Männer und natürlich Pornographie – das Mittel zur Auflösung sämtlicher sexueller und familiärer Strukturen. Und wie immer, wenn ein Land global am Pranger steht, lässt sich Propaganda von Wahrheit nur schlecht unterscheiden. So werden wir seit einiger Zeit von den etablierten Medien mit schlechten Nachrichten aus Indien bombardiert. Demnach wird in Indien alle 20 Minuten eine Vergewaltigung gezählt (*Hamburger Abendblatt,* Online-Ausgabe, 17.3.2013), die Mehrzahl dieser Verbrechen werde jedoch überhaupt nicht gemeldet, und zwar weil »Vergewaltigungsopfer sozial geächtet werden«, so ARD-Korrespondent Jürgen Osterhage auf *tagesschau.de* (7.1.2013). Junge Mädchen gälten häufig von Haus aus als Menschen zweiter Klasse. Viele Familien hätten schon Angst vor der Geburt eines Mädchens, die als Unglück gilt, weil bei einer Heirat später eine Mitgift fällig wird. Viele weibliche Nachkommen würden deshalb schon »ermordet«, bevor sie überhaupt auf die Welt kämen – nämlich abgetrieben. Andere stürben im Kindesalter.

Laut einem Bericht des Journalisten Franz Alt aus dem Jahr 2001 registrierte die indische Polizei damals jedes Jahr allein 7000 sogenannte Mitgiftmorde: »Frauengruppen schätzen, dass die Dunkelziffer drei- bis viermal höher ist.« Die Folge: »Indien ist das einzige Land der Welt, in dem es mehr Männer als Frauen gibt. Im südlichen Bundesstaat Tamil Nadu (…) haben wir Dörfer besucht, in denen bis zu 80 Prozent aller neugeborenen Mädchen getötet werden – aus Angst vor Mitgift und Armut.« Auch heute noch sterbe jede Stunde in Indien »eine Frau wegen der Mitgift«, berichtete die Indien-Kennerin Christine Möllhoff (*Tagesspiegel,* Online-Ausgabe, 14.6.2012). Das wären knapp 9000 Frauen pro Jahr: »Zehntausende Babys werden jedes Jahr abgetrieben, weil sie weiblich sind. Frauen werden vergewaltigt, geschlagen, als Kinder verheiratet, wie Sklaven gehalten«, so Möllhoff weiter. Eine Studie komme »zu dem traurigen Schluss: Ausgerechnet Indien, das Land von Mahatma Gandhi, ist der frauenfeindlichste Staat unter den G 20, den großen Nationen der Welt.« Frauen gehe es hier sogar noch schlechter als in Saudi-Arabien oder Indonesien. »Nirgendwo sonst auf der Welt finde man ein solches Ausmaß an Gewalt gegen Frauen wie in Indien, so das Ergebnis der Studie.« – »Frauen und Mädchen werden weiter wie Vieh verkauft, mit zehn Jahren verheiratet, lebendig verbrannt oder wie Sklaven gehalten«, zitiert sie einen Vertreter der Organisation »Save the Children«. Gewalt gegen Frauen sei regelrecht »sozial akzeptiert«.

Auf die Barrikaden!

Merken Sie, wie einen solche Botschaften auf die Barrikaden treiben? Und das dürfte denn auch genau der Sinn der Sache sein. Tatsächlich gab es zahlreiche Protestaktionen in Indien und im Ausland – nicht nur »gegen« eine bestimmte Gewalttat, sondern gegen das indische Gesellschaftssystem überhaupt. Die traditionelle indische Gesellschaft soll aufgebrochen und an westliche Standards angepasst werden; die angeblich so häufigen Gewalttaten gegen Frauen sind dafür nur das Brecheisen. Ganz gewiss hat sich der Fall der bedauernswerten jungen Frau wirklich so zugetragen. Die Frage ist aber, wie er benutzt und was daraus gemacht wird. Und da muss man feststellen, dass dieses Verbrechen und weitere Vorfälle Anfang 2013 zu großen globalen Themen aufgeblasen wurden und man die indische (Männer-)Gesellschaft an den Pranger stellte. Dabei gibt es noch eine andere Sichtweise, nämlich die, dass in diesem Fall nicht nur die Täter, sondern auch die beiden Opfer einen schlimmen Fehler gemacht hätten: »Manohar lal Sharma, ein 56-jähriger Anwalt beim Obersten

Gericht, sagte, der Freund des Opfers sei verantwortlich für den Angriff, da das Pärchen sich nachts nicht hätte auf den Straßen herumtreiben sollen«, hieß es in *Yahoo India News* vom 17. Januar 2013. Ja, Ial Sharma war sogar der Meinung: »Das alles passierte nur wegen der Begierde des Jungen. Das ist der Junge, der gehängt werden sollte. Er ist für alles verantwortlich. Er sollte bestraft werden.«

Was wie eine empörende Verdrehung der Tatsachen klingt, hat seine Ursachen in der indischen Etikette. Ein Mädchen, das sich nachts auf den Straßen bewegt, gilt als vogelfrei. Männliche Begleitung macht das nicht etwa besser, sondern eher schlimmer, weil das Mädchen dann als Mätresse dasteht: »Das Schlimme ist, dass auch männliche Begleitung Frauen nicht immer vor Übergriffen schützt«, sagte die in Indien lebende Deutsche Kornelia Santoro der *Süddeutschen Zeitung* in einem Interview (18.3.2013). Im Gegenteil. Denn sowohl die Studentin in Neu-Delhi als auch eine bald darauf in Bombay (Mumbai) vergewaltigte Schweizer Touristin »waren mit ihrem Freund bzw. Ehemann unterwegs. Aber genau das kann sie zum Ziel gemacht haben.« Denn

> »für einige indische Männer haben anständige Mädchen daheimzubleiben, speziell in der Nacht. Wer mit seinem Freund unterwegs ist, verhält sich in ihren Augen wie eine Hure. Eine Frau, die in Bombay missbraucht wurde, berichtete, dass die Vergewaltiger ihr das genau so gesagt hätten. Sie fühlten sich auch noch moralisch überlegen, während sie sie schändeten.«

Natürlich ist das absolut keine Rechtfertigung, jemanden brutal zu misshandeln und umzubringen. Dennoch: »Ich würde jeder Frau abraten, allein durch Indien zu reisen, sich auch als Paar möglichst sichere Unterkünfte zu suchen und niemals allein in eine Bar zu gehen«, so Santoro. »In Goa kam es schon vor, dass Kellner und Taxifahrer zusammenarbeiteten: Der eine kippte einer Frau K.o.-Tropfen ins Glas, der andere fuhr sie weg. Und beide vergewaltigten sie.« Ohne die Tat in irgendeiner Weise entschuldigen zu wollen, kann es von dem Pärchen in Neu-Delhi also wirklich fahrlässig gewesen sein, nachts in einen Bus einzusteigen – ob uns das aus westlicher Sicht nun gefällt oder nicht. Ja, es kann sogar als Provokation empfunden worden sein.

»Beide Seiten haben Schuld«

Tatsächlich prallten bei dieser Tat zwei Welten aufeinander: das alte Indien mit seinen Gesetzen und moralischen Maßstäben und das moderne, westlich beeinflusste Indien, in dem Frauen gleichberechtigt und gleichwertig sein wollen und sollen, zwei Welten, die in den folgenden Zitaten zum Ausdruck kommen. Ein bekannter Hindu-Guru sagte: »Die Männer waren betrunken, das Mädchen hätte seine Hände falten und sie als Brüder um Gnade bitten sollen.« Zugegeben, eine extreme Idee. Aber sogar die bekannte indische Frauenaktivistin Kiran Bedi gab zu bedenken: »Beide Seiten haben Schuld, wenn solche Dinge passieren. Warum hat sie auch mitten in der Nacht den Bus bestiegen? Ich sehe hier, wie zwei Generationen aufeinanderprallen. Eine, die den Wandel will und besseren Schutz. Und eine andere, die sie in die Vergangenheit zurückbringen will.« So weit korrekt. Weniger gut gebrüllt erscheint da ihr Aufruf: »Ich fordere die neue, fortschrittliche Generation auf: Lasst das zum einen Ohr hinein-, zum anderen wieder hinausgehen« (*tagesschau.de,* 7.1.2013). Genau das wird aber die Spirale der Gewalt – und damit natürlich auch die Propagandaspirale – beschleunigen. Denn wer einfach auf die alte indische Kultur pfeift, riskiert weitere Vergewaltigungen und Morde. Schon das missbrauchte bzw. misshandelte Pärchen war Opfer an der gefährlichen Frontlinie zwischen alter und neuer Moral, zwischen alter und neuer Gesellschaftsordnung geworden. Danach schickten Frauenaktivistinnen und Medien noch mehr junge

Leute ins Feuer, indem sie ihnen erzählten, Mann und Frau hätten absolut gleich zu sein, und es sei überhaupt nichts dabei, wenn sich Unverheiratete in der Öffentlichkeit bewegten. Was in den Augen mancher zwar wünschenswert sein mag, aber eben noch keineswegs überall in Indien »angekommen« ist. Passiert dann eine Katastrophe, gibt das allerdings jede Menge neuen »Empörungsstoff« her.

Der historische Fall: Der mysteriöse Tod des Napoleon B.

Es gibt Tage, da werden plötzlich uralte und ungeklärte Kriminalfälle, die der Menschheit seit Jahrzehnten, manchmal auch seit Jahrhunderten keine Ruhe lassen, wieder an die Oberfläche gespült. Der 29. Januar 2013 ist so ein Tag. »Fallen Sie auf die Verschwörung rein?«, fragt da in großen Lettern *Spiegel Online:* »Mit Verschwörungstheorien haben Menschen schon immer versucht, Not und Tod zu erklären«, heißt es auf der Website des Hamburger Nachrichtenmagazins: »Kam Aids aus dem Labor und die Pest aus verseuchten Brunnen? Erfindet die Pharmaindustrie Krankheiten, um neue Arzneien zu vermarkten?« Und: Wurde Napoleon Bonaparte, als er 1821 in seinem Exil auf der Insel St. Helena starb, das Opfer einer Vergiftung? Natürlich nicht, lautete die Antwort. Denn:

> »Man ließ dabei außer Acht, dass Napoleons Exil, die Insel St. Helena im Südatlantik, ein wahres Höllenloch ist. Das feucht-heiße Klima war so ungesund, dass ein großer Teil der englischen Besatzung ständig krank war. Der französische Ex-Kaiser musste in einem winzigen, von Ratten verseuchten Häuschen leben. Eigentlich war es fast ein Wunder, dass er diese Tortur fünf Jahre lang überstand.«

Klappe zu, Affe bzw. Kaiser tot. Damit wäre das also geklärt.

Von wegen »wahres Höllenloch«

In Wirklichkeit ist gar nichts geklärt. Die erste Überraschung: St. Helena entpuppt sich nicht unbedingt als ein, wie es auf *Spiegel Online* heißt, »wahres Höllenloch« mit »feucht-heiße[m]

Klima«, sondern als eine Insel mit einem feuchten, aber ausgeglichenen See-Klima, auf der das ganze Jahr über im Durchschnitt fast konstante Temperaturen zwischen 15 und 21 Grad herrschen, und zwar tagsüber genauso wie nachts. Ganz ähnlich verhält es sich auch mit dem »winzigen, von Ratten verseuchten Häuschen«. In Wirklichkeit hieß das Gebäude Longwood House und wurde extra für Napoleon gebaut. Ein paar Klicks verschaffen mir Zugang zu einem Grundriss von Napoleons vermeintlicher Absteige. Die erste Überraschung ist, dass Napoleons Domizil 68 Meter lang war. Zwar beherbergte nur ein Teil davon Napoleons Privaträume, aber da der Rest aus Personalwohnungen, Wachräumen, Küchen und Servierräumen bestand, musste der Ex-Kaiser auf Annehmlichkeiten offenbar keineswegs verzichten. Und Napoleons eigentliche »Wohnung« brachte es immer noch auf stattliche 300 Quadratmeter. Sie umfasste einen Warteraum und einen Salon für den Empfang von Besuchern, ein großes Esszimmer, eine Bibliothek, ein Wohnzimmer mit Kanapee, Kamin und einem Bett, ein Arbeitszimmer, in dem der Ex-Kaiser seine Autobiographie diktierte und wo ein weiteres Bett stand, sowie ein großes Bad, in dem Napoleon ebenfalls viel Zeit verbrachte (siehe: Inside Longwood – Longwood House, http://www.inside-longwood.com/inside-longwood-places-longwood.html).

»Das neue Wohngebäude, welches für Napoleon gebauet wurde, liegt ein paar Hundert Schritte seitwärts von dem alten Hause; es ist niedlicher und auch anmutiger gelegen«, schrieb der Weltreisende Franz Julius Ferdinand Meyen, der St. Helena etwa zehn Jahre nach Napoleons Ableben besuchte. Und siehe da: Nach Napoleons Tod hatte es sich niemand anderer als der Gouverneur der Insel in dem angeblich »rattenverseuchten Häuschen« gemütlich gemacht, berichtete Meyen: »Wohl das beste Zeichen, dass die Luft daselbst nicht so ungesund ist, wie sie Napoleon schilderte« – der übrigens keine Gelegenheit ausließ, seinen Verbannungsort in den düstersten Farben zu beschreiben. »St. Helena«, fuhr Globetrotter Meyen fort, »im Bereiche des Süd-Ost-Passat's gelegen, hat ein sehr angenehmes Klima; durch die kältere Luft, welche auf den Höhen dieser Insel weht, wird die Feuchtigkeit des Passat's niedergeschlagen, und Regen und Wolkenbildungen mildern zu allen Zeiten die Hitze und machen den Aufenthalt daselbst angenehm« (Franz Julius Ferdinand Meyen: *Reise um die Erde: ausgeführt auf dem Königlich preussischen Seehandlungs-Schiffe Prinzess Louise, commandirt von Capitain W. Wendt, in den Jahren 1830, 1831 und 1832,* Bd. 2, Berlin 1835, S. 411).

Eine vermeintliche Absteige

An den Lebensumständen kann es also kaum gelegen haben, dass Napoleon bereits nach sechs Jahren auf der Insel verstarb. Was war wirklich mit dem Mann passiert? Warum musste der französische Ex-Kaiser im Alter von 51 Jahren qualvoll sterben? Blenden wir einmal zurück nach St. Helena zum 5. Mai 1821: Der Kranke bietet ein Bild des Jammers. Die ganze Nacht über wurde er von Schluckauf, Erbrechen und unkontrollierbaren Durchfällen geschüttelt. Ein Abführmittel hatte diesen Zustand noch verschlimmert. Die Bettwäsche zu wechseln hat schon längst keinen Sinn mehr. Und so liegt er in seinem eigenen Schweiß, Kot und Erbrochenen. Bis ihn um 17.49 Uhr der Tod von seinen Leiden erlöst.

Der Streit um die Ursache für Napoleons Tod begann schon am Tag danach, dem 6. Mai 1821, als französische und britische Ärzte auf einem eilends aus Böcken und Brettern improvisierten Obduktionstisch den Leichnam aufschnitten. Dabei stellte sich heraus, dass der Magen von Geschwüren übersät und an einer Stelle regelrecht durchgebrochen war. Während die Engländer daher auf Magengeschwüre und Magenkrebs als Haupt-Todesursachen plädierten, machten die Franzosen zusätzlich eine Leberentzündung für das Ableben des Ex-Kaisers verantwortlich – verursacht durch die angeblich ungesunden Lebensumstände auf St. Helena.

Wurde Napoleon ermordet?

Das Problem: Die Krebsdiagnose war damals noch keineswegs so sicher wie heute. 175 Jahre später, 1996, schlossen moderne Pathologen wie der Wiener Professor Anton Neumayr einen Magenkrebs bei Napoleon kategorisch aus. Der Obduktionsbefund liefere »direkte Zeichen, die das Vorliegen eines die Magenwand perforierenden Karzinoms mit Sicherheit ausschließen lassen« (Anton Neumayr: *Krankheiten großer Diktatoren. Diktatoren im Spiegel der Medizin: Napoleon, Hitler, Stalin,* Wiesbaden 2007, S.116 f.). Woran war der Korse aber dann gestorben? Schon 1955 hatte sich ein anderer Verdacht aufgetan. Damals stieß der schwedische Arzt und Napoleon-Experte Sten Forshufvud im Tagebuch von Napoleons Kammerdiener Louis Marchand auf eine detaillierte Beschreibung der Krankheit des Kaisers. Darin wollte Forshufvud 30 charakteristische Symptome einer chronischen Arsenvergiftung entdeckt haben – angefangen bei Kältegefühl, Lichtempfindlichkeit, Harnstockung und Magenschmerzen über Atembeschwerden und Beinödeme bis hin zu Gelbsucht, Schlafstörungen, plötzlichem Einnicken, Ohnmachtsanfällen, fieberartigen Symptomen, Durchfall, Verstopfung und anderem mehr.

Daraufhin besorgte sich Forshufvud einige erhaltene Haare Napoleons. Die Analyse durch das Gerichtsmedizinische Institut der Universität Glasgow ergab: »Die fragliche Person hat reichliche Mengen von Arsenik eingenommen« (vgl. *Salt Lake Tribune,* 12.10.1961, S. 1). Weshalb Forshufvud zu dem Schluss kam, dass Napoleon ermordet worden war. Trotz erdrückender Beweise für eine Arsenvergiftung hat sich diese Meinung jedoch bis heute nicht durchgesetzt: »Napoleon starb nicht an den Folgen einer Arsenvergiftung«, schrieb mir der deutsche Napoleon-Biograph Johannes Willms. »Der vergleichsweise hohe Anteil von Arsen, der sich etwa in seinen Haaren nachweisen lässt, dürfte daher rühren, dass in damaliger Zeit Arsen beispielsweise in der Glasur

tönernen Kochgeschirrs oder auch in den Farben, die zum An-
strich von Wänden und Decken benutzt wurden, reichlich vorhanden war.« Allerdings müssten sich dann auch andere Bewohner
von Longwood House in einer Arsen-Agonie auf dem Totenbett
gewälzt haben. Auch Professor Erich Pelzer vom Lehrstuhl für
Neuere Geschichte an der Universität Mannheim teilte mir mit,
»dass Napoleon nicht vergiftet wurde«. Er hat eine andere Erklärung für die arsenhaltigen Haare Napoleons: »Die nachgewiese-
nen Arsenrückstände in seinen Haaren haben sich im Laufe der
Jahre angereichert, weil ihm von den Ärzten Arsen verabreicht
wurde, um die häufigen Magenschmerzen zu lindern. Napoleon
ist wie sein Vater an Magenkrebs und schließlich aus Erschöpfung an Herzversagen gestorben.«
Das Problem: Hier werden Henne und Ei verwechselt. Arsen lin-
dert keine Magenschmerzen, sondern erzeugt Magenschmerzen.
Überdies ist die Medikamentierung Napoleons in seinen letzten
Tagen und Wochen ausführlich dokumentiert – von Arsen ist dabei jedoch nicht die Rede. Tatsächlich haben Analysen von Napoleons Haaren aber noch bis in die jüngste Zeit einen abnorm hohen Arsengehalt ergeben. Und auch die von seinem Kammerdiener Marchand dokumentierten Symptome einer Arsenvergiftung
sind kaum von der Hand zu weisen. Die Frage ist nur: Wer hatte
ein Interesse daran, Napoleon zu ermorden?

Verdächtiger Nr. 1: Hudson Lowe

Noch zu Lebzeiten beschuldigte der Kaiser selbst indirekt seinen
Bewacher, den britischen Gouverneur von St. Helena, Hudson
Lowe: »Ich starb zu früh, ermordet von der englischen Oligarchie
und ihrem gedungenen Mörder«, schrieb der bereits Todkranke
am 15. April 1821 in seinem Testament (The Napoleon Founda-
tion: »Napoleon's last will and testament«, www.napoleon.org).
Tatsächlich wurde Lowe verdächtigt, schon 1806 von Capri

aus Anschläge auf Napoleons Bruder Joseph (damals König von
Neapel) und dessen ersten Minister Saliceti geplant zu haben.
Nach dem Tode Napoleons wurde Lowe bezichtigt, einen Mordanschlag auf Napoleons früheren Pagen Emmanuel de Las Cases
in Auftrag gegeben zu haben. Als Bewacher von Napoleon erging
sich Lowe in dunklen Andeutungen darüber, dass er noch sehr
viel weitergehende Anweisungen erhalten habe als nur die akribi-
sche Bewachung des Ex-Kaisers.

Verdächtiger Nr. 2: Marquis de Montchenu

Noch wesentlich mehr Angst vor einer Rückkehr Napoleons an
die Macht als die Engländer hatten die Bourbonenkönige, die
neuen Machthaber in Frankreich. Ihr Statthalter auf St. Helena,
der Marquis de Montchenu, war ein erbitterter Feind Napoleons.
Allerdings, so Forshufvud, war Montchenu »zweifellos eine jäm-
merliche Figur« und hatte überhaupt keinen Zutritt zu Napoleon.
Nicht gerade mit Geistesgaben gesegnet, habe Montchenu auf
St. Helena als »Dorftrottel« gegolten.

Verdächtiger Nr. 3: Graf de Montholon

Montholon, ein Hochstapler, der sich erfundener Heldentaten und
Verdienste rühmte, schaffte es, Napoleons Vertrauen zu gewinnen. Zusammen mit seiner Frau, die er Napoleon für »gewisse
Dienste« zuführte, wohnte Montholon auf St. Helena zeitweise
Wand an Wand mit Napoleon in Longwood House. Er galt als
Intrigant, verdrängte andere Vertrauenspersonen aus der Umgebung des Ex-Kaisers und unterhielt auch enge Kontakte zu Montchenu. Während einer plötzlichen Gesundungsphase Napoleons
setzte er mit ihm zusammen das erwähnte Testament auf, in dem
Montholon reich bedacht wurde. Kurz darauf fiel Bonaparte endgültig in Agonie.

Das Problem ist, dass es weder einen Beweis für eine Vergiftung Napoleons durch fremde Hand gibt noch jemals ein Akt der Vergiftung beobachtet wurde. Es existieren also keinerlei stichhaltige Beweise für die Schuld eines der Genannten.

Arsen = Mord?

Und noch eine Überraschung: Zwar enthielten Napoleons Haare Arsen, gestorben ist er daran letztlich jedoch nicht. Denn tödlich waren die gefundenen Konzentrationen nicht. Den Rest gab ihm nach Meinung des Napoleon-Experten und Herausgebers des ehrwürdigen *Journal of the Association of Friends of the Waterloo Committee,* Bob Elmer, denn auch erst ein Mix aus heute äußerst fragwürdigen Mitteln. Die damaligen Ärzte hantierten relativ sorglos mit den giftigsten Substanzen. So hätten sich das Abführmittel Kalomel (Quecksilberchlorid) und ein Getränk aus Bittermandeln in seinem Magen zu Quecksilberzyanid verbunden, »das seinen schnellen Tod verursachte«, glaubt Napoleon-Kenner Elmer. Tatsächlich enthalten Bittermandeln Wasserstoffzyanid, das sich mit Quecksilber zu Quecksilberzyanid verbinden kann, laut *Wikipedia* »eines der tödlichsten Gifte« überhaupt.

Arsen = Mord, diese einfache Gleichung liegt zwar nahe, scheint im Fall Napoleon aber nicht so recht aufzugehen. Liegt hier etwa ein kapitaler Denkfehler vor? Gingen zu viele nach der Entdeckung von Arsen in Napoleons Haaren zu schnell von einem Mordanschlag aus? »Da Napoleon an Gift starb, überlegen die Autoren, muss es einen Mörder gegeben haben«, schreibt Elmer über die »Mordtheoretiker«. »Auf der Suche nach Verdächtigen mit einem Motiv und der Gelegenheit landen sie bei dem Grafen von Montholon …« Aber selbst wenn man annimmt, »dass Napoleons Leiche tatsächlich eine große Menge Arsen enthielt – rechtfertigt dies die Annahme, dass er ermordet wurde?« (Elmer, Quelle siehe unten).

Verdächtiger Nr. 4: Napoleon Bonaparte

Eine seltsame Frage – wie sollte das Gift denn sonst in seinen Körper gekommen sein? Tapeten und Essgeschirr kommen, wie gesagt, kaum in Frage, da die anderen Bewohner von Longwood House nicht so schwer erkrankten. Eine mögliche Antwort: Napoleon könnte das Arsen »selbst genommen haben«, so Elmer. Also Suizid? Keineswegs, denn »das bedeutet nicht notwendigerweise Selbstmord …« Aber warum, um Himmels willen, sollte sonst jemand freiwillig Arsen einnehmen? Die Antwort: »Arsen wurde von manchen als bewusstseinsverändernde Droge benutzt, so wie heute Marihuana oder Kokain. In geringen Dosen verschafft es dem Konsumenten Wohlbefinden, Kraft und sexuelle Potenz. Der Gebrauch dieser und anderer Substanzen war weit verbreitet« (Bob Elmer: »Was Napoleon a Junkie?«, www.napoleon-series. org).

Genauer gesagt, geht es dabei um Arsentrioxid oder auch »Arsenik«: ein weißes, süßliches Pulver, ideal zum Töten, aber auch um es in den Tee zu mischen und sich so einen kleinen oder auch größeren »Kick« zu verschaffen: »In geringen Dosen wirkt Arsenik als Roborans« (von lat. *roborare,* kräftigen, stärken), schreibt der Heilpraktiker Markus Acker aus Windhagen, der die Symptome von Arsenik detailliert auflistet: »Schon Avicenna [persischer Arzt, Physiker, Philosoph] weist in seinem ›Kanon der Medizin‹ darauf hin, dass die Substanz das Allgemeinbefinden hebt. Als 1%ige Lösung wurde Arsentrioxid (Fowler Lösung) noch im letzten Jahrhundert als Stärkungsmittel und Antianämikum eingesetzt« (http://www.simillimum.net/ars-alb.txt.htm).

War Napoleon ein Junkie?

Napoleon »war meines Wissens kein ›Arsen-Esser‹«, sagt Napoleon-Experte Willms. »Mir ist jedenfalls kein Hinweis bekannt, dass er dieser Praxis huldigte.« In Wirklichkeit gibt es Hinweise genug:

seine unglaubliche körperliche und geistige Fitness; die Fähigkeit, zwölf Stunden ohne Nahrung im Sattel zu sitzen; 20 Stunden am Tag zu arbeiten; mit drei bis vier Stunden Schlaf auszukommen; und Feldherren, Königen und Kaisern seinen Willen aufzuzwingen. Und natürlich seine rastlose Unruhe. Heute würde man unwillkürlich an Drogen wie Kokain denken. Aber damals war Arsen in Europa eine der Drogen der Wahl. Arsen war nicht nur ein tödliches Gift, sondern in gewissen Dosierungen auch ein beliebtes Stärkungsmittel.

Napoleon zeigte nicht erst als Sterbenskranker, sondern schon viele Jahre früher Anzeichen des Arsenkonsums. Fast alle Gebrechen, die ihn beinahe von Kindesbeinen an plagten (siehe unten), sind auch als Arsensymptome bekannt, insbesondere seine schon sprichwörtlichen Magenschmerzen, aber auch Fieber, Hautekzeme, gelbliche Gesichtsfarbe, nervöse Zuckungen, Kopfschmerzen, Speichelfluss und Harnverhaltung. Da Arsen den gesamten Verdauungstrakt schädigt, kann es auch zu brennenden Hämorrhoiden führen, die Napoleon bekanntlich daran hinderten, sich der Schlacht von Waterloo angemessen zu widmen. Auch der Wechsel zwischen Schlaflosigkeit und plötzlichen Schlafanfällen bei Napoleon war schon lange vor St. Helena bekannt – ebenso wie seine merkwürdige Angewohnheit, stundenlang heiß zu baden und in der Wanne sogar zu arbeiten. Frieren und Schüttelfrost sind aber »typische Symptome einer akuten Arsenvergiftung« (Forshufvud).

Erst vor wenigen Jahren wurden Haarproben aus allen Lebensphasen Napoleons untersucht – aus seiner Zeit als Junge auf Korsika genauso wie aus seinem Exil auf Elba bis zu seinem Todestag auf St. Helena. 2008 veröffentlichte das italienische Istituto Nazionale die Fisico Nucleare die Ergebnisse: »Der Arsengehalt in allen zweihundert Jahre alten Haarproben war hundert Mal höher als in Vergleichsproben von heute lebenden Personen.« – »Offenbar sei Arsen in der Umwelt des frühen 19. Jahrhunderts in

Mengen vorhanden gewesen, wie sie heute als schädlich gelten«, interpretierte die Wissenschafts-Website scienceticker.com die Ergebnisse. Das heißt, auch diese gefundenen Dosen waren zwar hoch, aber nicht tödlich, sonst hätte Napoleon ja nicht sein ganzes Leben lang damit herumlaufen können. Lediglich das »Umwelt-argument« kann nicht überzeugen, da Napoleon ständig woanders lebte und sein ganzes Leben lang kreuz und quer durch Europa zog. Ist es wirklich vorstellbar, dass die Umwelt überall gleich-mäßig mit Arsen verseucht war? Oder spricht das nicht eher dafür, dass Napoleon das Arsen ganz einfach dabeihatte? »War der al-ternde Napoleon also einfach ein Arsenabhängiger, ein ›Junkie‹ des frühen 19. Jahrhunderts?«, fragt Napoleon-Forscher Elmer.

Eine teuflische Droge

Tatsächlich ist Arsen eine äußerst teuflische Droge: »Der Arsenik-Esser muss den Konsum nicht nur fortsetzen, sondern auch die Dosis erhöhen, so dass es außerordentlich schwierig wird, damit aufzuhören«, hieß es schon 1885 im *Chambers Journal of Popular Literature, Science and Art* (zit. nach Elmer, a. a. O.). Das ist zwar auch von anderen Drogen bekannt, aber »die schrittweise Abstinenz verursacht solche Beschwerden, dass man wohl sagen kann, dass kein wirklicher Arsenik-Esser jemals aufgehört hat, solange er am Leben war«. Ja, noch schlimmer: »Wenn ein Mann einmal dem Arsenkonsum gefrönt hat, muss er ihm weiter frönen; oder – wie man gemeinhin sagt – die letzte Dosis wird ihn töten.« Soll heißen: Hört er auf, stirbt er.

Genau das war womöglich das Problem auf St. Helena. Auch von drogenabhängigen Gefängnisinsassen ist bekannt, dass sie nach der Einlieferung Entzugserscheinungen zeigen, weil sie nicht mehr an ihren »Stoff« kommen. Nur dass der Entzug nach jahr-zehntelangem Arsenmissbrauch mit ziemlicher Sicherheit zum Tode führt, wobei die Entzugserscheinungen frappierend einer akuten Vergiftung mit dem Stoff ähneln können. Könnte Napoleons Problem also gar nicht in einer Ver-, sondern in einer Entgiftung bestanden haben, weil der Verbannte plötzlich nicht mehr an seine gewohnte Droge kam? Oder nur noch sporadisch, so dass er manchmal auf wundersame Weise kurzfristig zu genesen schien? Tatsächlich gibt es auch Untersuchungen, denen zufolge Napoleon zuletzt weniger Arsen im Haar hatte. Eine Anfang dieses Jahrhunderts im Forschungsreaktor Garching bei München mit modernsten Mitteln durchgeführte Analyse ergab eine Arsenmenge von drei Mikrogramm pro Gramm – das ist nur noch das Fünffache der Konzentration bei der heutigen Bevölkerung.

Fazit: Zwischen Magenkrebs und Giftanschlag scheint es noch einen dritten Weg zu geben. Schon sein ganzes Leben lang könnte Napoleon seine Blitzsiege und Erfolge mit einer Droge erkauft haben und – wie das bei jeder Droge so ist – schließlich an ihre Grenzen gestoßen sein. Typisch für solche Karrieren ist, dass die großartigen Erfolge oft in sich zusammenfallen und das Erreichte plötzlich verpufft, als wäre es nie da gewesen. Bekanntlich zerfiel Napoleons Weltreich nach seiner Abdankung in Windeseile. In etwa wie das des manischen Eroberers Alexander des Großen. Am Ende könnte Napoleon in der ausweglosen Falle eines Arsen-Essers gesessen haben, in der sowohl Entzug als auch Dosiserhöhung zum qualvollen Tode führen. Seine Mordanklage in Richtung Gouverneur Hudson Lowe hätte dann einen ganz anderen Sinn gehabt als den, die Wahrheit auszusprechen: den verhassten Briten noch nach seinem Ableben einen letzten Schlag zu versetzen.

Napoleons Krankheiten

(*1769 Ajaccio/Korsika † 1821 Longwood House/St. Helena)	
1780 ff.	(Schulzeit) psychosomatische Beschwerden, in erster Linie Magenschmerzen
1782	schlechter Allgemein- und Ernährungszustand, extrem abgemagert
1788	immer noch abgemagert, Fieber, schlechter Allgemeinzustand
1794	stark juckendes Hautleiden, angeblich Krätze, Bajonettstich im Oberschenkel
1795	krankhaft magere Gestalt, gelbliche Gesichtsfarbe, nervöse Gesichtszuckungen
1796	(Italienfeldzug) spindeldürr, anscheinend dem Tode nahe, Husten, fieberhafte Zustände
1797	Beschwerden aufgrund von Hämorrhoiden, Migräne, N. kann kaum noch reiten, bittet um Entlassung aus dem Militärdienst
1802	heftige Magenschmerzen, presst häufig die Hand gegen den rechten Oberbauch
1805	heftige Krampfanfälle mit Erstickungssymptomen, Speichelfluss, wahrscheinlich verbunden mit Magenschmerzen
1807	Korpulenz, immer häufiger Magenkrämpfe, Reizbarkeit, stundenlange heiße Bäder, zunehmende Gefühlskälte
1809	Hautleiden, Furunkel
1812	(Russlandfeldzug) schwere Erkältung mit Fieber, Atemnot, Husten und geschwollenen Beinen, Magenkrämpfe, Harnverhaltungen, Darmbeschwerden, Hämorrhoiden, Beinödeme
1813	klagt über Kälte, bleibt stundenlang liegen; ist fett, schwerfällig und unentschlossen, schläft ständig, wird mitten im Schlachtgetümmel vom Schlaf übermannt, Verblendung, Verlust des Realitätssinns
1814	(Elba) Depressionen, Suizidversuche, möglicherweise Opiumkonsum zur Eindämmung von Magenschmerzen
1815	(Rückkehr, Schlacht bei Waterloo) Unentschlossenheit, Zögern, Schlafzustände, Unterleibsschmerzen, unerträgliche Beschwerden aufgrund von Hämorrhoiden, kann nicht reiten, muss im Wagen fahren, Gehen ist nur mit gespreizten Beinen möglich, Militäruntauglichkeit

1816	(St. Helena) blasses, blutendes Zahnfleisch, schmerzende Bläschen an Zahnfleisch und Wangeninnenseite, Schluckbeschwerden, Koliken, fieberhafte Zustände, Apathie, Müdigkeit, Schläfrigkeit, Gewichtszunahme
1817–19	Lethargie, Bronchialkatarrh, geschwollene Wangeninnenseite, geschwollene Beine, Schweregefühl in den Beinen, Schmerzen und Schwellung unterhalb des rechten Rippenbogens, Husten, Fieber, Appetitlosigkeit, dumpfes Druckgefühl im rechten Oberbauch, Verdacht auf Hepatitis, Verstopfung/gallig gefärbte schleimige Durchfälle, Erbrechen von Schleim und Galle, Haut blass bis gelblich, brennendes Gefühl im Oberbauch, Herzdruckgefühl, Übelkeit, Kopfschmerzen, Schlaflosigkeit, Fieber, erhöhter Puls, Schweißausbrüche
1819	Ohnmachtsanfälle, heftige Schmerzen unter dem rechten Rippenbogen, druckschmerzhafte Geschwulst, Herzrasen, hohes Fieber, Kopfschmerzen, Schwindel, gelbliche Haut, verhärmte Gesichtszüge, Verdacht auf Leberentzündung, Apathie, Aufgedunsenheit, Beinödeme
1820	leichte Zustandsbesserung, Erwachen der Lebensgeister, kurze exzentrische Episoden, dann wieder heftige Oberbauchschmerzen, Blässe der Mundschleimhäute, Lippen und Fingernägel, Kälte und Gefühllosigkeit der Extremitäten, Erschöpfung
1821	extreme Blässe, unsicherer Gang, Frösteln, kalter Schweiß, aufgetriebener Bauch, Fieber, Schluckauf, Schläfrigkeit, Kältegefühl, Würgen, extreme Oberbauchschmerzen, extreme Blutarmut, Ohnmachtsanfälle, blutiges und »Kaffeesatz«-Erbrechen, Verstopfung und teerschwarzer Durchfall, geistige Klarheit im Wechsel mit Bewusstseinstrübung, Erbrechen und Durchfall von pechschwarzem Magen- und Darminhalt, Tod.

Ohne genaue Zeitangaben:
- In der Jugend wenig Schlaf (3 4 Stunden), später Schläfrigkeit
- neurologische Symptome wie Zucken der rechten Schulter, »Vibrieren« der Wadenmuskeln, Schlafmangel, Arbeitswut

Quelle: Neumayr, *Krankheiten großer Diktatoren,* a.a.O.

Gladio: Mord in einer kalten Winternacht

14. Februar 2013, 23.45 Uhr. In der Talkrunde von Markus Lanz sitzt ein grauhaariger, südländisch wirkender Mann mit einem müden Gesicht und Tränensäcken unter den Augen. Er ist einfach gekleidet und macht einen bescheidenen Eindruck. Sein Blick wirkt manchmal abwesend. Wenn er vor sich hin starrt, scheint er nicht den Moderator Markus Lanz wahrzunehmen, sondern etwas Großes und Schweres, von dem man im ersten Moment nicht weiß, was es ist. Dass sich in seinen traurigen Gesichtszügen ein bedrückendes Schicksal widerspiegelt, scheint auf der Hand zu liegen – aber welches? Die Wahrheit ist: Der Mann ist traumatisiert. Der ehemalige Maurer Giuseppe Gulotta betrat mit etwa 18 Jahren einen langen, finsteren Tunnel. 22 Jahre dieses »Zeittunnels« saß er unschuldig im Gefängnis. Mehr als zehn Jahre kämpfte er in Prozessen um seine Freiheit. Erst kürzlich hat ihn der Tunnel nach dem endgültigen Freispruch eines Gerichts wieder hergegeben – wie eine Zeitmaschine, die einen 18-Jährigen verschluckte und einen 54-Jährigen ausspuckte.

Einer der unheimlichsten Kriminalfälle Italiens

Giuseppe Gulotta saß in seiner Heimat Italien 22 Jahre lang wegen einer Tat im Gefängnis, die er nie begangen hat. Einschließlich der jahrelangen Prozesse raubten ihm die falschen Beschuldigungen insgesamt 36 Jahre seines Lebens. Dahinter verbirgt sich einer der unheimlichsten Kriminalfälle Italiens. So unheimlich, dass ihn viele Medien auch heute noch nicht antasten wollen. Warf man in den Tagen nach der Lanz-Talkshow einen Blick in die deutsche Presse, konnte man den Eindruck gewinnen, der Auftritt von Gulotta habe niemals stattgefunden, während die Gespräche bei Lanz normalerweise noch tagelang durch die Boulevardpresse und die Feuilletons geistern. Schon wieder sah es so aus, als sei Gulotta von einem schwarzen Loch verschluckt worden, diesmal in Gestalt einer regelrechten Nachrichtensperre. Im Februar 2013 fand man bei *Google News* nur einen einzigen deutschsprachigen Artikel über seinen Auftritt bei Lanz: in der praktisch unter Ausschluss der Öffentlichkeit erscheinenden *Jungen Welt*. Was das Blatt selbst ebenfalls verwundert zur Kenntnis nahm: »In den großen deutschen Medien ist der Justizskandal und Politthriller, abgesehen von einem teils desinformierenden *Bild*-Bericht, bisher omertàhaft totgeschwiegen worden.«

Eine dunkle, kalte Nacht

Doch was war eigentlich passiert? Gehen wir dazu zurück in die Nacht des 27. Januar 1976. Es ist dunkel und kalt in dem kleinen sizilianischen Urlaubsort Alcamo Marina im Nordwesten Siziliens. Um diese Jahreszeit ist die Gegend verwaist – wie ausgestorben. Nun regnet und donnert es auch noch. Nicht gerade ideale Bedingungen für eine Straßenkontrolle. Dennoch stehen die beiden jungen Carabinieri Carmine Apuzzo und Salvatore Falcetta an der wenig befahrenen Landstraße zwischen Trapani und Palermo und warten auf »Kundschaft«. Apuzzo ist neunzehn und kam erst kürzlich aus der Gegend von Neapel nach Alcamo Marina. Und Unteroffizier Falcetta ist in Gedanken eigentlich gar nicht hier, denn er wartet sehnsüchtig auf die Genehmigung, seine schwerkranke Mutter zu besuchen, die an einem Lungenemphysem leidet. Doch Falcetta sollte seine Mutter nie wiedersehen. Plötzlich nähert sich ein Lastwagen. Falcetta und Apuzzo stoppen ihn, kontrollieren die Ladung – und staunen nicht schlecht. Mitten in der Nacht transportiert der Lkw jede Menge Waffen durch die gottverlassene Gegend.

Schnitt. Alcamo Marina am nächsten Morgen. Carabinieri gehen nicht, wie unsere Polizisten, nach dem Dienst nach Hause, sondern wohnen in eigenen Kasernen bzw. in ihren Dienststellen. Seltsam ist nur, dass die Tür zur Dienststelle in Alcamo Marina am nächsten Morgen aufgebrochen ist. Als die Ersten sich hineintrauen, finden sie Falcetta in seinem Zimmer. Er liegt am Boden, mit Einschusswunden in Kopf und Brust. Sein Kollege Apuzzo liegt in einer Blutlache auf seinem Bett. Die Uniformen und Waffen der beiden sind verschwunden. Die Mörder haben weder Fingerabdrücke oder Patronenhülsen noch irgendwelche anderen Spuren hinterlassen. Nur einen Knopf. Anhand der aufgebrochenen Tür nimmt man an, dass die Täter nachts in die Carabinieri-Station eingebrochen sind und die Polizisten im Schlaf erschossen haben. Und tatsächlich: Wenig später meldet sich eine bis dahin völlig unbekannte Terrorgruppe namens »Nucleo Sicilia Armata« (Kern des bewaffneten Sizilien): »Heute Nacht um 1.55 Uhr manifestierte sich die Justiz der arbeitenden Klasse in der Aburteilung von Alcamo Marina«, erklärt eine Stimme dem Telefonisten der Zeitung *La Sicilia*. »Das Volk und die Arbeiter Siziliens verlangen eine gerechte Strafe für alle Polizisten und Diener des bürgerlichen Staates.« Offenbar macht sich der Anrufer Sorgen wegen des am Tatort verlorenen Knopfes und versucht daher, die Spur zu bagatellisieren: »Der Knopf, der von einem Mitglied unseres Kommandos verloren wurde, ist nutzlos, da wir die Jacke vor einiger Zeit in Orbetello an uns genommen haben. Carabinieri und Polizei täten besser daran, sich zu verteidigen und sich um etwas anderes zu kümmern – um sich selbst und ihre faschistischen Herren und die Amerikaner zu verteidigen. Es scheint noch zu früh, um über uns zu sprechen. Wir können in Alcamo handeln, in Rom, überall« (siehe »27 Gennaio 1976 Alcamo Marina (TP) uccisi i carabinieri Carmine Apuzzo e Salvatore Falcetta«, vittimemafia.it). Ein ebenso monströses wie nichtssagendes politisches Gestammel, wie man es auch von anderen Terrorgruppen in Europa kennt, etwa der deutschen RAF. Zwar scheint aus der

Nachricht ein linker politischer Standpunkt zu sprechen (»das Volk und die Arbeiter Siziliens«), aber kein konkretes Motiv, zwei »kleine Carabinieri« zu ermorden: »Aburteilung«? Warum und wieso? »Gerechte Strafe für Polizisten und Diener des bürgerlichen Staates«? Wofür? Und inwiefern soll dieser Mord dem Volk und den Arbeitern Siziliens nützen? Schon dieser Nachricht hätte man entnehmen können, dass mit diesem schwammigen »Motiv« etwas nicht stimmt und womöglich ganz andere Beweggründe dahinterstecken. Überdies schien der »Kern des bewaffneten Sizilien« eine ziemliche Eintagsfliege zu sein – gegründet nur für dieses eine Massaker. Man hörte nie wieder von dieser Gruppe. Zumindest taucht der Name nur im Zusammenhang mit dem Massaker von Alcamo Marina auf. Mit anderen Worten, es handelte sich bei dem »Bekenntnis« vermutlich nur um ein paar eilig auf einen Notizzettel geschmierte Zeilen und einen schnell erfundenen Namen.

Eine Begegnung der dritten Art

Etwa zwei Wochen später hat der eingangs erwähnte, damals 18-jährige Maurerlehrling Giuseppe Gulotta eine Begegnung der dritten Art. Am 12. Februar 1976 klingelt es abends plötzlich an seiner Tür, berichtete Gulotta viele Jahre später in der Talkrunde von Markus Lanz. Draußen stehen mehrere Carabinieri, die ihn bitten, mit in die Kaserne zu kommen, es gebe da einiges zu klären. Dort angekommen, beginnt für Gulotta ein Alptraum. Zunächst wird er stundenlang in einen Raum gesperrt und von einem Dutzend Carabinieri geschlagen, getreten und sogar an den Genitalien gefoltert. Auch Scheinhinrichtungen muss der Gefangene ertragen. Schließlich haben die Polizisten Gulotta da, wo sie ihn haben wollten: »Das ging so die ganze Nacht, ich war natürlich morgens völlig fertig und verlor das Bewusstsein. Als ich dann nach fünf oder zehn Minuten, ich weiß es nicht mehr genau, wie lange das gedauert hat … hab ich mir gedacht, vielleicht ist es besser, das zu sagen, was sie hören wollen« (Gulotta bei Markus Lanz).

Ein erpresstes Geständnis

Gulotta unterschreibt ein Geständnis, an der Ermordung der beiden Carabinieri in Alcamo Marina beteiligt gewesen zu sein, und wird bald darauf einem Haftrichter vorgeführt. Dem liegt inzwischen zwar auch ein ärztliches Attest über die Folterspuren bei Gulotta vor, aber dennoch schickt er den 18-Jährigen in Untersuchungshaft. 1981 gibt es einen ersten Prozess gegen Gulotta, der zwar mit einem Freispruch endet, aber merkwürdigerweise entlässt die italienische Justiz Gulotta trotzdem nicht aus ihren Klauen – und auch nicht drei angebliche Mittäter, denen es ähnlich ergangen ist. Vielmehr folgt nun ein weiterer, knapp zehnjähriger Prozessmarathon, an dessen Ende 1990 Gulottas Verurteilung zu lebenslanger Haft steht. Ein Mitbeschuldigter war zu diesem Zeitpunkt bereits erhängt im Gefängnis aufgefunden worden (obwohl er nur eine Hand besaß). Die beiden anderen hatten sich nach Brasilien abgesetzt. Ab 1990 verbringt Gulotta also weitere 17 Jahre im Gefängnis, bis sich 2007 einer der damaligen Folterknechte zu Wort meldet und zugibt, dass Gulotta misshandelt und zu einem Geständnis gezwungen worden sei. Aber auch das bringt dem Justizopfer noch nicht die Freiheit. Vielmehr dauert es weitere fünf Jahre, bis der nun 54-jährige Gulotta nach einem neu aufgerollten Prozess Anfang 2012 freigesprochen und entlassen wird – nach 36 Jahren ungerechtfertigter Verfolgung und Inhaftierung.

Ein Rendezvous mit Gladio

Die Frage ist: Was sollte das alles? Warum war der italienische Staat hinter einem einfachen Maurerlehrling her wie der Teufel hinter der armen Seele? Nicht zu vergessen die drei anderen Beschuldigten. Des Rätsels Lösung kam erst später ans Licht: In jener Januarnacht des Jahres 1976 hatten die beiden Carabinieri Carmine Apuzzo und Salvatore Falcetta quasi »aus Versehen« den Waffentransport einer geheimen NATO-Truppe angehalten. Während diese in Italien nach dem römischen Kurzschwert *(gladius)* Gladio benannt wurde, lautete ihr NATO-Name »Stay Behind«*. Es handelte sich um eine europaweit tätige paramilitärische Truppe, die im Ernstfall aus dem Untergrund heraus gegen eindringende Sowjets kämpfen sollte. In Wirklichkeit aber verübten die NATO-Kommandos Attentate, die dann irgendwelchen Terrorgruppen, Kriminellen oder auch ganz einfach Unschuldigen in die Schuhe geschoben wurden (siehe »Enthüllung: Bauten NATO und BND die Oktoberfest-Bombe?«). Nur: Wie ging es damals nach der Entdeckung des Waffentransports weiter? Haben die Carabinieri die Waffentransporteure einfach wieder laufenlassen, um sich anschließend in ihrer Unterkunft zur Ruhe zu legen und später ermordet zu werden? Oder muss man sich nicht umgekehrt fragen, ob die NATO-Verschwörer die beiden Polizisten wieder laufenließen, nachdem diese den geheimen Waffentransport entdeckt hatten? Allerdings gibt es noch eine naheliegendere dritte Möglichkeit: Die beiden Polizisten brachten die Waffen-Chauffeure mit auf die Wache, um sie zu verhören und vielleicht auch einzusperren. Dort allerdings wendete sich das Blatt: Die Festgenommenen erschossen die Polizisten und täuschten später einen Einbruch vor, um den Zusammenhang zu vertuschen und den Eindruck zu erwecken, der Angriff sei von außen gekommen. Oder sie nahmen die Polizisten mit, um sie woanders zu töten und danach wieder zurückzubringen. Tatsächlich meldete sich viel später ein Polizist aus dem sizilianischen Trapani bei

---

* Die »stay-behind force« bezeichnet im Militärsprachgebrauch Agenten, die beim Rückzug zwecks Durchführung von Spezialeinsätzen zurückgelassen wurden.

den Justizbehörden und erklärte, 1993 aus zuverlässiger Quelle erfahren zu haben, dass die Morde in der Carabinieri-Kaserne inszeniert worden seien. Möglicherweise seien die beiden Polizisten entführt und erst später tot in die Polizeistation zurückgebracht worden (siehe »27 Gennaio 1976 ...«, vittimemafia.it). Für diesen Tathergang könnte auch sprechen, dass sich ihre Uniformen und Waffen nicht am Tatort fanden, sondern erst später im Umkreis eines Verdächtigen auftauchten. Außerdem hätte dieses Verfahren den Vorteil gehabt, dass keine Spuren der eigentlichen Tat am Fundort der Leichen zurückgeblieben wären. Tatsächlich fand man bis auf den Knopf keine Spuren, weder Fingerabdrücke noch Patronenhülsen.

Wer die beiden Carabinieri tatsächlich erschoss, wurde nie herausgefunden. Guiseppe Gulotta jedenfalls wurde um die besten Jahre seines Lebens gebracht, die Zeit zwischen 18 und 54. Weder konnte er bei seiner Ehefrau sein noch seinen kleinen Sohn aufwachsen sehen. Und wenn er sich für einige Jahre in Freiheit befand, wurde alles durch die laufenden Prozesse überschattet. Was ist ein verlorenes Jahr wert? Und was die Demütigungen, Schläge und ausgestandenen Todesängste? Was ein ganzes Leben? Gulotta weiß es auch nicht. 2013 verklagten Gulottas Anwälte den italienischen Staat auf Schadensersatz in Höhe von 69 Millionen Euro. Höchstens eine Anzahlung auf ein unbezahlbares Leben ...

Der NSU-Prozess:
»Verboten gute Ermittlungen«?

Kassel, 6. April 2006, ein Internetcafé in der Holländischen Straße 82. Um 17 Uhr sitzen einige Gäste an den Computerterminals; in der Telefonzelle Nr. 3 telefoniert ein Mann. Bevor er sein Gespräch um 17.01 Uhr beendet, hört er einige Knallgeräusche. Andere Gäste fühlen sich an platzende Luftballons oder eine Art Klopfen erinnert. Kurz darauf liegt ein schwerverletzter Mann am Tresen des Internetcafés: Inhaber Halit Y., 21, bekam zwei Kugeln in den Kopf. Eigentlich hätte er bereits von seinem Vater Ismail abgelöst worden sein sollen. Doch der kommt zu spät. Sein Sohn verblutet in seinen Armen (Quelle: *Compact Spezial* Nr. 1, S. 50).

Obwohl schon vor sieben Jahren zu Ende gegangen, beschäftigt die sogenannte »Döner-Mordserie« die Öffentlichkeit im Jahr 2013 wie nie zuvor. Am 6. Mai 2013 beginnt vor dem Oberlandesgericht München der Prozess gegen eine Verdächtige und ihre mutmaßlichen Helfer: die 38-jährige Beate Z. sowie Ralf W. (38), Carsten S. (33), André E. (33) und Holger G. (38). Den Ermittlungen zufolge soll ihre rechtsradikale »Zwickauer Terrorzelle« zwischen 2000 und 2007 das perfekte Verbrechen begangen haben – oder besser gesagt: *die* perfekten Verbrechen. Acht türkische und einen griechischen Ladenbesitzer soll die Terrorgruppe erschossen haben, ohne dabei auch nur eine verwertbare Spur zu hinterlassen, und im Jahr 2007 auch noch eine Polizistin (die hier nicht zur »Döner-Mordserie« gezählt wird). Nie fiel auch nur der Hauch eines Verdachts auf die seit Ende der neunziger Jahre untergetauchten Rechtsradikalen. Bis zum 4. November 2011 sollen sie völlig unbehelligt im Untergrund gelebt haben. An diesem Tag sollen zwei Komplizen von Z. nach einem Banküberfall in Eisenach ihr Wohnmobil angezündet und sich erschossen haben. Am selben Tag konnte sich Beate Z. in Zwickau aus der gemeinsamen Wohnung

der drei retten, bevor diese in die Luft flog und komplett ausbrann-
te. Wenige Tage später, am 8. November 2011, stellte sie sich der
Polizei. In dem Wohnmobil und in der Brandruine wurden die
Dienstwaffen der 2007 ermordeten Polizistin, die Tatwaffen der
sogenannten »Döner-Morde« sowie funktionsfähige Datenträger
(u. a. DVDs und Festplatten) gefunden. Darauf befand sich eine
Art Bekennervideo. Demnach nannte sich die »Zwickauer Terrorzelle« in Wirklichkeit NSU: »Nationalsozialistischer Untergrund«. Mit den Waffen und dem Bekennervideo schien alles klar
zu sein: Der bisher unbekannte NSU hatte die neun ausländischen
Kleinunternehmer aus Fremdenhass ermordet.

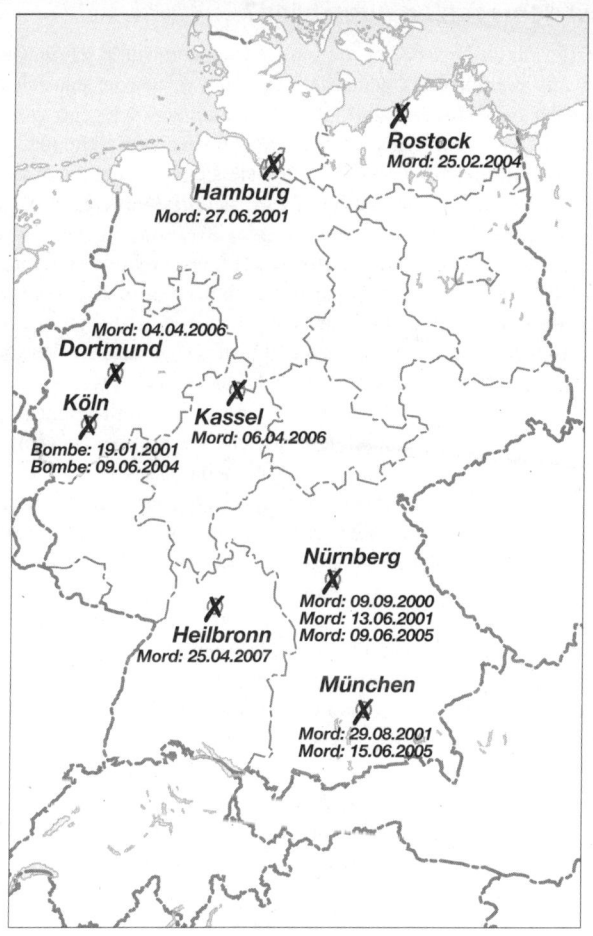

Die angeblichen NSU-Tatorte.
Quelle: Wikipedia

Auf dem rechten Auge blind?

Damit war die Bombe geplatzt: In Deutschland wurde schon wieder aus Fremdenhass gemordet! Seitdem stehen die deutschen Fahnder am Pranger – und zwar, weil die Ermittler gehörig auf dem Holzweg gewesen sein sollen. Statt nach einem rechtsradikalen Hintergrund zu ermitteln, hätten sie sich andauernd mit ausländischen Spuren beschäftigt. Waren sie auf dem rechten Auge blind, lautete vor Prozessbeginn im Mai 2013 die aufgeregte Frage – wollten sie den rechtsradikalen Hintergrund der Mordtaten einfach nicht sehen? Und waren sie auch noch insofern voreingenommen, als sie nur nach ausländischen Tätern suchten? Dass türkischen Journalisten nicht einmal feste Plätze bei dem Verfahren vor dem Münchner Oberlandesgericht reserviert werden sollten, passte da ins Bild. Noch vor dem ersten Verhandlungstag wurde deshalb erst einmal dem Gericht der Prozess gemacht – erst in den Medien (Zitat: »institutioneller Rassismus«), dann auch vor dem Bundesverfassungsgericht. Das entschied am 12. April 2013, dass ausländischen Medien mit einem besonderen Bezug zu den Opfern eine angemessene Zahl an Sitzplätzen zur Verfügung zu stellen sei.

Auch das Urteil gegen die Angeklagten (neben der Überlebenden Beate Z. die vier mutmaßlichen Helfer und Unterstützer) war zu diesem Zeitpunkt bereits gefällt. Dass der teuflische NSU die Verbrechen begangen habe, daran zweifelten weder Presse noch Politik. Ein richterlicher Schuldspruch schien nur noch Formsache zu sein. Dennoch wollen wir noch einmal die Kernfrage stellen: Wer hat nun recht? Die ursprünglichen Ermittler, die die (ausländische) organisierte Kriminalität hinter den Verbrechen vermuteten? Oder diejenigen, die den teuflischen NSU für die Taten verantwortlich machen?

Sie kamen, sahen und schossen

Fangen wir mit den Mordtaten an: Der Vergleich mit dem Teufel ist nicht so weit hergeholt. Der oder die »Döner-Mörder« bewegte(n) sich wie ein böser Geist: »Der Täter kommt, schießt und verschwindet. Mehr passiert offensichtlich nicht«, hieß es noch 2012 in einer Rundfunksendung zum Thema (das ARD-Radiofeature: *Auf der Suche nach dem »Dönerkiller«,* April 2012). »Er hinterlässt keinen Fingerabdruck, kein Haar, keine Hautpartikel, mit Hilfe derer man ihn gentechnisch überführen könnte. Kein Anzeichen, dass er den Laden durchsucht hat oder die Kasse plündern wollte. Keine Spuren eines Kampfes. Keine Verbindungen zwischen den Opfern. Einfach nichts.« – »Der Täter betritt den Laden, tötet sehr schnell dieses Opfer und setzt keine weiteren Verhaltensweisen am Tatort, was natürlich auch die Analyse eines solchen Falles sehr schwierig gestaltet ...«, sagte der Profiler Alexander Horn in einer TV-Sendung. »Die Tötungsdelikte sind geprägt von sehr rationalem Handeln – sehr schnelles, effektives Handeln –, wir sehen keine Anzeichen dafür, dass sich der Täter länger mit dem Opfer beschäftigt« (*Der Fall: Jagd nach dem Phantom,* ZDF 2007). Obwohl die Kassen jeweils zum Greifen nahe sind, wird auch kein Geld geraubt.

Das Täterprofil

Die erste erstaunliche Erkenntnis lautet denn auch: Der oder die Täter »wollten« überhaupt nichts von den Opfern! Es ging weder um Rache noch um Geld und um Sex natürlich schon gar nicht. Sie stahlen nichts, sie randalierten nicht, sie schlugen und quälten ihre Opfer nicht. Das heißt, anders als andere Mörder befriedigten sie keinerlei Bedürfnisse an oder mit ihren Opfern. Diese waren ihnen vielmehr völlig gleichgültig. Betrachtet man allein die Orte der Verbrechen, konnte von (Rassen-)Hass also keine Rede sein. An keinem der Tatorte fanden sich Spuren, die auf irgendwelche

Emotionen hindeuteten. Eine Beziehung zwischen den Tätern und den Erschossenen schien es nicht zu geben. In drei Fällen wurden gar außerplanmäßig anwesende Verwandte oder Vertreter erschossen. Und das bedeutet, dass die Killer ihre Opfer noch nicht einmal genau kannten, sondern zusammen mit dem Auftrag vielleicht nur die Adresse der Zielperson erhalten hatten – typisch für die Arbeitsweise professioneller Killer. Aber was in unserem Zusammenhang fast noch wichtiger ist: Die Täter befriedigten auch keine politischen Bedürfnisse. Weder hinterließen sie am Tatort irgendwelche Bekennerbriefe oder politische Abzeichen, noch reichten sie diese später per Post nach – ein unverzichtbares Merkmal von politischen Tätern. Anders gesagt: Würde man nochmals einen sogenannten Profiler zu Rate ziehen, käme der zu dem Ergebnis: Es gibt überhaupt kein Profil – außer vielleicht das »Nicht-Profil« von Auftragskillern.

Das Opferprofil

Neben dem Täter- gibt es natürlich auch ein Opferprofil. Das heißt, die Antwort auf die Frage, wen die Täter eigentlich ermordeten und welche Gemeinsamkeiten die Opfer aufweisen. Und die Antwort lautet, dass, abgesehen von den im Jahr 2007 erschossenen bzw. angeschossenen Polizisten, alle Opfer türkische und griechische Geschäftsleute waren. Während sich die öffentliche Diskussion vor allem auf das Merkmal »ausländisch« konzentriert und daraus ein (rechtsradikales) Motiv ableiten will, gibt es ja noch ein zweites Merkmal, nämlich »Kleinunternehmer«. Wer das für trivial hält, der möge bedenken, dass »Ausländerhasser« oder Rassisten ja auch ausländische Schüler, Studenten, Busfahrer, Passanten, Hausfrauen oder Straßenreiniger hätten erschießen können. Hätte das Motiv allein in der ausländischen Herkunft gelegen, hätte das den Mördern Auswahl und »Arbeit« enorm erleichtert. Stattdessen suchten sie ausnahmslos Geschäftsleute auf. Und das hat für den ganzen Fall enorme Konsequenzen, die jedoch tapfer ignoriert werden. Es bedeutet nämlich zwingend, dass auch in dieser Geschäftstätigkeit ein Motiv gelegen haben muss, wie auch immer es ausgesehen haben mag. Selbst die dem »Untergrund«-Trio um Beate Z. zugeschriebenen Bombenanschläge richteten sich gegen Geschäftsleute ausländischer Herkunft: 2001 zielten sie auf ein iranisches Lebensmittelgeschäft in Köln, 2004 auf mehrere türkische Geschäfte in der Kölner Keupstraße, wobei auch zahlreiche Passanten verletzt wurden. Bilder von Überwachungskameras konnten dem NSU-Trio allerdings nicht zugeordnet werden.

Ein Handbuch der Ermittlungen

Neben dem Täter- und dem Opferprofil ist natürlich auch wichtig, was Nachbarn, Kunden und andere Zeugen gesehen oder wahrgenommen haben. Wer sich aus Anlass des Prozesses wirklich einen Überblick über die gesamte NSU-Problematik verschaffen wollte, der besorgte sich am besten das 84 Seiten starke Heft *Compact Spezial* Nr. 1 »Operation Nationalsozialistischer Untergrund – Neonazis, V-Männer und Agenten«, ein regelrechtes Handbuch zum NSU-Prozess. Hier wurden sämtliche Aspekte des Themas beleuchtet, bis hin zu den Opfern. Zu jedem einzelnen Mord enthält das Heft ein ausführliches Dossier: Was haben Zeugen im Umfeld der Verbrechen gesehen oder wahrgenommen? Sahen sie tatsächlich die Angeklagten? Schauen wir uns im Folgenden drei Beispiele aus den polizeilichen Ermittlungen an.

Wenn Gemüsehändler Fehler machen

Nach dem Mord an dem **Blumengroßhändler Enver S.** in Nürnberg (9.9.2000) erfuhr die Polizei, dass ein schwerkrimineller Türke »einen Auftragskiller« für die Ermordung von S. gesucht habe: »In türkischen Kreisen sei zu jener Zeit gemutmaßt worden, dass es um lukrative Standorte für den Blumenverkauf ging. (…) Außerdem seien Hinweise hereingekommen, der Ermordete habe Glücksspielschulden« gehabt, so *Compact Spezial*. Und zwar ausgerechnet bei jenem Landsmann, »der den Auftragsmörder gesucht haben soll«. Hinweise, die sich einem Ermittler zufolge dann auch noch »verdichten« ließen. Außerdem habe S. Streit mit einem Schutzgelderpresser und Drogenhändler gehabt. Verwandte von S. hätten nach dem Mord angegeben, »sie hätten große Angst, sich allerdings dazu ausgeschwiegen, vor wem«.

Vor dem Mord an dem **Änderungsschneider Abdurrahim Ö.** am 13. Juni 2001 in Nürnberg »wollen Nachbarn einen Streit gehört haben«, hieß es am 12. Dezember 2009 auf *Spiegel Online*. »Zwei Männer mit osteuropäischem Akzent hätten eine Zahl gebrüllt. (…) Wahrscheinlich ist, dass es um die Höhe der Schulden ging.« Eine Zeugin »sah wenige Sekunden nach den Schüssen einen Mann aus der Richtung des Geschäfts die Straße überqueren und als Beifahrer in einen blauen Opel Omega steigen«. Andere Zeugen sahen an dem Wagen ein polnisches Kennzeichen. In Ö.s Wohnung seien Ermittler auf Gepäckstücke mit Rückständen von Kokain und Heroin gestoßen. Auch in seinem Auto habe es solche Spuren gegeben. Alles in allem hatten Berichten zufolge mehrere der Opfer mit der Drogen- und Glücksspielszene zu tun.

Der am 27. Juni 2001 in Hamburg ermordete **Gemüsehändler Süleyman T.** »habe Fehler gemacht, die nicht hätten sein müssen«, erzählte ein Einwanderer laut *Compact Spezial* einem Polizei-Informanten. »Derartige Fehler könne man sich nicht gefallen lassen. Ansonsten würde jeder machen, was er wolle, weshalb man ein Zeichen setzen musste. Für solche Fälle gibt es ein Kommando in Holland, welches sich darum kümmert!« In die Niederlande hatten mehrere Opfer Verbindungen, zum Beispiel als

Blumenhändler. Dass T. bedroht worden sei, hätten gleich mehrere Zeugen ausgesagt. 1997 sei gar auf ihn geschossen worden. Der damalige Schütze sei Kurde gewesen.

»Türkische Leute machen Ärger«

Und so geht es immer weiter:

- Der ermordete Gemüsehändler Habil K. (getötet am 29.8.2001 in München) habe fünf bis sechs Monate vor der Tat Morddrohungen erhalten. Zwei Tage vor seinem Tod habe K. gesagt: »Türkische Leute machen Ärger.«
- Verwandte des am 25. Februar 2004 in Rostock erschossenen Döner-Braters **Yunus (bzw. Mehmet) T.** sollen mehrfach größere Geldsummen zwischen Deutschland und der Türkei bewegt und deshalb im Zentrum von Geldwäsche-Ermittlungen gestanden haben. Der Vetter des Opfers sei wegen Drogenhandels mit dem Gesetz in Konflikt geraten.
- Gegen den **Dönerstand-Besitzer Ismail Y.** (ermordet am 9.6.2005 in Nürnberg) sei vor seinem Tod wegen »gefährlicher Körperverletzung, Bedrohung und Beleidigung« ermittelt worden. Eine Kundin habe am Vortag des Mordes »einen lauten Streit zwischen ihm und einem Ausländer (vermutlich einem Türken) mitbekommen«. Mehrmals habe Y. Unbekannten Geldbündel ausgehändigt *(Compact Spezial).*

In einen Drogendeal geplatzt …?

Die am 25. April 2007 in Heilbronn erschossene Polizistin Michèle Kiesewetter war laut *Compact Spezial* zuvor mit ihrem Kollegen Michael A. in einen Drogendeal geplatzt. Während die beiden auf der Heilbronner Theresienwiese in ihrem Streifenwagen saßen, näherten sich von hinten zwei Männer und schossen den

Beamten in den Kopf. Kiesewetter hatte zuvor als verdeckte Dro-
genermittlerin gearbeitet. Der überlebende Beamte A. erinnerte
sich an zwei Männer »dunklen Typs«. Eine »Vertrauensperson«
berichtete hinterher der Polizei, dass auf der Theresienwiese gerade ein Drogengeschäft im Gange gewesen sei, als Kiesewetter
und A. angefahren gekommen seien. Aus Angst, das Geschäft
könnte auffliegen, sei auf die beiden geschossen worden.
Da stellt sich natürlich die Frage: Kann es wirklich sein, dass sich
so viele Fahnder bei so vielen Mordtaten irren und jedes Mal einen dubiosen Hintergrund der Opfer konstruieren, wo es gar keinen gibt? Und einen rechtsradikalen Hintergrund jedes Mal übersehen?

Ein brisanter Bericht

Denn was ist mit dem NSU? Hatte irgendjemand die (inzwischen
verstorbenen) Rechtsradikalen Uwe B., Uwe M. oder gar Beate Z.
in der Nähe der Tatorte gesehen? Wohl kaum. Denn sämtliche
Zeugenaussagen oder Phantombilder deuteten auf ausländische
Täter hin. Oder hatte jemand ein Wohnmobil gesehen, mit dem
die drei bevorzugt unterwegs waren? Nichts dergleichen. Dann
vielleicht Fahrräder, wie sie nach dem Tod der Verdächtigen in
deren Wohnmobil gefunden wurden? Tatsächlich gibt es da eine
Spur: »Zwei Zeuginnen bemerkten in der Nähe des Tatorts ungefähr zum Zeitpunkt des Mordes« an Habil K. am 29. August 2001
in München »zwei Männer mit Fernsprecheinrichtungen auf
hochwertigen Fahrrädern. Ihre Aussagen ähneln sich und können
als glaubwürdig eingestuft werden« *(Compact Spezial)*. Nur: Waren das wirklich die beiden mutmaßlichen Mörder Uwe M. und
Uwe. B.? Eher nicht. Denn eine Zeugin sagte auch, die beiden
Radfahrer hätten »sehr dunkle Haare gehabt, sie halte die beiden
für Osteuropäer«.
Halt! Eine Zeugin gibt es doch noch, die Beate Z. im Jahr 2005

am Tag des Mordes an dem Dönerladenbesitzer Ismail Y. in Nürnberg gesehen haben will. Mit dieser Zeugin ist das jedoch so eine Sache. Denn als sie laut Zschäpes Anwalt Wolfgang Heer im Tatjahr 2005 nach ihren Wahrnehmungen befragt wurde, habe sie lediglich zwei Männer erwähnt. Erst bei einer »Nachvernehmung« durch die Bundesanwaltschaft (wann?) sei ihr offenbar plötzlich eingefallen, auch eine Frau gesehen zu haben, nämlich Beate Zschäpe (*tagesthemen*, 17.11.2012). »Nachvernehmung«? Klingt fast wie Neuwahl, wenn einem das Wahlergebnis nicht passt …

»Nationalsozialistische Pauschalreisen«

Mit anderen Worten, es gab lange Zeit keine handfesten Hinweise auf rechtsradikale Täter. Vielmehr schien es sich bei den Morden tatsächlich um Auseinandersetzungen im Ausländermilieu zu handeln, vielleicht um Schutzgelderpressung oder einen Drogenkrieg. Vielleicht ging es auch um die Geschäfte, in denen die Opfer arbeiteten oder die ihnen gehörten. Denn, wie gesagt, die ausländische Herkunft der Getöteten war das eine. Das andere aber war die Tatsache, dass ausnahmslos kleine Unternehmer angegriffen wurden. Also musste auch darin ein Motiv liegen. Und allein das beweist schon, dass sich die Justiz mit der angeblichen rechtsradikalen Terrortruppe NSU auf dem Holzweg befindet. Denn wenn es nur um Ausländer gegangen wäre, hätte man ja auch einfach irgendwelche Passanten erschießen können. Des Weiteren hätte man nicht so wählerisch sein müssen, sich fast ausschließlich auf Türken zu kaprizieren (acht der neun erschossenen Kleinunternehmer waren türkischer Herkunft). Auch darin musste also ein Motiv liegen. Aber warum wurden die ursprünglichen Ermittlungen plötzlich über den Haufen geworfen? Und warum wurde das Ruder radikal herumgerissen? Haben Dutzende von Ermittlern tatsächlich jahrelang so falschgelegen? Werfen wir deshalb einen genaueren Blick auf den sogenannten NSU und was gegen ihn vorliegen soll. Punkt 1: Es hakt schon bei dem Namen »Nationalsozialistischer Untergrund«: »In der Geschichte des ›Untergrundes‹ gibt es nicht viele Gruppen, deren Untergrund so transparent war wie der des NSU. Es war ein Aquarium, in dem die NSU-Mitglieder wie Goldfische gehalten wurden. Der Verfassungsschutz tappte nicht im Dunkeln – er saß quasi am Küchentisch des NSU«, heißt es auf der kritischen Nachrichtenseite *NachDenkSeiten* vom 23. Juli 2012: »Hartnäckig wird die Legende aufrechterhalten, dass die im Jahr 1998 abgetauchten Neonazis ›spurlos‹ verschwunden seien und man seitdem keine ›heiße Spur‹ gehabt hätte. Das widerspricht allen Fakten, die bislang an die Öffentlichkeit gelangt sind. Fasst man die auszugsweise gewährten Einblicke in das Leben derer, die ›spurlos‹ verschwunden sind, zu denen über 13 Jahre keine ›heiße Spur‹ geführt haben soll, zusammen, lässt sich eines sicher sagen: In der Geschichte des ›Untergrundes‹ gibt es nicht viele Gruppen, deren Untergrund so transparent war wie der des NSU.« Daher ist schon der Name »Nationalsozialistischer Untergrund« falsch. Eigentlich müsste es »Nationalsozialistische Grillparty« oder »Nationalsozialistische Pauschalreisen« heißen. Denn schließlich fuhr man nicht nur gern in den Urlaub, sondern führte auch viele Jahre lang für jeden sichtbar ganz offen ein beschauliches Leben in einer überschaubaren Nachbarschaft.

Seltsame Terroristen

Die Frühlingsstraße 26 in Zwickau zum Beispiel, wo das Trio seit April 2008 wohnte, ist nicht gerade ideal zum Untertauchen. Es handelt sich um ein ruhiges, überschaubares Viertel mit wenig befahrenen Straßen und viel Grün. Die Polenzstraße 2 in Zwickau, wo die drei von 2003 bis 2008 lebten, bot kaum mehr Anonymität: heruntergekommene Mehrfamilienhäuser, aber lockere und übersichtliche Bebauung. Beate Z. unterhält Freundschaften, kommt spontan bei ihren Nachbarn vorbei und hilft mit Geld aus. Für ihre nichtsahnenden Freundinnen ist sie ein »herzensguter Mensch«, so die NDR-Dokumentation *45 Min: Die Nazi-Morde* vom 8. April 2013. Dachte man bisher, Terroristen würden sich lieber in großen, anonymen Wohnsilos mit Tiefgaragen und guter Anbindung an Autobahnen verstecken, wurde man durch die »Zwickauer Terrorzelle« alias NSU eines Besseren belehrt. Auch *Bild.de* war aufgefallen: »13 Jahre zogen die Killer-Nazis eine Blutspur durch Deutschland. Im Untergrund, wie die Ermittler anfangs behaupteten, bewegten sie sich dabei nicht. Im Gegenteil: Die NSU-Mörder lebten völlig unbehelligt, fuhren in den Urlaub, pflegten Freundschaften, gingen auf Stadtfeste« (5.11.2012). Es kommt aber noch besser: Im Urlaub ließen sich die angeblich im Untergrund lebenden Terroristen sogar völlig unbefangen von Dritten fotografieren! Normalerweise »tödlich« für konspirativ lebende Verbrecher. Aber die angeblichen Super-Terroristen hatten nicht einmal Angst, das eigene Konterfei millionenfach verbreitet zu sehen! Als 2011 bei einem Urlaub auf Fehmarn ein Fernsehteam Beate Z. beim Frühsport mit einer Gymnastikgruppe drehte, lief sie nicht etwa weg, sondern ließ sich ganz locker mit aufnehmen: »Gelassen. Ohne jede Kamerascheu«, wie *Panorama* feststellte (4.4.2013). Und nicht nur das. Die angeblich konspirativ lebenden Mörder kehrten seit 2007 auch noch regelmäßig nach Fehmarn zurück. »Meist kamen sie Ende Juli und blieben bis Mitte August«, schrieb *Süddeutsche.de* am 23. Dezember 2011: »Sie schlossen in der Zeit Urlaubsbekanntschaften. Mit manchen Feriengästen verabredeten sie sich für das nächste Jahr.« Und: »Wie passt das alles zu der Geschichte vom Untergrund, zu der Geschichte der Killer, die mit oft großem zeitlichen Abstand zwischen den Taten Leute umbrachten, die sie nicht kannten?« (ebda.).

Wie aus einem Überfall zwei gemacht wurden

Tja – wie nur? Finanziert haben soll die NSU-Truppe ihr komfortables Leben mit Hilfe von zahlreichen Banküberfällen – laut *Arte Journal* (16.5.2013) sollen es nicht weniger als 14 gewesen sein. Und auch die *Frankfurter Rundschau* schrieb: »Bislang hieß es immer, das Trio habe seit 1999 insgesamt 14 Geldinstitute überfallen und umgerechnet rund 600 000 Euro erbeutet« (1.2.2012). Die *Bild*-Zeitung wusste es sogar ganz genau: »So brutal gingen die Killer-Nazis auf Raubzug«, hieß es am 15. November 2011 auf *Bild.de*. Per Mausklick konnte man sich dort durch die Fotos der Überwachungskameras von drei Überfällen klicken. Doch irgendetwas stimmt an der Berichterstattung nicht. Bei Bild 1 soll es sich zum Beispiel um die Aufnahme von einem Überfall auf ein Zwickauer Postamt am 5. Juli 2001 handeln. Auf dem Bild steigt eine Person, vermutlich ein Mann, in einem weißen Overall und mit einem weißen Hut über einen Tresen. Vom Gesicht des Mannes ist nichts erkennbar. Auf Bild 6 sieht man genau denselben Mann, laut *Bild* diesmal allerdings im »Vorraum« einer »Sparkasse«. Sollte sich der Gangster bei einem anderen Überfall exakt gleich gekleidet haben? Möglich wäre es natürlich. Nicht möglich ist allerdings, dass ein Zwickauer Postamt und eine Sparkasse genau die gleiche Innenausstattung haben. Auf den beiden Überwachungsfotos von den angeblich zwei verschiedenen Schauplätzen ist nämlich alles gleich: die Handtaschenablage vor dem Tresen, die Trennscheiben zwischen Publikum und Schalterbeamten, die Neonleuchten und die typischen Schwämmchenhalter aus Gummi zum Befeuchten von Briefmarken. Demnach handelte es sich also nur um *einen* Schauplatz, nämlich um ein Postamt, und nicht um eine Sparkasse. Wurden aus einem Überfall auf diese Weise zwei gemacht?

Mit Pumpgun und Rucksack

Ein weiteres Überwachungsfoto (Bild 2) stammt von einem Überfall auf die Chemnitzer Sparkasse am 18. Mai 2004. Diesmal sieht man einen Mann mit einer Pumpgun (Vorderschaftrepetierer) und einem Rucksack im Profil. Vor Mund und Nase trägt er ein Tuch, auf dem Kopf eine Schirmmütze. Nur Ohr und Haaransatz liegen frei. Auf der Nase sitzt eine Korrekturbrille. Auf den bekannt gewordenen Urlaubsfotos tragen die beiden männlichen NSU-Verdächtigen allerdings nirgendwo Brillen. Ein zweiter Mann ist bei dem Überfall ganz ähnlich kostümiert. Er trägt ebenfalls eine Schirmmütze, eine dunkle Jacke, ein Gesichtstuch und eine zumindest halb verdunkelte Brille – diesmal vielleicht eine Sonnenbrille? Eine Ähnlichkeit zu einem der toten NSU-Verdächtigen lässt sich auf den ersten Blick weder feststellen noch ausschließen.

Tatsächlich blieben von den angeblich 14 Banküberfällen im Ermittlungsverfahren nur noch drei übrig, so die *Frankfurter Rundschau* vom 1. Februar 2012. Einer davon – am 5. Oktober 2006 auf eine Sparkasse in Zwickau – schlug auch noch fehl, kann also nicht zur Finanzierung beigetragen haben. »Zudem rechnen die Ermittler noch die Überfälle am 7. September 2011 in Arnstadt und am 4. November in Eisenach dazu, bei denen 90 000 Euro erbeutet wurden.« Das heißt, die von *Bild.de* dem NSU zugerechneten Überfälle (Zwickauer Postamt, Chemnitzer Sparkasse) sind also gar nicht dabei. Überdies darf man eines nicht vergessen: All diese Behauptungen müssen im Hinblick auf die beiden toten Männer mit großer Skepsis betrachtet werden. Denn sie müssen ja überhaupt nicht mehr bewiesen werden – genauso wenig wie ihre mutmaßliche Beteiligung an den sogenannten »Döner-Morden«. Denn da sie nicht mehr leben, wurden die Ermittlungen gegen sie eingestellt. Demnach muss ihre Schuld nicht (mehr) gerichtlich festgestellt werden.

Aber während die Justiz die Ermittlungen gegen Verstorbene

einstellt, haben die Medien umso freiere Bahn. Denn da sich Tote nicht mehr wehren können, geht es in den Zeitungen erst richtig los. So sind die Blätter voll von den »Nazi-Killern« und »Bankräubern«, als sei ihre Schuld zweifelsfrei erwiesen. Dabei blieb es im Fall der beiden Männer letztendlich bei Ermittlungen. Nicht dass hier jemand pauschal verteidigt werden soll, aber redlich bleiben sollte man schon. Denn auch mutmaßliche Nazis und Mörder haben ein Recht auf rechtsstaatliche Behandlung und Menschenwürde. Juristisch von Interesse sind die Banküberfälle jetzt vor allem noch im Hinblick auf die überlebende NSU-Verdächtige Beate Z. Zwar tauchte von ihr erst recht kein Überwachungsfoto bei einem Banküberfall auf. Aber immerhin könnte sie ja auf die eine oder andere Art Beihilfe geleistet haben.

Verbrechen im politischen Labor

Nächste Frage: Wie rechtsextrem waren diese Leute überhaupt? In den neunziger Jahren des letzten Jahrhunderts seien sie noch »überzeugte Rechtsradikale« gewesen, weiß die Website des Nachrichtenmagazins *Compact*. So hätten sie »eine Judenpuppe an einer Autobahn aufgehängt, eine Bombenattrappe mit Hakenkreuz vor dem Theater Jena deponiert und ein Hass-Spiel namens Pogromoly selbst entwickelt und in der Szene angeboten«. Laut der ARD-Sendung *Die Story* (15.4.2013) waren die drei auch in der »Kameradschaft Jena« aktiv, einem »Teil des Neonazi-Netzwerkes Thüringer Heimatschutz«. Wie die gesamte rechtsradikale Szene ist auch diese Gruppe intensiv vom Verfassungsschutz unterwandert und gesteuert. Tatsächlich erscheint das rechtsradikale Milieu als ein einziges, vom Verfassungsschutz betriebenes politisches Labor. Der erwähnte Thüringer Heimatschutz wurde gar von einem V-Mann gegründet. Gesamthonorar vom Verfassungsschutz: mehr als 200 000 DM (MDR Online, 20.6.2012 u. a.). Das Trio aus dieser staatlich unterhaltenen Szene beginnt auch Bomben zu bauen, so *Die Story:* »Auf dem Theaterplatz in Jena wird von spielenden Kindern ein Koffer mit TNT gefunden – gebaut von Uwe B.« Was allerdings fehlt, ist der Zünder. Für einen damals mit der Sache befassten Fahnder war das zwar »kein Spaß und kein Spiel, wenn jemand Bomben verteilt, ob sie nun funktionieren oder nicht, wo TNT drin ist und dergleichen«. Womit der Mann sicher recht hat. Dennoch darf man bezweifeln, dass der Zünder zufällig »vergessen« wurde.

Bombenbau unter Staatsaufsicht?

Uwe M. und Uwe B. werden nach dem Bau der »Bombe« observiert – falls nicht auch schon vorher, was in dieser Szene ja nahelag. Auch die Bombenwerkstatt wurde gefunden, so *Die Story:* »Eine Garage in Jena, angemietet von Beate Z.« Inhalt: »Rohrbomben, kiloweise TNT und Propagandamaterial.« Rätselhaft: Von Zündern ist auch hier wieder nicht die Rede. Noch merkwürdiger: Zwar sollte die Bombenwerkstatt ausgehoben werden, »doch Staatsanwaltschaft und Polizei beschließen: Keine Haftbefehle gegen die Bombenbauer. Keine Durchsuchung des Autos von Uwe. B.« Nanu? Wurden die seltsamen Bastler zünderfreier Bomben etwa von einem Teil der Behörden gedeckt? Denn schließlich sei das ja noch nicht alles, heißt es in *Die Story:* »Ausgerechnet am Tag der Durchsuchung sind die eigentlichen Verantwortlichen [der Polizei] entweder krank oder auf einem Lehrgang.« Und der oben zitierte Fahnder, der fest entschlossen gewesen sei, die drei festzunehmen, »muss an diesem Tag an einem anderen Fall arbeiten«. Als sich der Ermittler beschwert, wird er versetzt. Danach verschwindet das Trio auf Nimmerwiedersehen, was der Polizeibeamte ebenfalls seltsam findet: »Das finde ich schon mehr als mysteriös, weil gerade unsere Zielfahndung sehr erfolgreich und sehr gut ist. Und ich kenne nur Erfolge von diesem Zielfahndungskommando.« Möglicherweise hielten hier staatliche Stellen ihre Hand über die Terrortruppe, die unter diesem Schutz bereits »in den Untergrund« abgetaucht war. Ein Untergrund, der im Wesentlichen dafür sorgte, dass das Trio vor jeder Strafverfolgung geschützt wurde – denn konspirativ verhalten hat es sich nicht.

Verkaufsstopp für »Pogromoly«

Das alles ist seltsam. Normalerweise werden etwa 95 Prozent aller aufgedeckten Morde aufgeklärt. Wurde ein Mensch erkennbar erschossen, erstochen, vergiftet oder sonst wie ums Leben gebracht, besteht eine etwa 95-prozentige Chance, dass der Täter gefasst wird. Bei einer Mordserie steigert sich diese Chance mit jeder weiteren Tat, denn jede Tat produziert ja weitere Ermittlungsansätze: neue Zeugen und neue Spuren zum Beispiel. Nur die »Döner-Mordserie« hielt sich einfach nicht an die Gesetze der Kriminalistik. Ja, die Gesetze der Kriminalistik scheinen regelrecht außer Kraft gesetzt worden zu sein. Wer ist dazu fähig? Da gibt es tatsächlich nur drei Möglichkeiten: Gott, der Teufel oder die Behörden selbst.

Denn wie ich anhand eines anderen Beispiels noch ausführen werde, geschieht kein großes, erfolgreiches Verbrechen ohne Insider (siehe »Der 50-Millionen-Coup von Brüssel: Waren es Polizisten?«). Das gilt auch für die Verbrechen von angeblichen Staatsfeinden.

Die Frage sei, so *Compact Spezial,* ob die drei Rechtsradikalen im Untergrund an ihrer Ideologie »festgehalten haben«. Den Verkauf von »Pogromoly« hätten sie nämlich irgendwann eingestellt, der Kontakt zu alten Unterstützern sei abgerissen. Einem Bekannten, der »mit dem Rechtsextremismus nichts mehr zu tun haben« wollte, seien die drei mit »Verständnis« begegnet – »und meinten sogar, dass es bei ihnen ähnlich sei«.

»Im Keller« ist noch lange nicht »im Untergrund«

Tatsächlich geben auch noch andere Umstände zu denken. So fand sich später in der Wohnung und im Wohnmobil des Trios

> »kein einziges Buch mit nationalen Bezügen, keine CDs mit rechtem oder auch nur völkischem Liedgut. Ebenso wenig fand man Kleidung beliebter rechter Modemarken und auch kein Bild oder Poster mit nationalen Motiven. Im Wohnmobil stießen Beamte stattdessen auf Kleidung der Marke Denim und DVDs mit US-amerikanischen Serien und CDs mit Oldies« (Jürgen Elsässer: »Wie nazi war Zschäpe in den letzten Jahren noch?«, Elsässers Blog, 13.4.2013).

Auch die Auswertung der Internetprotokolle habe das gleiche »ideologische Desinteresse« ergeben: Das angeblich rechtsextreme Trio schien sich »keine Minute für die Inhalte der mehreren hundert rechtsextremen Internetseiten interessiert zu haben«. Auch an ihrem Wohnort seien Lisa, Max und Gerry, wie sie sich nannten, »keineswegs als Nazis in Erinnerung« geblieben. So gingen sie gerne bei einem Griechen im selben Haus essen, dem sie zum Geburtstag sogar Geschenke machten (*Ostthüringer Zeitung*, 21.11.2011). Auch die *Welt* (15.4.2013) berichtete über Beate Z.:

> »Im Untergrund war sie auch freundlich zu Ausländern, dem griechischen Wirt im Erdgeschoss ihrer Zwickauer Wohnung etwa, dem letzten Unterschlupf, den sie schließlich in Brand setzen sollte. Als sich das Trio, das im ersten Stock fünf Zimmer bewohnte, eine neue Kühltruhe anschaffte, gab es die alte dem Restaurantbetreiber. Der revanchierte sich mit dem einen oder anderen Ouzo, den man gemeinsam trank.«

Ja, was waren denn das für Rechtsradikale? Oder war das ausländerfreundliche Gehabe wirklich nur Tarnung, wie die Staatsanwaltschaft laut *Welt* in ihrer Anklageschrift behauptet? Kann man sich über Jahre hinweg auch im privaten Kreis so verstellen – selbst unter Einfluss des einen oder anderen Ouzo? Immerhin trug die *taz* (13.4.2013) gewissermaßen zur negativen »Ehrenrettung« der mutmaßlichen Terroristen bei. In der Zwickauer Frühlingsstraße habe Beate Z. »vor allem die Nähe zu Nachbarn mit rechter Gesinnung« gesucht. Das gehe »aus den umfangreichen Akten der NSU-Ermittler hervor«. Demnach war Z. »Teil einer Feierabendrunde, die sich regelmäßig im Keller eines Nachbarn zum Trinken und Rauchen traf. Auf einem Fernseher stand das Foto des Führers. ›Zu Adolfs Zeiten war alles besser‹ soll einer aus der Runde laut Zeugen gesagt haben.« Aber ob das im Sinne der Anklage wirklich eine »gute Nachricht« ist? Denn zwar liegt ein Keller durchaus unter der Erde, mit einem Leben im Untergrund ist so eine fröhliche Trinkrunde allerdings kaum zu vereinbaren. Noch zwei Monate vor ihrer Festnahme, im Herbst 2011, erschien Z. sogar auf einem Volksfest in Zwickau: »Sie zeigt sich ganz offen, so, als ob sie nichts zu verbergen hätte«, so *Die Story* vom 15. April 2013: »Was hat diese Frau mit Terror und Mord zu tun?«

Erstaunlich haltbare Beweise

Welche handfesten Beweise gibt es denn überhaupt? Zu gerne hätte man da einen Blick in die Anklageschrift geworfen, aber diese gab die Münchner Justiz nicht an die Presse heraus. Kommen wir deshalb zu den Beweisen gegen das »Terror-Trio«, wie sie in den Medien dargestellt wurden:

Im Wesentlichen sind das

- die Tatwaffen der »Döner-Morde« (2001–2006),
- die Dienstwaffen der beiden ermordeten bzw. schwerverletzten Polizisten (2007),

- mehrere Bekennervideos auf Festplatten und DVDs,
- Flugblätter,
- Geldbündel aus Banküberfällen.

Na bitte, möchte man sagen – wenn das keine Beweise sind! Das Problem sind jedoch die äußerst dubiosen Umstände, unter denen diese »Beweise« gefunden wurden. Sowohl Geldbündel und Flugblätter als auch DVDs und Waffen sollen allesamt nämlich in dem total zerbombten und ausgebrannten Zwickauer Haus bzw. in dem ausgebrannten Wohnmobil von Uwe B. und Uwe M. gefunden worden sein. Und zwar so unversehrt, dass man die DVDs und anderen Datenträger noch abspielen konnte. Auch Geldscheine und Flugblätter waren nicht verbrannt. Und das, obwohl die Hitzeentwicklung »so enorm« war, »dass sogar das Metall der aufgefunden Waffen teilweise geschmolzen war« *(Compact Spezial)*. Sogar die Brandbekämpfer wunderten sich über dieses Materiallager: »Nach dem, was ich während dieses Einsatzes gesehen habe, muss ich mich sehr wundern, was dort zwei Tage danach noch alles in der Brandruine gefunden wurde«, sagte einer der Feuerwehrmänner verblüfft *(Hamburger Abendblatt,* Online-Ausgabe vom 20.11.2011). Und ein Ermittler meinte: »Nach unserem offiziellen Informationsstand wurden die DVDs im Schutt der Zwickauer Wohnung sichergestellt. (…) Aber ich gebe zu, dass dieser Umstand Fragen aufwirft« *(Spiegel Online,* 15.11.2011). Allerdings. Denn die TV-Bilder zeigten eine lichterloh brennende Wohnung, von der im Prinzip nur noch eine Art »Höhle« übrig blieb. Nach dem Brand war das Hausdrittel mit der angeblichen Terroristenwohnung regelrecht weggerissen und ausgeglüht. Und die Frage lautet ja auch: Würden so ausgebuffte Terroristen, die über zehn Jahre lang unentdeckt bleiben und das perfekte Verbrechen verüben konnten, tatsächlich so viele Beweise bei sich zu Hause bzw. in ihrem Wohnmobil aufbewahren? Damit sie bei der erstbesten Hausdurchsuchung bzw. Verkehrskontrolle auffliegen? Während sie sonst nichts auch nur entfernt Rechtsradikales im Hause hatten? Und warum fand man dort »Beweise« für ganz unterschiedliche Verbrechen: Erstens für die Banküberfälle, zweitens für Morde an ausländischen Ladenbesitzern und drittens sogar für Morde an Polizisten? Fast wirkte das so, als wollte hier jemand ganz verschiedene Taten auf zwei toten Verdächtigen abladen – zumal auch die dritte Verdächtige möglicherweise nicht überleben sollte. Denn warum ihr das Haus am selben Tag, an dem ihre Freunde angeblich Selbstmord begingen, um die Ohren flog, ist im Gegensatz zu entsprechenden Medienberichten nicht ganz klar: Jagte sie es wirklich selbst in die Luft? Oder sollte sie beseitigt werden – genauso wie möglicherweise ihre Komplizen? Denn nicht zu vergessen: Zeugen hatten am 4. November 2011 eine dritte Person aus dem Wohnmobil aussteigen sehen, bevor die Leichen der beiden angeblichen NSU-Mitglieder dort gefunden wurden.

Eine kriminalistische Luftnummer

Interessanterweise war von klassischen und handfesten kriminalistischen Beweisen, die bei Morden mit Schusswaffen vorhanden sein müssten, in der ganzen aufgeregten Diskussion überhaupt nicht die Rede:

1. Zunächst einmal wäre **die Verbindung zwischen den Waffen und den Verdächtigen** herzustellen. »DNA-Spuren oder Fingerabdrücke an den Tatwaffen gibt es jedoch nicht« (*Freitag*, 10.4.2013). Auch Schmauchspuren an den Händen der Verdächtigen hätte man 2011, vier Jahre nach dem letzten Mord (Kiesewetter, 2007), mit Sicherheit vergeblich gesucht.
2. Auch **glaubwürdige Zeugen,** welche die Beschuldigten an den Tatorten gesehen hätten, gibt es nicht.
3. Schließlich fehlten auch alle weiteren einschlägigen Beweise wie Blut- und Gewebeanhaftungen an Kleidungsstücken der

Verdächtigen, Fingerabdrücke, DNA-Spuren und andere Hinterlassenschaften der Verdächtigen an den Tatorten, Gegenstände aus dem Besitz der ausländischen »Döner«-Mordopfer bei den Verdächtigen usw.

»Auch konnten Mundlos und Böhnhardt für die Tatzeiten der ersten vier Morde in den Jahren 2000/2001 keine Fahrzeuganmietungen nachgewiesen werden«, schrieb das Magazin *Cicero* am 10. April 2013: »Die Phantomzeichnung eines der mutmaßlichen Täter von Heilbronn, die der durch einen Kopfschuss verletzte Polizist nach seiner Gesundung unter Hypnose erstellen ließ, zeigt zudem einen völlig anderen Personentyp als die beiden Verdächtigen.« Es ist wirklich kaum zu glauben, aber entgegen der Medienberichterstattung und den Erklärungen von Politikern hat die Anklage demnach nur sehr wenig gegen den sogenannten NSU in der Hand! Schon bis hierhin ist der ganze, in der Öffentlichkeit als geklärt hingestellte Fall aus kriminalistischer Sicht eine einzige Luftnummer.

Was sind eigentlich Bekennervideos?

Bleiben noch die auf wundersame Weise erhalten gebliebenen »Bekennervideos« auf DVDs und Festplatten sowie die »Flugblätter«. Dazu sollten wir vielleicht erst einmal die Frage klären: Was sind eigentlich »Bekennerbriefe« oder »Tatbekennungen«? Welche Funktion haben sie für eine Terrortruppe? Bereits 1992 habe ich mich mit zwei Kollegen in dem Buch *Das RAF-Phantom* mit dieser Frage befasst.[*] Antwort: Die »Bekennungen« dienen der Agitation, aber vor allem der Reklamierung und »Zueigenma-

---

[*] Gerhard Wisnewski/Wolfgang Landgraeber/Ekkehard Sieker: *Das RAF-Phantom. Neue Ermittlungen in Sachen Terror*. Wesentlich erweiterte und vollständig aktualisierte und überarbeitete Neuausgabe, München 2008

chung« der Tat. Denn: »Wer politische Attentate verübt, verfolgt damit in der Regel bestimmte politische Ziele. Damit nach einem Attentat klar ist, welche politischen Ziele hier von wem verfolgt werden, haben Terrortäter ein gewisses Interesse an ihrer zweifelsfreien Identifizierbarkeit« (ebda., S. 25). Bei der RAF war das zum Beispiel anfangs noch der Fall:

> »Gleich zu Beginn war den Revolutionären daran gelegen, ihre Täterschaft klarzustellen. Das kann schon deshalb unerlässlich sein, um Fälschungen oder ›Diebstählen‹ vorzubeugen. Was wäre schließlich für eine andere politische Gruppe, vielleicht sogar ganz anderer Couleur, einfacher, als sich irgendeinen Anschlag, etwa per telefonischer Erklärung, zu eigen zu machen? Aus der Geschichte politischer Attentate sind zahlreiche Beispiele dafür bekannt, dass viele verschiedene Gruppen einen Anschlag für sich beanspruchen« (ebda.).

Hinzu komme,

> »dass Terroranschläge, wie etwa im Fall der sogenannten ›RAF‹, mit extrem hohem Aufwand und großem Risiko verbunden waren. (…) Durch jede vorbereitende Tätigkeit, etwa das Ausspähen von Opfern, kamen die Täter aus der Deckung und setzten sich dem Risiko der Festnahme aus. Jedes Attentat zog – zumindest hätte es das sollen – verstärkte Fahndungsmaßnahmen nach sich. Schon deshalb konnte man es sich nicht leisten, dass jemand anderer den Anschlag für sich reklamierte« (ebda.).

All dies seien Gründe, warum Terroristen, »an der zweifelsfreien Identifizierbarkeit gelegen sein muss. Dies ist genauso wichtig wie die Tat selbst. Ein politisches Attentat ohne zweifelsfreie Urheberschaft ist dagegen weitgehend wertlos« und praktisch »verschenkt«. Aus diesen Gründen müsse besonders misstrauisch machen, dass die sogenannte Dritte Generation der RAF von sich aus solche Beweise nicht geliefert habe. Genauso wenig wie heute der NSU. Denn während nach den späten RAF-Anschlägen nach 1985 wenigstens noch fadenscheinige Bekennerbriefe auftauchten, gab es nach den angeblichen NSU-Anschlägen überhaupt keine. Solche »Bekennungen« wurden erst viele Jahre später »zufällig« beim Auffliegen der Gruppe entdeckt.

Willkommen beim »NSU-TV«

Neben der Frage, wie diese Datenträger in der völlig ausgeglühten Wohnung überleben konnten, lautet deshalb die zweite wichtige Frage: Wie konkret haben sich die Macher der Videos darin überhaupt zu den Taten bekannt? Würde man nicht so etwas wie ein Videostatement eines oder mehrerer der (posthum) Beschuldigten erwarten, bei dem sie ihr Gesicht zeigen und sich im Namen des NSU zu den Taten bekennen? Genau das gibt es aber nicht. Jedenfalls tauchten in den bekannt gewordenen Videoausschnitten die Beschuldigten an keiner Stelle als Subjekte mit Gesicht und Namen auf. Zwar erschien die »Marke« NSU – aber wo wird in den Videos die Verbindung zwischen dieser Marke und den Beschuldigten hergestellt? Das Video auf den DVDs aus der Brandruine (das nach der Wohnungsexplosion angeblich auch noch von Beate Z. verschickt wurde, siehe unten) besteht aus Ausschnitten verschiedener Paulchen-Panther-Zeichentrickfilme, in die Schriftzüge und TV-Berichte von den Morden hineingeschnitten wurden. Dazwischen gibt es zynische Schrifteinblendungen wie »Das kleine Bömbchen« oder: »Solange sich keine grundlegenden Änderungen in der Politik, Presse und Meinungsfreiheit vollziehen, werden die Aktivitäten weitergeführt.« Aktivitäten? Welche Aktivitäten? Eine etwas dürre verbale Erklärung. Und vor allem kommt sie ein bisschen spät. Denn als die DVDs schließlich verschickt (bzw. in der Brandruine sichergestellt) wurden, waren »die Aktivitäten« bereits vor Jahren eingestellt worden (Polizistenmord in Heilbronn, 2007). Auch die Aufforderung »Volk, steh zu deinem Land und unterstütze den NSU« kommt um viele Jahre zu spät. Wenn, dann wäre ein solcher Aufruf vielleicht nach jedem Mord sinnvoll gewesen, nicht aber Jahre später.

Wenn aus Videos Beweise werden ...

In einer weiteren Szene sieht man die Zeichentrick-Figur Paulchen Panther Schrifttafeln präsentieren. Überschrift: »Deutschlandtour NSU«. Dazu wurden Zeitungsberichte der Morde montiert. Das Ganze sei zwar aufwendig produziert, aber »erzählerisch macht das Video über weite Strecken wenig bis gar keinen Sinn«, stellte *Spiegel Online* fest (14.11.2011). Wer sich mit Videoschnitt und -produktion auskennt, wird dem zustimmen. Tatsächlich muss der Arbeitsaufwand beträchtlich gewesen sein. Da wäre zunächst einmal die Auswahl der Paulchen-Panther-Szenen und dazu passender TV-Ausschnitte oder Fotos von den »NSU-Morden«. Allein dafür muss über viele Stunden Material gesichtet worden sein. Vor allem, wenn andere Bilder in Szenen mit der Comic-Figur eingearbeitet wurden, kostete jede einzelne Filmsekunde richtig Zeit und Mühe. Und das alles für ein Video, das nie zur Agitation genutzt und erst lange nach dem Ende der Mordserie angeblich von Beate Z. an einige wenige Stellen verschickt wurde? Und warum überhaupt? Denn mit dem Auffliegen des angeblichen Terror-Trios veränderte sich die Bedeutung der Videos ja fundamental. Hätten die Videos vorher vielleicht zur Bekennung und Agitation dienen können, waren sie danach *nur noch Beweismittel zur Beschuldigung der Toten bzw. Festgenommenen.* Und zwar solche von dürftiger Qualität. Wer aber verschickt *nach* dem Auffliegen der eigenen Truppe noch freiwillig Beweismittel, die zur Beschuldigung und Anklage dienen können? Oder war das

in Wirklichkeit die eigentliche Funktion der Videos: Scheinbe-
weise zu schaffen und den Morden erst nachträglich den Stempel
NSU aufzudrücken? Da Agitation und Bekennung ja nicht mehr
in Frage kamen, könnte die Verschickungsaktion zum Beispiel
den Sinn gehabt haben, die Videos zu retten, falls die Exemplare
in der Brandruine tatsächlich nicht mehr lesbar gewesen sein sollten. Oder falls die Ermittler sie in dem Brandschutt nicht finden
sollten.

Unheimlich widerstandsfähige DVDs

Anfang 2012 tauchten auch noch »Bekennervideos« auf sicherge-
stellten Festplatten aus der Brandwohnung auf. Diese sollen aus
dem Jahr 2001 stammen. Zu der Musik einer rechtsradikalen
Band werden wiederum Zeitungs- und TV-Ausschnitte über die
Morde eingeblendet. Nach Ansicht des Rechtsextremismus-Ex-
perten Andreas Speit enthält das Video »klare politische Botschaften«. Zum Beispiel den Satz: Dem Ermordeten »Enver S. ist
nun klar, wie ernst uns der Erhalt der deutschen Nation ist« (*Spiegel TV*, 15.1.2012). Aber sonst wurde das niemandem klarge-
macht – denn aufgetaucht ist das Video erst nach dem Brand der
Zwickauer Wohnung Ende 2011. Dass die Macher des Films
»ihre Taten propagieren« und dafür »werben« wollten, wie Speit
behauptet, darf damit wohl als widerlegt gelten. Nicht einmal die
Sonderkommissionen, die jahrelang im Umfeld der Morde ermit-
telten, stießen auf die Videos. Für wen und warum wurden sie
aber dann hergestellt? Gab es sie vor dem Auffliegen des angeblichen NSU überhaupt? Oder wurden sie nur produziert, um den
NSU quasi ex post facto zu »gründen«? Denn Propaganda für den
NSU machte nicht der NSU, sondern einzig und allein der Staat
und seine Medien – und zwar in großem Stil. Ganz abgesehen
davon, dass sich nicht erschließt, inwieweit durch die Tötung
eines türkischen Blumenhändlers »die deutsche Nation« zu retten

wäre. Wenn man sich schon in die »Logik der Gewalt« von Rechtsradikalen hineinversetzt, dann sollte man doch meinen, dass dafür andere Zielpersonen besser geeignet gewesen wären, beispielsweise ausländische Politiker oder Vorsitzende von Migrantenvereinen.

Ein typisches Täterverhalten

Übrigens: Während die angeblichen NSU-Leute die Beweismittel – statt sie zu vernichten – in rauhen Mengen in ihrer Wohnung und in ihrem Wohnmobil horteten und sie angeblich sogar noch per Post verschickten (Beate Z.), setzte die Beweismittelvernichtung ganz woanders ein. Und zwar beim Verfassungsschutz. Reihenweise zogen Verfassungsschutzbehörden die Notbremse und schredderten ihre Akten, um die eigene Verstrickung in das Konstrukt des NSU und die zehn Morde zu vertuschen. Das heißt, der Verfassungsschutz zeigte ein typisches Täterverhalten. Dort wurden Beweismittel im großen Stil beseitigt, nämlich tonnenweise Akten über die Zusammenarbeit mit der rechten Szene im Allgemeinen und mit B., M. und Z. im Besonderen. Aufgrund solcher und ähnlicher »Pannen« musste schließlich ein halbes Dutzend bundesdeutscher Verfassungsschutz-Chefs ihren Hut nehmen. Die Geheimdienstapparate glichen damit Eidechsen, die in der Gefahr den Schwanz abwerfen bzw. den Kopf. Lieber opferten sie durch dieses offensichtlich kriminelle Verhalten reihenweise ihre Chefs, als den gesamten Apparat in Gefahr zu bringen. Strafrechtlich verfolgt wurde deswegen bisher kein einziger Verfassungsschützer.

Die wichtigste Frage lautet aber, ob die gefundenen Videos neben einer expliziten Bekennung überhaupt sogenanntes »Täterwissen« enthielten. Dieses Täterwissen ist ein wichtiges Beweismittel zur Überführung von Tätern. So sollte beispielsweise Geständnissen oder »Bekennerbriefen« nur geglaubt werden, wenn der

Betreffende etwas weiß, das nur der Täter und die ermittelnde Polizei wissen können. Tatsächlich haben manche Terrorgruppen solches Täterwissen in ihren Bekennungen offenbart. Von irgendeinem Täterwissen in den NSU-Videos war bisher jedoch noch nicht die Rede. Und das bedeutet, dass ein weiterer wichtiger Beweis für die Täterschaft des NSU nach wie vor fehlt.

Flugblatt oder Luftnummer?

Bleiben noch die angeblich in der ausgebrannten Zwickauer Wohnung gefundenen »Flugblätter«. Genauso wie die Videos sollen sie von einem Helfer der NSU-Truppe hergestellt worden sein, einem gewissen André E., der am 24. November 2011 bei einem martialischen Polizeieinsatz verhaftet wurde. Ende 2011 saß ich dem Schwager des angeblichen Flugblatt- und Videomachers in München gegenüber, dem Polizeibeamten Jens H. (Name geändert). Man sah dem Mann den Schock noch an. Er war blass im Gesicht, und hin und wieder füllten sich seine Augen mit Tränen. Den 24. November 2011 werden er und seine Familie wohl nie vergessen. An diesem Tag blickte seine Schwester in Zwickau dem Tod ins Auge. Es war morgens gegen sieben, als ihr plötzlich mit einem Krachen die Haustür um die Ohren flog – »mit Angel und mit allem Drum und Dran«, so Jens H. Anschließend drängelten sich vermummte Gestalten mit Waffen im Anschlag durch die Türöffnung: »GSG 9! Auf den Boden legen! Auf den Boden legen!« Was die Frau denn auch umgehend tat.

Der Anlass für den ungebetenen Besuch: Ihr Mann André E. soll quasi der »Medienexperte« des NSU gewesen sein und sowohl die Videos als auch das »Flugblatt« produziert haben. Doch welche Parolen und Bekenntnisse sind darauf überhaupt zu finden? Glaubt man Jens H., waren die angeblich in der Ruine gefundenen »Flugblätter« ganz normale Werbeflyer für E.s längst aufgegebene Videoproduktion. »Wenn man in dem Haus einen Flyer von

Lidl gefunden hätte, wäre Lidl wohl auch verdächtigt worden«, meinte Jens H. Immer wieder habe E. versucht, sich mit Kleinunternehmen selbständig zu machen. Werfen wir einmal einen Blick auf das »NSU«-Flugblatt.

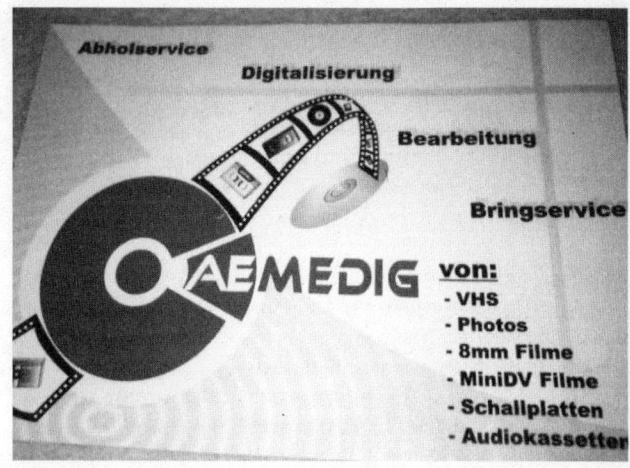

Angebliches »NSU-Flugblatt« (Vorderseite)

Wie man sieht, handelt es sich um ein ganz normales Flugblatt einer Videoproduktion mit dem Namen »AEMEDIG«, wobei »AE« die Initialen des Inhabers sind. Die Firma war darauf spezialisiert, Videokassetten von Privatverbrauchern auf digitale Medien zu kopieren.

* Sie haben noch VHS Filme die Sie auf Dauer
  behalten möchten!
* Sie haben noch Schallplatten die Sie im Auto
  anhören wollen!
* Sie haben Photoalben die Sie bequem
  auf Ihrem Fernseher anschauen möchten!
* Sie haben Familienvideo's auf VHS -, 8mm -
  oder MiniDV - Kassetten und wollen aus diesen,
  wiederkehrende Erlebnisse auf DVD machen!
* Sie haben noch viele Audiokassetten aus den guten
  alten Tagen und wollen sicher gehen, das die Aufnahmen
  die nächsten Jahre überleben!
* Sie wollen außerdem die Qualität dieser Medien auf
  Dauer sichern!

Nichts leichter als das!!!!!!!!

Sie rufen mich einfach an oder melden sich per E-mail
ich komme bei Ihnen vorbei,
hole Ihre analogen Medien ab und bearbeite sie wie gewünscht
auf DVD oder CD und bringe sie anschließend wieder zu Ihnen
zurück. Sie können aber auch Ihre Sachen persönlich
vorbei bringen und wieder abholen.

Preisliste:
- 1 x VHS auf DVD   : ca. 30,- € incl. Mwst.
- 1 x Schallplatte auf CD   : ca. 12,- € incl. Mwst.
- 1 x Audiokassette auf CD   : ca. 12,- € incl. Mwst.
- 1 x Photoalbum zur Photoshow auf DVD   : ca. 30,- € incl. Mwst.
- 1 x 8mm oder Mini DV Formate   : ca. 40,- € incl. Mwst.

(Bei Abhol- und Bringservice im Umkreis bis 15 km 2,- € Aufpreis,
darüberhinaus 4,- €)

AEMEDIG

Inh.

08066 Zwickau

Mobil:

www.aemedig.de

info@aemedig.de

Angebliches »NSU-Flugblatt« (Rückseite)

»Sie haben noch VHS-Filme die Sie auf Dauer behalten möchten!«, heißt es auf der Rückseite des Flugblatts (Rechtschreibung beibehalten). »Sie haben noch Schallplatten, die Sie im Auto anhören möchten!« Oder: »Sie haben Photoalben die Sie bequem auf Ihrem Fernseher anschauen möchten!« – »Nichts leichter als das!«, verspricht die Medienproduktion: »Ich komme bei Ihnen vorbei, hole Ihre analogen Medien ab und bearbeite sie wie gewünscht auf DVD oder CD und bringe sie anschließend wieder zu Ihnen zurück.«

Wenn man sich die Preise ansieht, weiß man, warum dieses Geschäft schnell scheiterte. 30 Euro für das Kopieren einer VHS-Kassette auf DVD dürften jeden durchschnittlichen Videosammler überfordert haben. Bei 100 Videokassetten wären das 3000 Euro. Nachdem die Videoproduktion gescheitert sei, so Jens H., habe sein Schwager sich auf die Herstellung und den Versand von T-Shirts verlegt. Das sei jedoch kein »einschlägig rechter Versandhandel« gewesen, wie ebenfalls von der Presse behauptet, sondern es habe sich um T-Shirts mit Heavy-Metal- und Gothic-Motiven gehandelt. Mit der rechten Szene habe das überhaupt nichts zu tun gehabt. Erst als Subunternehmer im Solaranlagenbau habe E. schließlich Erfolg gehabt und seine Familie ernähren können – bis die GSG 9 kam. Danach stand seine Familie vor dem finanziellen und sozialen Ruin: Der Ernährer saß in Untersuchungshaft, Frau und Kinder wurden von den Nachbarn gemieden.

Eine »nicht völlig absurde« Anklage

Ist also tatsächlich überhaupt nichts dran an den Mordvorwürfen und dem NSU-Konstrukt? Die bereits zitierte ARD-Sendung *Die Story* vom 15. April 2013 befragte zwei Experten über die Anklageschrift in dem NSU-Verfahren und erhielt als Antwort zwei Ohrfeigen für die Ankläger – wenn auch als Streicheleinheiten getarnt: Die Hauptanklagepunkte, vor allem Beate Z.s »Mittäterschaft an den Mordtaten und auch an den Raubüberfällen, sind in einer Weise begründet, dass man schon Zweifel haben muss, ob sich das am Ende durchsetzen wird«, sagte Gerhard Strate, einer der renommiertesten Strafverteidiger Deutschlands. Und auch der Rechtsexperte der ARD, Frank Bräutigam, räumte ein: »Inhaltlich gehen die Ankläger wirklich aufs Ganze, an die Grenze des Möglichen, sie werfen Frau Z. Mittäterschaft an dieser Mordserie vor. Dass das jetzt nicht völlig absurd ist, zeigt, dass das Gericht in München diese Anklage unverändert zugelassen hat.« Diesen Einschätzungen kann man entnehmen, dass es für eine Anklage gegen Z. wegen Täterschaft bei den »Döner-Morden« offenbar nicht gereicht hat und dass bereits die Zulassung der Anklage wegen Mittäterschaft als Erfolg zu werten ist.

Die Globalisierung des Verbrechens

Mühsam nährt sich das Ermittler-Eichhörnchen. Die Frage ist nur: Wie wollen Staatsanwaltschaft und Gericht hier überhaupt zu einer Verurteilung kommen? Und war da der ursprüngliche Verdacht in Richtung organisierte Kriminalität nicht doch überzeugender? Denn bevor mit Hilfe einiger DVDs und Waffen der Mythos NSU gestrickt wurde, wiesen die Spuren tatsächlich in diese Richtung. Im Vorfeld der Taten gab es häufig Geldübergaben, Streit und Morddrohungen. Außerdem waren Glücksspiel, Schulden, Drogenhandel und Kontakte nach Holland ein verbindendes Element zwischen vielen der Opfer. Die Polizei war also keineswegs blind, wie nunmehr behauptet wird, sondern durchaus fleißig. Und bevor der Öffentlichkeit die NSU-Brille aufgesetzt wurde, war eigentlich klar: Türkische und andere ausländische Banden hingen tief mit drin. Und das sind nicht etwa »rassistische Thesen« verblendeter deutscher Ermittler, sondern Erkenntnisse des türkischen Kriminalamtes KOM. Laut einem Artikel der türkischen Zeitung *Zaman* aus dem Jahr 2007 übermittelte die türkische Behörde einen Bericht über ihre Ermittlungen an die deutsche Polizei. Darin legte das KOM »den Zusammenhang zwischen den Morden und dem türkisch-kurdischen Drogenmilieu in der BRD offen und nannte zudem den Namen eines Familienclans aus der türkischen Stadt Diyarbakir«, so Wolfgang Hackert in seinem Buch *Mord und Perversion* (S. 134). Es ist also auch falsch zu behaupten, »rassistische deutsche Beamte«, die »auf dem rechten Auge blind waren«, hätten ausländische Täter verdächtigt. In Wirklichkeit war es demnach das türkische Kriminalamt KOM, das einen Clan aus Diyarbakir verdächtigt hatte.

Willkommen auf dem Schwarzen Portal

Aber wie passt das mit polnischen Kennzeichen, dem osteuropäischen Akzent einiger Verdächtiger und den Kontakten in die Niederlande mancher Opfer zusammen? Ganz einfach: Auch im Untergrund von Kriminellen und Geheimdiensten ist die Globalisierung schon weit fortgeschritten. So gibt es im Internet sogar regelrechte »Schwarze Portale«, auf denen man illegale Waren und kriminelle Dienstleistungen ordern kann, wie bei eBay. Die Internetverbindung läuft über ein Netzwerk von Servern, das sämtliche Spuren des Anbieters und des Interessenten verwischt. Die Bezahlung erfolgt mit anonymem Internetgeld (Bitcoins). Einmal auf dem Portal (dessen genaue Adresse ich hier aus naheliegenden Gründen nicht nennen will) angekommen, kann man auf einer Navigationsleiste die Angebotskategorie wählen, zum Beispiel Drogen (2525 Angebote), Waffen (165), Fälschungen (117), Daten (596) und natürlich Dienstleistungen (1170, Stand: 29.4.2013). Darunter bieten auch Killer ihre Dienste an: »Ich bin ein professioneller Problemlöser«, rühmt sich da etwa ein »Dienstleister« mit dem Decknamen »Provorem Gal«. »Als früherer Offizier des amerikanischen Militärgeheimdienstes bin ich ein ausgebildeter Profi und biete eine ganze Reihe von Dienstleistungen an, die sowohl bei Regierungen als auch bei kriminellen Organisationen sehr begehrt sind.« – »Ein Geheim-Agent ist im Wesentlichen ein ausgebildeter Krimineller, der in andere Länder geschickt wird, um unter dem Risiko der Gefangennahme oder des Todes das Gesetz zu brechen«, erläutert der Anbieter weiter. »Leider«, fährt er mit wohl branchentypischem Zynismus fort, »sind das Eigenschaften, die auf dem zivilen Arbeitsmarkt nicht besonders gesucht sind. Um meine Existenz zu sichern, biete ich Ihnen daher hier meine Dienste an, zu einem Preis, der für die meisten Berufstätigen erschwinglich ist.« Für einen Pauschalpreis von 10 000 Dollar wird der hilfsbereite Geist tätig.

Der »tiefe Staat«

Die türkischen Fahnder gaben dem oben erwähnten Buch zufolge jedenfalls an, »dass durch den Familienclan [aus Diyarbakir] ein fünfköpfiges Mordkommando beauftragt wurde«, um die unbotmäßigen Ladenbesitzer zu beseitigen. Denn »Ladenbesitzer« war neben der ausländischen Herkunft schließlich das vorherrschende Merkmal der Opfer. Welcher Nationalität dieses Mordkommando war, steht dabei auf einem ganz anderen Blatt. »Die Morde selbst wurden immer von einem Täter dieses Teams mit drei verschiedenen Pistolen der Marke Ceska begangen.« Also mit jenen Waffen, die schließlich beim NSU gefunden wurden. Und: »In dem Bericht wurden die Täter sowie der Familienclan namentlich aufgeschlüsselt und die Nürnberger Kripo davon unterrichtet.« Das Dokument sei »damals über das BKA an den Nürnberger Kripo-Chef Wolfgang Geier übermittelt« worden (Hackert, *Mord und Perversion,* S. 134 f.).

Sollte das stimmen, dann verfügte sowohl die türkische als auch die deutsche Polizei spätestens 2007 über eine Liste der Täter – oder zumindest dringend tatverdächtiger Personen, die offenbar nicht mit den NSU-Leuten identisch waren. Das Problem ist nur: Glaubte die deutsche Polizei ursprünglich, eine Maus am Schwanz gezogen zu haben, kam mit der Zeit eine gewaltige Krake zum Vorschein, deren Arme aus ausländischen Mafiosi, Drogenhändlern und Schutzgelderpressern bestanden. Und auch noch aus türkischen und deutschen Agenten, sprich: Man hatte es mit dem gesamten Untergrund aus Kriminellen und Geheimdiensten zu tun – dem in der Türkei sogenannten »tiefen Staat« *(derin devlet)*.

Mit anderen Worten, man stieß auf eine Parallelwelt, die auf keinen Fall aufgedeckt werden durfte. Viele Fahnder seien »davon überzeugt, dass die Spur der Morde in Wirklichkeit in eine düstere Parallelwelt führt, in der eine mächtige Allianz zwischen rechtsnationalen Türken, dem türkischen Geheimdienst und Gangstern den Ton angeben soll«, schrieb der *Spiegel* am 21. Februar 2011 noch vor der »Entdeckung« des NSU. Der Vergleich mit einer Krake ist also durchaus berechtigt. Bei den Fahndern herrsche, so der *Spiegel,* »Angst vor einem ›tiefen Staat‹, einem Netzwerk aus Ultranationalisten, Militärs, Politikern und Justiz. (…) Die Ermittlungen endeten irgendwann an einer Mauer des Schweigens.« Mittendrin auch der deutsche Verfassungsschutz. Die Polizisten glaubten, so der *Spiegel,* dass sie dem Täterkreis »so nahe gekommen sind, dass die Mordserie nach der Erschießung des Internetcafé-Betreibers Halit Y., 21, in Kassel am 6. April 2006 gestoppt wurde«. Der »Kreis«, dem die Fahnder da nahe gekommen waren, war zufällig der deutsche Verfassungsschutz: Die Mordserie an ausländischen Geschäftsleuten hörte auf, nachdem ein deutscher Verfassungsschutzagent festgenommen worden war, der zumindest an diesem Tatort zugegen gewesen war. Obwohl tatverdächtig, wurde der Mann wieder freigelassen. Der einzige wirklich konkrete Tatverdacht gegen einen Deutschen richtete sich demnach gegen einen Geheimdienstler (der allerdings tatsächlich Kontakte zu Rechtsradikalen unterhielt).

Denkbar ist also, dass der deutsche und der türkische »tiefe Staat« bei der Beseitigung unbotmäßiger Geschäftsleute zusammenarbeiteten.

Geheimwaffe der Ermittler

Schluss damit. Schließlich hatte die Bundesanwaltschaft noch einen Pfeil gegen das »NSU-Phantom« im Köcher: ihren »Kronzeugen«, den Angeklagten Carsten S., der ab 4. Juni 2013 in dem Verfahren aussagte und sich im Gerichtssaal »zu seiner Verantwortung für die Neonazi-Morde« bekannte (*FOCUS Online,* 19.6.2013). Darüber hinaus behauptete S., dem NSU-Trio die Waffe geliefert zu haben, mit der die Opfer ermordet wurden. Auffällig an dieser Aussage ist, dass S. die Waffe nur Z.s Komplizen B. und M. übergeben haben will. Da diese beiden tot sind, können sie ihm kaum widersprechen. Praktisch ist auch, dass S. behauptete, Beate Z. habe von der Waffenübergabe nichts wissen dürfen. Was bedeutet, dass sie seiner Darstellung ebenfalls schlecht widersprechen kann. Auf diese Weise abgesichert, schienen die Aussagen von S. zunächst unangreifbar. Das NSU-Kartenhaus schien gerettet und der Schuldspruch für Beate Z. so gut wie sicher. Nur leider verhält es sich in diesem Fall wie immer mit den »Kronzeugen« der Bundesanwaltschaft: außer Widersprüchen und Gedächtnislücken nichts gewesen. Und das ist schlecht für die Ankläger, denn »die Anklage baut in wesentlichen Teilen auf die Aussagen von Carsten S.« (*tagesschau.de,* 5.6.2013).

Anklage auf Sand gebaut

Und wenn das so ist, dann haben die Bundesanwälte wieder einmal auf Sand gebaut. So berichtete *tagesschau.de* (a. a. O.), dem Vorsitzenden Richter Manfred Götzl reichten die Aussagen von S. nicht aus. Statt Klarheit in dem Fall zu schaffen, verstrickte er sich in Widersprüche. Hatte er in einer früheren Vernehmung noch angegeben, den Wunsch von B. und M. nach einer Waffe mit »Bauchschmerzen« entgegengenommen zu haben, konnte er sich nun nicht mehr daran erinnern. »Die Angaben von Herrn S. sind bis auf einige wesentliche Details bei der Beschaffung der Waffe vollständig unglaubwürdig«, zitiert *tagesschau.de* auch den Nebenkläger-Anwalt Thomas Bliwier: »Die Aufklärungshilfe eines vollständig Geständigen sehe anders aus.« Immer wieder habe S. Erinnerungslücken gehabt, »vor allem, wenn es um die Beteiligung des Angeklagten ging«. Auch Rechtsanwalt Stephan Lucas, der im Prozess die Tochter des ersten NSU-Mordopfers vertritt, war nicht zufrieden: Es nutze nichts, wenn Carsten S. sage, er habe die Waffe beschafft, aber versuche, »sich vom Vorsatz von all dem loszusagen«. In der Tat eine schwierige Trennung: Wie will sich der Lieferant einer Waffe mit Schalldämpfer von dem Vorwurf reinwaschen, die Morde auch selbst gewollt zu haben? Denn wozu ist eine Waffe mit Schalldämpfer gut, wenn nicht für einen Mord?

Der albernste Widerspruch in S.' Aussagen aber betrifft die Übergabe der Waffe selbst. So behauptete er, das Schießeisen »Ende 1999 oder Anfang 2000« in einem Café in der Galeria Kaufhof in Chemnitz an die beiden angeblichen Rechtsterroristen übergeben zu haben. Insoweit würde das passen, denn der erste angebliche NSU-Mord fand am 9. September 2000 statt. Das Problem ist nur, dass es das angebliche Café im Chemnitzer Kaufhof damals überhaupt noch nicht gab. Die Galeria Kaufhof am Chemnitzer Rathaus wurde erst fast zwei Jahre nach der angeblichen Waffenübergabe eröffnet – am 18. Oktober 2001. Zu diesem Zeitpunkt waren die ersten vier »Döner-Morde« bereits passiert. Damit dürfte der NSU wohl die erste Terrortruppe sein, welche die Tatwaffe erst nach ihren Mordtaten bekam (vgl. »Eklatanter Widerspruch im NSU-Prozess: Wann war Waffenübergabe?«, pi-news. net, 13.6.2013).

Da war es nur folgerichtig, dass Carsten S. auch die Tatwaffe selbst nicht mehr identifizieren konnte: »Carsten S. konnte nicht mehr sicher unterscheiden zwischen Bildern von der Tatwaffe, die er etwa bei *Spiegel TV* gesehen hatte, und seiner Erinnerung an die Waffe, die er vor elf Jahren in der Hand gehabt hatte«, so *Spiegel Online* am 4. Juli 2013. Mit anderen Worten, man konnte nicht mehr wissen, ob er die Waffe nun aufgrund der eigenen Kenntnis des Schießgerätes oder aber aufgrund von Bildern »identifizierte«, die er im Fernsehen gesehen hatte. Damit aber ist ihre Identifizierung durch S. wertlos. Zwar erinnerte er sich, »dass die Waffe, die er seinerzeit an Böhnhardt und Mundlos übergab, ein Gewinde zum Aufschrauben des Schalldämpfers hatte«. Allerdings kann das auf viele Waffen zutreffen: »Jeder Büchsenmacher, so Verteidiger Wolfgang Stahl, könne eine Waffe mit einem derartigen Gewinde versehen.« Damit ist dieser »Kronzeuge« wohl der bislang größte Flop im NSU-Verfahren. Erst »irrt« er sich eklatant hinsichtlich des Ortes der Waffenübergabe, dann kann er auch die Waffe nicht identifizieren.

»Verboten gute Ermittlungen«?

Dagegen fühlt man sich bei den bisherigen Ermittlungen ja richtig wohl! Waren diese etwa nicht grottenschlecht, wie uns die Medien heute glauben machen wollen, sondern etwa »verboten gut«? Genau das dürfte auch der Grund gewesen sein, warum das Ruder um 180 Grad herumgerissen wurde: Statt ausländische und deutsche Kriminelle und Geheimdienste zu verdächtigen, wurde nun die geheimnisvolle Phantom-Truppe NSU beschuldigt – und das (zu einem großen Teil) auch noch posthum. Die »Döner-Morde« sind nämlich so brisant, dass sie überhaupt nicht aufgeklärt werden dürfen. Vielmehr sollen nun Beate Z. und der konstruierte NSU eine ebenso einfache wie öffentlichkeitswirksame Antwort auf die Frage liefern, wer zehn Menschen regelrecht hingerichtet hat – und warum. Aus einem komplizierten Geflecht von Kriminellen und Geheimdiensten soll eine einfache Dichotomie aus Gut und Böse werden, sprich: aus unschuldigen Opfern und verbohrten deutschen »Rechtsterroristen«. Die anonymen Netzwerke, die sich der Strafverfolgung entziehen, sollen endlich einen Namen (NSU) und ein Gesicht bekommen (nämlich das von Beate Z. und ihren toten Freunden). Während manche Behörden ein Atommüll-Endlager für radioaktive Stoffe suchen, suchen andere ein Endlager für die Mordtaten an ausländischen Ladenbesitzern und einer Polizistin. Dieses Endlager sollte ab dem 6. Mai 2013 der Gerichtssaal A 101 des Oberlandesgerichts München werden. Die gefährlichen Ermittlungen sollen dort endgültig ein Begräbnis erster Klasse bekommen. Und alle waren sich darin einig: die vor Angst zitternden Hinterbliebenen ebenso wie die türkischen Medien; deutsche Politiker ebenso wie ein breites Bündnis aus ahnungslosen Demonstranten, die schon mal im Vorfeld des Prozesses »gegen rechts« auf die Straße gingen. Und natürlich die Richter und Staatsanwälte. Ob es das ist, was der damalige Außenminister Guido Westerwelle in diesem Zusammenhang meinte, als er am 12. April 2013 in den *Tagesthemen* sagte: »Deutschland ist ein vorbildlicher Rechtsstaat …«?

»Hehe, der war gut.« (Kommentar eines Bloggers.) Und während dieser vorbildliche Rechtsstaat auf diese Weise versucht hat, Ermittlungen zu beerdigen, die er nicht mehr bewältigen konnte, wurde die Hilflosigkeit der Behörden anderenorts offen eingeräumt. Glaubt man beispielsweise der Sendung *Panorama* vom 23. April 2013, dann sind ausländische Clans in Deutschland dabei, die Macht zu übernehmen. Und dabei rede ich noch nicht einmal von dem kriminellen Rapper Bushido, der nicht nur in den Bundestag eingeladen wurde, sondern auch Pläne ventilierte, selbst Bundeskanzler zu werden. Vielmehr beherrschen nicht nur arabische Familienclans »zunehmend die organisierte Kriminalität im Norden«, teilte *Panorama* in einer Pressemitteilung mit.

Auch eine ethnische Minderheit aus Südostanatolien, die Mhallamiye, sei dabei, ihr Einflussgebiet von Großstädten auf mittlere Städte auszuweiten. In den vergangenen zehn Jahren habe sich »die Anzahl der auf Mhallamiye-Kurden zurückführbaren Straftaten in Niedersachsen versechsfacht – von 100 auf 600«, hieß es da unter Berufung auf das Landeskriminalamt Niedersachsen. Und auch hier werden die Mechanismen sichtbar, die auf diesen Seiten anhand des NSU-Prozesses beschrieben wurden: Den deutschen Behörden wachsen diese kriminellen Strukturen über den Kopf. »Es ist zunehmend schwierig, Strafverfahren gegen die Mhallamiye erfolgreich zu betreiben«, sagt Uwe Kolmey, Präsident des LKA Niedersachsen: »Sie akzeptieren den deutschen Rechtsstaat nicht.« Man kann sie auch schlecht davon überzeugen, denn dann versuchen sie, Ermittler und Staatsanwälte von ihrem »Recht« zu überzeugen: »Die offene Bedrohung von Staatsanwälten und Richtern sowie die Einschüchterung von Zeugen habe im vergangenen Jahr eine neue Dimension erreicht, beispielsweise beim sogenannten Sarstedter Ampelmordprozess«, zitiert *Panorama* den LKA-Präsidenten: »Der Rechtsstaat muss aufpassen, dass seine Grenzen nicht erreicht werden.«
Wie das NSU-Verfahren zeigt, wurden diese Grenzen längst überschritten. Die organisierte Kriminalität aus deutschen und ausländischen Geheimdiensten, Killern, Drogenhändlern und Schutzgelderpressern ist schon lange nicht mehr bekämpfbar. Sondern diese Strukturen haben sich einen künstlichen »Sündenbock« namens »NSU« geschaffen, um ihm die sogenannten »Döner-Morde« in die Schuhe zu schieben. Um das zu erleichtern, haben sie zwei »Verdächtige« ermordet und auf die dritte Verdächtige möglicherweise ebenfalls einen Mordanschlag verübt. Des Weiteren haben Geheimdienstexperten Waffen und Beweismittel in dem Wohnmobil der beiden Ermordeten und in der Brandruine in der Zwickauer Frühlingsstraße deponiert. Auf diese Weise wurde mit Hilfe einiger DVDs und Waffen der NSU erst nach den Mordtaten

»gegründet«. Denn irgendwie musste diese auffällige Mordserie ja »aufgeklärt« werden. Die Tatsache, dass hier nicht einfach nur Ausländer, sondern ausschließlich ausländische *Geschäftsleute* angegriffen wurden, verweist klar auf den *geschäftlichen Hintergrund* der Attentate, welcher Natur dieser auch immer gewesen sein mag. Ob und was die Hinterbliebenen davon wussten oder nicht wussten, steht auf einem anderen Blatt und soll hier nicht weiter erörtert werden. Auf jeden Fall haben sie eine verständliche Angst vor den wirklichen Tätern und deshalb ebenfalls ein Interesse daran, das Ganze möglichst auf andere Art und Weise »wegzuerklären«.

Der Rechtsstaat, so kann man aus dem Fall NSU lernen, ist jedenfalls nur noch zum Teil funktionsfähig und tanzt in anderen Bereichen längst nach der Pfeife seines dunklen Bruders, des »tiefen Staates«.

PS: Die jüngste Pleite im NSU-Verfahren war jene Zeugin, die Nebenklage-Vertreterin Doris Dierbach aus dem Hut gezaubert hatte. Ein paar Tage vor dem Mord an Mehmet K. 2006 in der Dortmunder Nordstadt wollte eine 63-jährige Dortmunderin Beate Z. und ihre angeblichen Komplizen B. und M. mit einem »Skinhead« auf einem Nachbargrundstück erkannt haben. Wahrscheinlich war es jedoch nur eine Verwechslung: Ein ehemaliger Nachbar der Zeugin habe dem BKA gesagt, »dass er sich in jener Zeit die Haare rasiert hatte« und wie ein Neonazi ausgesehen habe, so der MDR (Website, 30.9.2013): »In dem betreffenden Zeitraum habe es auf dem Nachbargrundstück eine Art Hoffest gegeben. Auf dieser Feier habe er seine spätere Frau kennengelernt«, die der Angeklagten Z. »sehr ähnlich sehen soll«.

Der 50-Millionen-Coup von Brüssel: Waren es Polizisten?

Flughafen Brüssel Zaventem, 18. Februar 2013, ca. 19.39 Uhr. Auf dem Flugfeld steht ein zweistrahliger Passagier-Jet vom Typ Fokker 100. Es ist Flug Helvetic Airways 2L789 (Swiss LX789) nach Zürich. Geplante Abflugzeit 20.05 Uhr. Das Boarding ist bereits beendet, an Bord befinden sich 29 Passagiere und vier Besatzungsmitglieder. Aber noch ist nicht alles dabei. Eine brisante Ladung fehlt: Diamanten. Mitarbeiter einer Sicherheitsfirma sollen noch Steine im Wert von 50 Millionen Euro in den Frachtraum der Maschine laden. Während sich ihr Fahrzeug dem Flieger nähert, gleiten wenige Meter weiter zwei weitere Autos durch den Zaun – es ist ein Kommando von Kriminellen. Eiskalt und abgebrüht warten die Verbrecher etwa acht Minuten, bis die Sicherheitsleute ihre kostbare Fracht von dem Fahrzeug in den Frachtraum des Flugzeuges umgeladen haben. Um 19.47 Uhr schlägt das Kommando zu. Mit quietschenden Reifen und rotierendem Blaulicht halten die Gangster neben dem Werttransport und springen mit ihren Maschinenpistolen aus den Autos. Dann geht alles sehr schnell. Das Ganze dauert nur knapp drei Minuten. Die Piloten machen die Frachttür wieder auf, die Räuber laden alles in ihre Autos, steigen ein und verschwinden so geisterhaft, wie sie gekommen waren, durch den Maschendrahtzaun.

»Bullen« auf den ersten Blick

Auf den ersten Blick wirkte das Ganze wie eine Polizeiaktion: Die Autos der Kriminellen hatten Blaulichter auf dem Dach, die Gangster selbst trugen Polizeiuniformen, und der Modus Operandi erinnerte eindeutig an die Blitzaktionen polizeilicher oder militärischer Spezialkommandos. Da kann man ganz schön durcheinanderkommen. Zumal dem »ersten Blick« vor Gericht durchaus ein eigener Beweiswert zukommt, jedenfalls im Zivilprozess. Der Fachterminus lautet »prima facie« oder »Anscheinsbeweis«: »Von einem Anscheinsbeweis (prima-facie-Beweis = Beweis des ersten Anscheins) spricht man, wenn ein Sachverhalt erfahrungsgemäß auf einen bestimmten Geschehensablauf hindeutet und diesen somit beweist«, heißt es in einschlägigen Rechtslexika (lexexakt.de). Mit anderen Worten, kommt ein Mensch in einem Polizeiwagen daher und verhält sich auch wie ein Polizist, geht der Anscheinsbeweis davon aus, dass es sich auch tatsächlich um einen Polizisten handelt. Und zwar so lange, bis »Tatsachen vorgetragen und bewiesen werden, die die Möglichkeit eines anderen (atypischen) Geschehensablaufs begründen« *(Wikipedia).* Tatsachen, die in diesem Fall also begründen, warum ein Mensch, der aussah und sich so benahm wie ein Polizist, eben doch kein Polizeibeamter war. Wobei man natürlich argumentieren könnte, dass bereits der Raub von Diamanten so untypisch für Polizeibeamte ist, dass der Anscheinsbeweis damit in sich widerlegt ist.

Eine schillernde Identität

Aber man sieht schon, dass die Diamantenräuber von Brüssel über eine schillernde Identität verfügten, die sich nicht nur auf ihre Maskerade stützte, sondern eben auch auf ihr professionelles Verhalten. Und natürlich auf ihr Insiderwissen. Denn wer, wenn nicht Sicherheitsdienste und Polizei, könnte von der Umlade-Aktion der Diamanten auf dem Brüsseler Flughafen im Vorhinein gewusst haben? Zwar ist auch das kein Beweis, sondern höchstens ein Indiz, denn natürlich wussten auch andere über diesen Austausch Bescheid – Piloten und anderes Bordpersonal zum Beispiel. Allerdings fehlt diesen Personen in der Regel eine gewisse Zutat, nämlich die Mittel, um das Verbrechen zu begehen, sprich: die Uniformen, die Blaulichter, die Waffen und das Training, um eine solche Operation durchzuführen. »Wie konnte es den Diamantenräubern von Brüssel gelingen, an Polizeiuniformen und Fahrzeuge mit Blaulicht zu kommen?«, fragte eine Website von *n-tv* (22.2.2013). Gegenfrage: Wie wäre es, wenn es sich ganz einfach um Polizisten gehandelt hätte? Denn zieht man einmal die berühmte Formel aus dem amerikanischen Strafrecht hinzu, wonach ein Beschuldigter die »motives, means and opportunity« (Motive, Mittel und Gelegenheit) haben musste, um als Täter für eine Straftat in Frage zu kommen, dann scheiden Piloten und andere Zivilisten eher aus, weil ihnen in der Regel die Mittel fehlen, um ein derartiges Verbrechen durchzuführen.

Ein »quasi militärischer Angriff«

Tatsächlich war die Idee, es könnte sich um Profis, vielleicht sogar militärische Profis, gehandelt haben, hinterher weit verbreitet. So sprach der belgische Verkehrs-Staatssekretär Melchior Wathelet von einem »quasi militärischen Angriff«, der britische *Telegraph* sah eine »hochtrainierte professionelle Bande« am Werk (19.2.2013). »Aufgrund der ›eisernen Disziplin‹, welche die Räuber an den Tag legten, glauben die Ermittler, dass die Räuber ein militärisches Training absolviert haben, da sie keinen einzigen Schuss abfeuerten und keinen Schlag gegen das Bodenpersonal, die Piloten oder das Wachpersonal führten« (20.2.2013). Dieselbe Zeitung betonte auch die »Präzision, das militärische Timing und das offensichtliche Insiderwissen«. – »Das war absolut spektakulär«, sagte auch der Sicherheitsexperte Anthony Roman von der Detektei und Sicherheitsfirma *Roman & Associates:* »Es herrschte absolute Präzision und erfolgreiche Täuschung. Das ist beispiellos. Sie brauchten unglaublich genaue Informationen, die von Innen kommen mussten.« Man müsse nach Leuten suchen, »die beim Militär ausgebildet wurden, oder nach Polizisten«.

Denn so arbeiteten nun mal Spezialkommandos – »mit Präzision und Geschwindigkeit«. Man sieht also, dass – mit diesen Maßstäben gemessen – Mitglieder oder ehemalige Mitglieder von Sondereinsatzkommandos eindeutig die Verdächtigen der Wahl waren.

Fluggäste – für dumm verkauft

Und noch etwas konnte man lernen: nämlich, wie Millionen Fluggäste jedes Jahr für dumm verkauft werden. Während sie durch Sicherheitsschleusen und Nacktscanner marschieren, ihre Schuhe und manchmal auch noch mehr ausziehen müssen und von Security-Personal belästigt werden, sind die Flughäfen keineswegs die hermetisch abgeriegelten Gelände, als die man sie den Reisenden präsentiert. Die Einfassungen der Airports sind nicht nur kilometerlang, sondern bestehen manchmal auch nur aus primitiven Zäunen, die kaum geschützt werden können. Das heißt, ein Flughafen gleicht im Prinzip einem Tresor mit einer meterdicken Tür, aber Wänden aus Pappe. Während die Tür angeblich Kriminelle und Terroristen abhalten soll, beeindruckt sie in Wirklichkeit nur Fluggäste und Laien. Denn Profis wissen: Wenn ich etwas auf einem Flughafen rauben oder gar ein Flugzeug entführen will, dann schaffe ich das auch – nämlich, indem ich einfach eine Schwachstelle im Zaun oder in der Einfassung suche. Denn schließlich, gibt Sicherheitsexperte Roman zu bedenken, hätten die Täter ja auch ohne weiteres das Flugzeug entführen können. Der Überfall enthielt bereits Elemente einer Flugzeugentführung, da die Täter den Piloten mit vorgehaltener Waffe zwangen, die Frachttür wieder zu öffnen. Eine Fokker 100 ist schließlich kein Jumbo-Jet. Es reicht, wenn man auf das Cockpit zielt. Die Schüsse würden durchgehen, und Schüsse auf das Flugzeug sind von den Piloten unter allen Umständen zu vermeiden.

Und »wenn man in diesen Flughafen eindringen kann, dann kann man auch in jeden anderen eindringen«, so Romans Fazit. Zu welchen unglaublichen Vorfällen es in den vergangenen Jahren schon kam, kann man im Jahrbuch *verheimlicht – vertuscht – vergessen* für 2014 nachlesen.

Das perfekte Verbrechen

Doch zurück zu dem Diamantenraub: Was macht man nun mit einer Diamantenbeute in Höhe von 50 Millionen Dollar (37 Mio. Euro)? Medien und Experten waren sich da nicht ganz einig: »Ungeschliffene und noch nicht zertifizierte Diamanten können problemlos weiterverkauft werden, ohne dass man ihre Spur verfolgen kann«, meinte etwa *rtl.de* vom 20. Februar 2013, während ein Edelsteinexperte mit den Worten zitiert wurde: »Wenn Sie 600–800 große Diamanten, was ich vermute, als Rohdiamanten verkaufen, kommt kein Juwelier in Betracht, kommt kein Diamantenhändler in Betracht, weil das ist eine kleine Familie, die eben Rohdiamanten kaufen – kaufen dürfen – und schleifen, um sie dann weiterzuvermarkten« (*rtl.de,* 20.2.2013). Auch der Fernsehsender *n-tv* war der Meinung, die Räuber dürften mit der Beute ein Problem haben: »Die 37 Millionen schwere Beute gilt als schwer verkäuflich. Ungeschliffene Rohdiamanten werden nur von wenigen Juwelieren gehandelt« (*n-tv,* Video, 20.2.2013). Eine Sprecherin des World Diamond Centre in Antwerpen wiederum sagte laut *B.Z.* Berlin, »die Edelsteine könnten kaum wiedergefunden werden, da sie ungeschliffen und nicht zertifiziert seien. ›Sie können problemlos verkauft werden‹« (19.2.2013).

Das Wissen der Insider

Tja, was denn nun? Da soll noch einer schlau draus werden! Lassen Sie mich deshalb ein drittes Szenario vorschlagen, das in der bisherigen Diskussion überhaupt noch nicht vorgekommen ist:

Die Diebe hatten überhaupt kein Problem, ihre Beute zu verkaufen, weil es nämlich gar keine Beute gab. Die Diamantenpäckchen waren entweder leer oder enthielten nur einen Bruchteil der angegebenen Werte. Die eigentlichen Herren des Unternehmens waren nicht die Diamantenräuber von Brüssel, sondern die Absender der Ware in Antwerpen. Der Sinn des Raubes bestand darin, die Steine zu behalten und gleichzeitig die Versicherungssumme zu kassieren. Denn wahrscheinlich ist es Ihnen auch schon aufgefallen: Das Unternehmen lief ein bisschen zu glatt und reibungslos. Drei Minuten, kein Schuss fiel, jeder schien zu wissen, was er zu tun hatte. Die Wahrheit ist: Das Ganze roch nach Inszenierung. »Es ist unglaublich, wie einfach das alles ging«, meinte auch Caroline De Wolf, Sprecherin des Antwerpener Diamantenzentrums (*Telegraph,* Online-Ausgabe, 19.2.2013). Und ein anderer Experte sagte am 19. Februar 2013 zu *BBC News:* »Man kann so was nicht ohne detailliertes Insiderwissen abwickeln. Jemand wusste bestimmt von dem bevorstehenden Transport.« Auch der französische Sicherheitsberater Doron Levy meinte: »Ich bin mir sicher, dies war ein Inside-Job« (*New York Times,* 19.2.2013). Tatsächlich können wir dem Brüsseler Diamantenraub eine allgemeine Faustregel der Kriminalistik entnehmen, die dem Publikum viel zu selten erzählt wird: Spektakuläre Verbrechen sind ohne Insiderwissen kaum möglich. Je aufsehenerregender und kühner die Tat, je größer die Beute, mit umso größerer Wahrscheinlichkeit haben Insider Informationen geliefert, sich an der Tat beteiligt oder sie sogar geplant und in Auftrag gegeben – ganz gleich, ob es sich um den Berliner Tunnel, den Brüsseler Diamantenraub oder die Attentate des 11. September 2001 handelt. »Der Diamantenraub von Brüssel war ein perfektes Verbrechen, mit großer Beute und ohne Verletzte«, zitiert das Juwelenmagazin *JCK* Martin Winckel, Gründer einer Sicherheitsfirma für Juwelen. »Dieses Verbrechen konnte nur aufgrund von Insiderinformationen stattfinden. Die Verbrecher brauchen Informationen, wann, wo, wie, wie viele Personen usw.« Die Insider könnten laut Winckel von Frachtunternehmen, dem Flughafen oder der Fluglinie stammen, von allen zusammen oder gar »aus dem Kreis der Händler in Antwerpen« (*JCK,* Online-Ausgabe, 22.2.2013).

Dunkelmänner in Antwerpen?

Eine interessante Idee. Denn sowohl Absender als auch Adressaten der Sendung blieben vollständig im Dunkeln. Man weiß nur, dass sie aus dem Antwerpener Juwelenviertel stammen, etwa 45 Kilometer von Brüssel entfernt. In der belgischen Hafenstadt hat sich ein jahrhundertealter Diamantenhandel etabliert: »Traditionell gilt die Stadt als wichtigster Diamantenhandelsplatz der Welt«, heißt es in *Wikipedia.* »So werden heute noch rund 60 Prozent aller Rohdiamanten in Antwerpen gehandelt, ein halbes Jahrtausend lang traditionell vor allem von jüdischen Händlern.« – »Die Geschäftsbeziehungen entwickeln sich entlang der althergebrachten religiösen und familiären Traditionen der jüdischen und indischen Händler, die den Distrikt beherrschen«, schrieb auch das renommierte US-Magazin *Wired.* Es handele sich um eine der »höchsten Konzentrationen von Reichtum in der Welt«. – »Neben vier Diamantenbörsen«, so *Wikipedia,* hätten sich etwa 1600 Diamantenfirmen und ein Diamantenmuseum angesiedelt. Das Diamantenviertel sei »durch Überwachungskameras und ausfahrbare Straßenbarrieren gesichert«.

Keine Steuern für Diamantenhändler?

Dem Lexikon zufolge laufen den jüdischen Händlern in Antwerpen in den letzten Jahren zunehmend jainistische Inder den Rang ab. Der Jainismus ist eine indische Religion, deren Abzeichen ausgerechnet die Swastika ist, also das Hakenkreuz. Doch das nur am Rande. Statt heute 60 Prozent seien früher noch 80 Prozent der Rohdiamanten in Antwerpen gehandelt worden. Die jainisti-schen Inder beherrschten inzwischen »55 Prozent des weltweiten Diamantengeschäfts« und handelten »zunehmend auch an anderen Orten, zum Beispiel in Dubai, wo der Handel steuerfrei ist«. Genau das »fordern die Händler mittlerweile auch in Antwerpen«. Und tatsächlich plane die belgische Regierung eine Steueramnestie, um die »für das Land so wichtigen Händler« in der Stadt zu halten. Immerhin beschäftige der Diamantensektor 27 000 Menschen. Könnte es sein, dass irgendjemand versucht hat, sich mit einem fingierten Diamantenraub qua Versicherungsbetrug etwas Luft im Konkurrenzkampf zu verschaffen?

Ein Räuber plaudert aus dem Nähkästchen

Schließlich war bereits der letzte große Diamantenraub im Jahr 2003 in der Antwerpener City ein Versicherungsbetrug gewesen – jedenfalls, wenn man dem Haupttäter glaubt. Der plauderte im März 2009 aus dem Nähkästchen. Nur wenige Tage nachdem er aus dem belgischen Gefängnis entlassen worden war, traf sich der Mafioso Leonardo Notarbartolo mit einem Reporter von *Wired* (3.12.2009). Notarbartolo erzählte ihm brühwarm, dass er 2003 den vermeintlich sichersten Tresor der Welt ausgeraubt hatte – mitten im Antwerpener Diamantenviertel. Demzufolge lief das nicht nur mit Insiderwissen ab, sondern wurde sogar von einem Diamantenhändler selbst in Auftrag gegeben. Nicht lange nachdem er dort selbst ein Büro gemietet hatte, um nach günstigen Gelegenheiten für einen Coup Ausschau zu halten, sei er von einem jüdischen Diamantenhändler angesprochen worden: »Ich würde Sie gerne für einen Raub engagieren«, habe der gesagt, »für einen großen Raub.«

Ein Raub für 100 000 Dollar

Für 100 000 Dollar sollte Notarbartolo zunächst ausführlich den Tresor im Keller des Diamantenzentrums und seine Umgebung erkunden und die Chancen für ein derartiges Unternehmen ausloten. Daraufhin mietete Notarbartolo selbst ein Schließfach in dem Safe und streunte mit einer Kugelschreiber-Kamera durch das Diamantenviertel. Ergebnis: »Die Wahrheit ist«, so *Wired*, »dass er dachte, der Tresor sei unbezwingbar. Er glaubte nicht, dass er geknackt werden könnte, bis der Händler zu außergewöhnlichen Maßnahmen griff, um ihn vom Gegenteil zu überzeugen«:

> »Es dauerte fünf Monate, bis der Mann wieder anrief, nachdem Notarbartolo ihm gesagt hatte, dass der Raub unmöglich sei. Um ihn davon zu überzeugen, hatte er ihm selbst die Photographien gegeben. Notarbartolo dachte, damit sei die Sache erledigt, aber nun wollte ihn der Geschäftsmann außerhalb von Antwerpen treffen. Als Notarbartolo ankam, wartete der Händler vor einem verlassenen Lagerhaus. (…) Drinnen befand sich ein großes Gebilde, das mit schwarzen Plastikplanen abgedeckt war.«

Als Notarbartolo darunterschlüpfte, fand er sich in einer exakten Replik des Tresorgeschosses des Antwerpener Diamantenzentrums wieder. Dort stellte ihm der Händler weitere Spezialisten für den Raub vor. Und tatsächlich: Am 15. Februar 2003, fast auf den Tag genau zehn Jahre vor dem Brüsseler Diamantenraub (18.2.2013), gelang es Notarbartolo mit seinen Komplizen, in den Tresor einzudringen:

> »Die Polizei fand niemals heraus, wie die Männer in das Gebäude gelangt waren. (…) Im Licht ihrer Lampen sahen sie ihre Seesäcke überlaufen von Goldbarren und israelischen, schweizerischen, amerikanischen, europäischen und briti-

schen Geldscheinen. Und von den Lederbeuteln, die die Hauptbeute enthielten: rohe und polierte Diamanten. Sie waren in Eile und widerstanden der Versuchung, die Beute an Ort und Stelle zu inspizieren« *(Wired)*.

»Wir wurden reingelegt«

Zurück in Notarbartolos Antwerpener Appartement, war es dann so weit. Einer der vier

> »öffnete einen der Leinensäcke und zog einen Lederbeutel heraus. Es war Zeit zum Feiern. Er öffnete den Beutel und sah verblüfft auf. Er war leer. Er nahm einen anderen: ebenfalls leer. Eine Welle der Angst durchflutete den Raum. Sie öffneten die restlichen Säcke und durchwühlten die Umhängetaschen. Die meisten enthielten nichts. ›Wir wurden reingelegt‹, sagte Notarbartolo« *(Wired)*.

Zwar hatten die Diebe ein erkleckliches Sümmchen ergattert – Schätzungen gingen zunächst von 20 Millionen Dollar aus –, aber eben nicht jene 100 Millionen, die sie sich erhofft hatten. Hinterher vermutete Notarbartolo, dass der Diamantenhändler nicht allein gehandelt hatte. Vielmehr hätten er und seine Freunde ihre Pretiosen rechtzeitig vor dem geplanten Raub aus dem Tresor genommen und in Safes in ihren Büros gelagert: »Notarbartolo erkannte, dass der Raub, den er so lange geplant hatte, in Wirklichkeit Teil eines ausgetüftelten Versicherungsbetruges gewesen sein könnte.« Tatsächlich hätten sie den Händler auch nie wiedergesehen. Zu einem vereinbarten Treffen in Mailand sei er nicht erschienen. Unter dem Strich blieben für jeden drei Millionen Dollar. Die Täter wurden gefasst und zu Gefängnisstrafen von fünf Jahren verurteilt, Notarbartolo bekam zehn Jahre. Die Beute ist nie wieder aufgetaucht.

Wie ein schlechtes Hollywood-Drehbuch

Das Problem ist nur, dass diese Geschichte allzu sehr nach einem (schlechten) Hollywood-Drehbuch klingt. Wer würde sich schon einem Wildfremden mit den Worten nähern: »Ich würde Sie gerne für einen Raub engagieren. Für einen großen Raub«? Tatsächlich blieb der angebliche »jüdische Diamantenhändler« für immer ein Phantom. Weder wurde eine Beschreibung des Unbekannten publik noch ein Name. Einen Verdächtigen oder gar eine Festnahme gab es schon gar nicht. 2011 wiesen zwei Buchautoren auf zahlreiche weitere Ungereimtheiten in Notarbartolos Geschichte hin. In ihrem Buch *Lupenrein. Die wahre Geschichte des größten Diamantenraubes aller Zeiten* (München 2011) entlarven Scott Andrew Selby und Greg Campbell viele Einzelheiten der aufgetischten Geschichte als Humbug. So arbeiteten die Diebe im Tresorraum keineswegs nur im Licht ihrer Taschenlampen, wie von Notarbartolo behauptet. Der erste Zeuge am Tatort habe vielmehr ausgesagt, dass das Licht im Vorraum und im Tresor gebrannt habe, so die Autoren. »Das Chaos am Boden des Tresorraums« widerspreche auch Notarbartolos Behauptung, die Diebe hätten ihre Beute erst in seinem Appartement inspiziert: »Ganz offenkundig hatte im Tresorraum eine Auslese stattgefunden.«

Auf der anderen Seite kann bis heute niemand erklären, wie Notarbartolo ohne Insiderhilfe in den Tresor gekommen sein soll: »Verschiedene Beobachter bezweifelten, dass Notarbartolo die Tat mit ihren Details allein geplant und geleitet haben kann« *(Wikipedia)*. Die zahlreichen Kameras, Alarmeinrichtungen und schweren Sicherungen des Tresors machen dies im Prinzip unmöglich. Die plausibelste Erklärung für seine Geschichte lautet deshalb, dass sie in Wirklichkeit erstens dem Schutz des echten Insiders und zweitens der Verschleierung der tatsächlichen Beute dient. Denn so wird die Welt nie erfahren, wer Notarbartolo wirklich bei dem Coup half und wie viel letztlich wirklich dabei heraussprang. Und eine Beute, die es angeblich nicht gab, kann natürlich auch nicht gesucht werden.

Aktivitäten hinter den Kulissen

Papperlapapp! Denn was den Brüsseler Diamantenraub betrifft, wurden die Täter ja alsbald geschnappt. Anfang Mai 2013 wurden in Belgien, der Schweiz und Frankreich nicht weniger als 31 Verdächtige festgenommen. Wie unter anderem der australische *Northern Star* (18.6.2013) berichtete, flog einer der spektakulärsten Raubüberfälle der Geschichte angeblich aus reinem Dilettantismus der Täter auf, nämlich wegen der amateurhaften Versuche, die Beute zu verkaufen. Demnach schien das Verhalten der Täter nach dem Raub so gar nicht zu ihrer zuvor gezeigten Professionalität zu passen. Shahram Dini, der Anwalt eines der Hauptverdächtigen, stellte seinen Mandanten als dümmer dar, als die Polizei erlaubt. »Heute kann er selber nicht verstehen, wie er so dumm sein konnte«, sagte Dini über seinen Mandanten Pascal Pont, einen Immobilieninvestor aus Genf. Demnach war Pont von einem Bekannten hereingelegt worden, der seine Schulden bei ihm mit einigen Diamanten bezahlen wollte und schließlich mit einem ganzen Sack voll anrückte. Den Sack versteckte Pont daraufhin in einem angemieteten Keller. Der Bekannte wiederum, ein Restaurantbesitzer aus Casablanca, soll laut Ermittlern am Tag des Raubes in Brüssel gewesen und hinterher bei Freunden geprahlt haben, sie sollten doch mal den Fernseher einschalten.

Wobei man sich fragt, wer den Fall eigentlich plötzlich so tief hängt: nur die Anwälte der Verdächtigen – was verständlich wäre – oder auch Medien und Polizei? Denn was bleibt, ist die chirurgische Präzision und militärische Professionalität, mit der die Tat ausgeführt wurde. Und sie steht in einem gewissen Widerspruch zu den nun aufgetischten Tölpel-Geschichten. Tatsächlich ist die Sache auch bei weitem noch nicht aufgeklärt. So war plötzlich noch von ganz anderen Summen die Rede. Nach Schätzungen von Branchenkennern betrug der Wert der Beute nicht 50, sondern 350 Millionen Dollar (*New York Times,* Online-Ausgabe, 15.6.2013). Im Keller von Monsieur Pont sind diese Werte bisher jedenfalls nicht aufgetaucht. Und noch immer werde nach einem weiteren Hauptverdächtigen gefahndet, so die *New York Times* am 15. Juni 2013.

Das perfekte Alibi

Ob das die Person ist, die exakt am Tag des Raubes, dem 18. Februar, nach Brüssel eingeflogen wurde? Wie bereits erwähnt, fand der Brüsseler Diamantenraub bis auf drei Tage genau zehn Jahre nach dem Antwerpener Coup des Gangsters Leonardo Notarbartolo statt. Das ist das eine. Das andere: Zwar war Notarbartolo 2009 auf Bewährung aus dem belgischen Knast entlassen worden (woraufhin er *Wired* das genannte Interview gab). Doch anders, als es die mit der Haftentlassung verbundenen Auflagen vorsahen, reiste er bald darauf in die USA und flog am 29. Januar 2013 nach Europa zurück. In Paris wollte er in einen Flieger nach Turin umsteigen, doch die belgischen Behörden hatten etwas dagegen. Schließlich war da noch der Verstoß gegen die Bewährungsauflagen. Also wurde Notarbartolo am Pariser Flughafen verhaftet und an Belgien ausgeliefert. Bis dahin klingt das völlig normal. Nicht normal ist, dass der Meisterdieb von 2003 damit exakt am Tag des Brüsseler Diamantenraubes, dem 18. Februar 2013, in die belgische Hauptstadt eingeflogen wurde. Damit dürfte der König der Langfinger am selben Tag auf dem Brüsseler Flughafen Zaventem gelandet sein (und sich in Begleitung der Polizei dort aufgehalten haben), an dessen Abend dort der spektakuläre Diamantenraub stattfand. Und war ein Team aus Diamantenräubern und Polizei nicht genau das, was hier gebraucht wurde?. Notarbartolo-Experte und Buchautor Selby zweifle zwar daran, dass es bei dem Brüsseler Raub »eine direkte Verbindung zu Notarbartolo gab«, schrieb die Nachrichten-Website *The Daily Beast* am 21. Februar 2013. Aber beunruhigt sei er schon »angesichts so vieler zeitlicher Koinzidenzen«. »Es ist bizarr«, so Selby, »ich weiß nicht,

was ich dazu sagen soll.« Es gebe nicht so viele Meisterjuwelen-
diebe auf der Welt, heißt es auf *The Daily Beast,* »und nur eine
Handvoll, die zu einer derart präzisen Planung und Durchführung
fähig sind. So wäre der Verdacht unausweichlich auf Notarbartolo
gefallen, wenn er zur Zeit des Raubes in Freiheit gewesen wäre.
Zum Glück für ihn verschafft ihm der Polizeigewahrsam das perfekte Alibi – fast als hätte er es so geplant.« Oder verschaffte ihm
der Polizeigewahrsam gar erst die perfekte Zusammenarbeit?

Die Boston-Attentate: Der Terror hat die Welt im Griff

Boston-Marathon, 15. April 2013. Über 23 000 Läufer aus aller Welt haben sich in der Ostküstenmetropole getroffen, um wie jedes Jahr die Marathon-Distanz von 42 Kilometern zu laufen. Es herrscht Volksfestatmosphäre. Neben Profis sind auch jede Menge Amateure am Start, die nur um des Vergnügens willen laufen oder um mit ihrer Teilnahme Spenden für einen guten Zweck zu sammeln. Der Sieger Lelisa Desisa aus Äthiopien ist bereits vor zwei Stunden eingelaufen. Jetzt, um zehn vor drei nachmittags, nach über vier Stunden, bewegen sich nur noch Nachzügler in Richtung Ziellinie. Die Uhr zeigt gerade vier Stunden, neun Minuten und 43 Sekunden, als ein lauter Knall die entspannte Stimmung beendet. Vom Gehsteig der Boylston Street steigt gelblich -weißer Rauch auf. Eine Bombe, wie bald behauptet wird – aus einem Schnellkochtopf gebaut. Während die Läufer irritiert stehen bleiben oder weiter in Richtung Ziel laufen, liegen schreiende Menschen auf dem Gehsteig. Etwa 13 Sekunden später explodiert einige Häuser weiter eine weitere Bombe. Helfer bemühen sich um die Opfer, Rettungskräfte hasten durch die Gegend. Um 16 Uhr bestätigt die Polizei zwei Tote und zwölf Verletzte. Am Ende werden drei Tote und über 250 Verwundete daraus. Der Terror hat die Welt wieder einmal im Griff.

»Bomber 1« und »Bomber 2«

In den Tagen nach den Bombenexplosionen sichteten Fahnder die Videos von Überwachungskameras an der Boylston Street. Auch die Besucher des Marathons wurden aufgefordert, ihre Fotos und Videoaufnahmen einzureichen. Schnell waren zwei Verdächtige identifiziert: die Brüder Tamerlan (26) und Dschochar (19)

Zarnajew, zwei junge Muslime aus einer Flüchtlings- und Einwandererfamilie aus der russischen Republik Dagestan, einer Nachbarrepublik von Tschetschenien. Dschochar (»Bomber 2«) war mit seinen Eltern 2002 in die USA gekommen, der ältere Tamerlan (»Bomber 1«) folgte zwei Jahre später nach. Der Vater Ansor Zarnajew wird als »traditioneller Moslem« beschrieben, der jedoch jeden Extremismus gemieden habe. Wie die Identifizierung gelang, erklärte der FBI-Agent Daniel R. Genck am 21. April 2013 in einer eidesstattlichen Versicherung für das Gericht (siehe Anhang). Seine Erklärung fuße auf seiner persönlichen Teilnahme an den Ermittlungen, seiner Durchsicht der relevanten Beweise sowie auf Informationen von anderen Ermittlern, schreibt Genck darin. In dem zehnseitigen Dokument schildert der FBI-Agent, wie er zu dem Schluss kam, dass die beiden Brüder Zarnajew die Boston-Attentate begangen hätten. Zur Identifizierung der Verdächtigen habe er Passfotos von Dschochar Zarnajew aus dem Fahrzeugregister von Massachusetts mit den Fotos und Videos von Bomber 2 verglichen, so FBI-Mann Genck. Und: »Ich glaube, dass aufgrund ihrer starken physischen Ähnlichkeit Grund zu der Annahme besteht, dass sie ein und dieselbe Person sind.« Auf den Videos will Genck ungefähr elf Minuten vor der ersten Explosion um 14.49 Uhr die beiden jungen Zarnajews mit Rucksäcken auf dem Rücken gesehen haben, wie sie von der Gloucester in die Boylston Street einbogen, also um 14.38 Uhr (siehe Skizze).

Chronologie eines Attentats

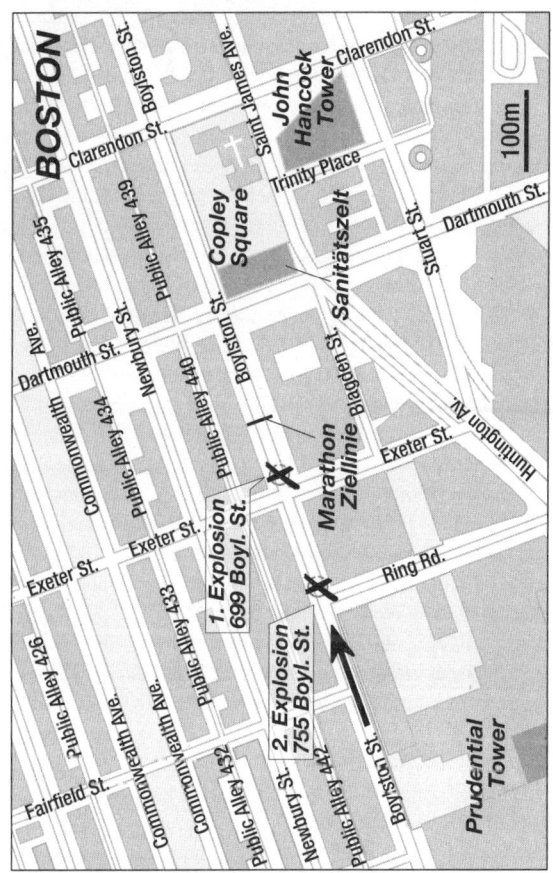

*Weg der Verdächtigen und die Explosionsorte in der
Boylston Street (Abstand: etwa 200 m).*
Quelle: CBS News

Anschließend hätten sich die beiden auf dem Gehsteig in östlicher Richtung zur Ziellinie bewegt, wobei Bomber 1 (Tamerlan Zarnajew) voraus- und Bomber 2 (Dschochar Zarnajew) hinterhergegangen sei. Um 14.41 Uhr hätten sich die beiden etwa einen halben Block weit vom Ort der zweiten Explosion entfernt befunden, dem *Forum*-Restaurant in der Boylston Street 755. Etwa eine Minute später (um 14.42 Uhr) habe sich Bomber 1 von der Menge gelöst und sei mit seinem Rucksack weiter in Richtung Ziellinie gegangen, habe das *Forum* passiert und sich zum Ort der ersten Explosion an dem Optiker-Geschäft *LensCrafters* begeben. Um 14.45 Uhr, vier Minuten vor der ersten Explosion, habe sich auch Bomber 2 von der Menge gelöst und in Richtung Ziellinie bewegt. Ungefähr 15 Sekunden später sei er direkt in der Menschenmenge vor dem *Forum* stehen geblieben, mit dem Rücken zu der dort angebrachten Kamera. Anschließend habe er seinen Rucksack zu Boden gleiten lassen. Ein von der anderen Straßenseite aufgenommenes Foto zeige den Rucksack neben seinen Füßen. Hier habe sich Bomber 2 vier Minuten lang aufgehalten, wobei er gelegentlich auf sein Handy geschaut und offenbar auch ein Foto gemacht habe. Etwa 30 Sekunden vor der ersten Explosion habe er das Handy für etwa 18 Sekunden an sein Ohr gehalten, als würde er telefonieren. Wenige Sekunden später habe die Menge um ihn herum auf die erste Explosion reagiert: »Praktisch jeder dreht seinen Kopf nach Osten (in Richtung Ziellinie) und starrt fassungslos und alarmiert in diese Richtung«, so Genck. Bomber 2 sei praktisch als einziger unter den Menschen vor dem Restaurant gefasst geblieben. »Er blickt nach Osten und beginnt sich dann ruhig, aber rasch nach Westen zu bewegen, weg von der Ziellinie. Er läuft ohne seinen Rucksack weg, den er an Ort und Stelle zurückgelassen hat. Ungefähr zehn Sekunden später gibt es dort eine Explosion.« Obwohl er weiteres Foto- und Videomaterial gesichtet habe, komme an dieser Stelle nur dieser Rucksack als Ursache der Explosion in Frage, so FBI-Mann Genck.

15.4.2013	Ereignis
14.38 Uhr	Tamerlan (B 1) und Dschochar Z. (B 2) biegen von der Gloucester in die Boylston St. ein und gehen auf dem Gehsteig in Richtung Ziellinie.
14.41 Uhr	Beide sind einen halben Block vom *Forum*-Restaurant in der Boylston St. 755 entfernt.
14.42 Uhr	Tamerlan geht am *Forum* vorbei allein weiter in Richtung Ziellinie und Boylston St. 699 *(LensCrafters)*.
14.45 Uhr	Dschochar folgt seinem Bruder in einigem Abstand, bleibt vor dem *Forum*-Restaurant stehen und stellt seinen Rucksack ab.
14.45–14.49 Uhr	Dschochar steht vor dem *Forum*-Restaurant, sieht auf sein Handy und macht ein Foto. Zuletzt hält er für 18 Sekunden das Handy an sein Ohr.
14.49 Uhr	Explosion 1 vor dem Optiker *LensCrafters*, Boylston St. 699. Die Menschen um Dschochar herum erschrecken und blicken aufgeregt nach Osten, in Richtung Ziellinie. Dschochar verlässt den Platz und lässt, wie viele andere auch, seinen Rucksack stehen.
14.49 Uhr	Explosion 2 vor dem *Forum*-Restaurant, Boylston St. 755.

Mit dem Kochtopf auf der Flucht

Die Fotos und Videos von Tamerlan und Dschochar Zarnajew an der Boylston Street seien am späten Nachmittag des 18. April 2013 veröffentlicht worden und sofort um die Welt gegangen. Daraufhin sollen die beiden die Flucht angetreten haben. Gegen Mitternacht des 18. April, heißt es in dem Bericht des FBI-Agenten Genck, habe jemand in Cambridge bei Boston mit Waffengewalt einen Wagen entführt. Anschließend habe er sich von dem Fahrer zu einem anderen Ort fahren lassen, wo sie einen zweiten Mann aufgenommen hätten. Daraufhin seien sie zu einem Geldautomaten gefahren und hätten versucht, mit der Karte des gekidnappten Fahrers Geld abzuheben. An einer Tankstelle sei dem Opfer die Flucht gelungen. Später sei der Wagen in Watertown entdeckt worden, woraufhin die Verdächtigen mindestens zwei Sprengsätze aus dem Auto geworfen hätten. Anschließend habe sich eine Schießerei entwickelt, bei der zahlreiche Schüsse gefallen seien. Einer der Männer (Tamerlan Zarnajew) sei dabei schwer verletzt zurückgeblieben, während dem anderen (Dschochar) mit dem Wagen die Flucht gelungen sei. Der verletzte Tamerlan Zarnajew soll dabei von seinem fliehenden Bruder überfahren und mitgeschleift worden sein. Im bewusstlosen Zustand sei Tamerlan danach in das Beth Israel Deaconess Medical Center in Boston eingeliefert worden, wo er kurz darauf verstorben sei. Der Wagen sei später nicht weit entfernt mit einem Sprengsatz im Inneren aufgefunden worden. Auch am Ort der Schießerei seien Sprengsätze entdeckt worden. Fotos des Geldautomaten hätten gezeigt, dass es sich bei den »Carnappern« um die Verdächtigen aus Boston handelte: »Aufgrund der großen physischen Ähnlichkeit mit den Passfotos aus der Fahrzeugdatei glaube ich, dass die beiden Männer, die den Wagen und seinen Fahrer entführten und beraubten, Tamerlan und Dschochar Zarnajew sind«, so Genck. Eine Untersuchung der Sprengsätze und ihrer Rückstände am Ort der Schießerei habe ergeben, dass es sich dabei ebenfalls zum Teil um sogenannte »lowgrade explosives« (Sprengstoffe mit niedriger Detonationsgeschwindigkeit, wie zum Beispiel Ammoniumnitrat) in einem Schnellkochtopf gehandelt habe.

Eine beispiellose Menschenjagd

Die ganze Woche über, bis zum 19. April 2013, wurde die amerikanische Bevölkerung mit Bildern von Verwundeten, Panzerfahrzeugen, Schusswaffen und martialisch vermummten Sonderkommandos in Atem gehalten. Nach den Terroranschlägen hatte man das Gefühl, in einer anderen Welt zu leben. Über die Kleinstadt Watertown westlich von Boston, wo man die beiden Verdächtigen vermutete, wurde regelrecht das Kriegsrecht verhängt. Eine Ausgangssperre wurde ausgerufen, und Hunderte von Häusern wurden ohne Durchsuchungsbefehl durchkämmt. »Die massive Mobilmachung von Militär-, Polizei- und Geheimdienstkräften vom 19. April in Boston, in einer Region mit über einer Million Einwohnern, ist ohne Beispiel«, schrieb die *Linke Zeitung* (Online-Ausgabe, 23.4.2013): »Tausende bis an die Zähne bewaffnete Polizisten und Nationalgardisten besetzten die Straßen, und gepanzerte Fahrzeuge mit Maschinengewehren, Humvee-Geländewagen und Black Hawk-Hubschrauber kamen zum Einsatz.« Die Bewohner seien angewiesen worden, in ihren Wohnungen zu bleiben,

> »während Polizisten mit automatischen Waffen ohne Durchsuchungsbefehle Häuser durchsuchten. Einige Bewohner, die draußen blieben, wurden von der Polizei eingekreist und in ihre Häuser geführt. Das öffentliche Verkehrssystem wurde lahmgelegt, der Personenverkehr nach Nordosten unterbrochen, Geschäfte, Universitätsgebäude und andere öffentliche Einrichtungen geschlossen.«

Die Ausgangssperre wurde auf ganz Boston ausgeweitet.
Dschochar Zarnajew sei letztendlich am Abend des 19. April 2013 schwer verletzt in einem Boot auf einem Grundstück in Watertown gefunden worden, so Genck. Nach einer Konfrontation mit Schusswaffengebrauch zwischen dem Bootsinsassen und der Polizei sei er aus dem Boot herausgeholt und mit Hilfe von Ausweisen, Kreditkarten und anderen Merkmalen identifiziert worden. Er habe Schussverletzungen an Kopf, Hals, Beinen und Händen gehabt. Bei einer Durchsuchung seines Studentenzimmers am 21. April habe man einen großen »Feuerwerkskörper« (»pyrotechnic«) sowie eine schwarze Jacke und eine weiße Kappe gefunden, wie ihn Bomber 2 beim Boston-Marathon am 15. April getragen habe.

Datum	Uhrzeit	Ereignis
15.4.2013	14.49 Uhr	2 Bombenexplosionen in Boston.
18.4.2013	17.20 Uhr	Das FBI veröffentlicht Fotos der Verdächtigen vom Boston-Marathon.
	22.20 Uhr	Bericht über einen Raubüberfall auf ein Lebensmittelgeschäft in der Nähe des Massachusetts Institute of Technology (MIT) in Cambridge bei Boston.
	22.45 Uhr	Ein Sicherheitsbeamter des MIT wird erschossen in seinem Wagen aufgefunden. Die Verdächtigen sollen ein Auto gekidnappt und den Fahrer an einer Tankstelle freigelassen haben.
19.4.2013	01.00 Uhr	In Watertown liefern sich die Verdächtigen angeblich eine wilde Verfolgungsjagd mit der Polizei und benutzen dabei Schusswaffen und Sprengkörper. Ein Verdächtiger und ein Polizeibeamter werden verletzt, während der andere Gesuchte flieht. Der schwerverletzte Verdächtige wird ins Krankenhaus eingeliefert, wo er stirbt. Der öffentliche Nahverkehr wird stillgelegt, und die Bewohner werden aufgefordert, in ihren Häusern zu bleiben.
	08.20 Uhr	Auch alle Einwohner von Boston werden aufgefordert, zu Hause zu bleiben.
	08.30 Uhr	Die Polizei identifiziert die Verdächtigen offiziell als den 26-jährigen Tamerlan Zarnajew und den 19-jährigen Dschochar Zarnajew.
	18.00 – 19.00 Uhr	Ein Anwohner entdeckt eine Blutspur auf dem Grundstück eines Nachbarn, sieht einen blutverschmierten Mann unter einer Plane in einem Boot und ruft daraufhin die Polizei. Helikopter bestätigen die Anwesenheit des Mannes.
	18.15 Uhr	Massachusetts-Gouverneur Deval Patrick verkündet die Wiederaufnahme des öffentlichen Nahverkehrs und die Aufhebung der Ausgangssperre in Boston. Laut Polizei haben die Gesuchten doch nichts mit dem Raubüberfall auf das Lebensmittelgeschäft zu tun.

	19.05 Uhr	Nachdem in Watertown Schüsse zu hören waren, fordert die Polizei die Einwohner erneut auf, zu Hause zu bleiben.
	19.45 Uhr	Zeugen hören etwa 20 Gewehrschüsse.
	20.00 – 20.30 Uhr	Aus der Richtung des Bootes sind zahlreiche Explosionen zu hören. Polizeibeamte fordern den Gesuchten auf, sich zu stellen.
	20.43 Uhr	Nach der Festnahme des schwerverletzten Verdächtigen brechen Polizeibeamte in Freudenrufe aus.
	20.58 Uhr	Die Bostoner Polizei twittert: »GEFASST!!! Die Jagd ist vorbei ...«
		Quelle: *Guardian*, 20.4.2013 (Online-Ausgabe), und CNN Website, 20.4.2013

»Die Jagd ist vorbei«

So schlimm die Anschläge sich auch darstellten, erfüllte einen die martialische Menschenjagd und die Verhängung des Ausnahmezustandes über Hunderttausende von Bürgern doch mit Unbehagen. Denn noch waren die Verdächtigen ja nicht mehr als das: Verdächtige. Und die betroffenen Bürger trugen schon gar keine Schuld, sondern waren nichts weiter als Unbeteiligte. Aber war die Flucht der beiden nicht Schuldeingeständnis genug? Vielleicht. Auf der anderen Seite fängt jemand, der gejagt wird, sehr leicht zu laufen an. Die Medien bezeichneten die Zarnajew-Brüder jedoch ohne jedes Wenn und Aber apodiktisch als die »Bombenattentäter von Boston« und verwechselten damit Behauptungen von Ermittlungsbehörden mit gesicherten Fakten. Auch die Bostoner Polizei fällte mit der Festnahme des jüngeren Zarnajew-Bruders am 19. April gleich das Urteil und vermeldete: »GEFASST!!! Die Jagd ist vorbei. Der Terror ist vorbei.« Ganz so, als sei die Täterschaft der beiden bereits erwiesen. Nach Art eines Dorfsheriffs verkündete Timothy Alben von der Staatspolizei in

Massachusetts auf einer Pressekonferenz am 19. April: »Leute, wir sind erschöpft, aber wir haben heute Nacht einen Sieg zu vermelden. Wir sind so dankbar, dass der Gerechtigkeit Genüge getan wird.« Für Gerechtigkeit zu sorgen ist jedoch nicht Aufgabe der Polizei, sondern der Gerichtsbarkeit. Aber unmittelbar nach der Festnahme bzw. Tötung der Zarnajew-Brüder interessierte sich niemand für einen zivilisierten Umgang mit Verdächtigen. Vielmehr waren die USA in Lynch-Laune. Bekanntlich hemmen starke Emotionen das Denken und schließen die Gefühlsebene direkt mit der Handlungsebene kurz – das Ergebnis wird deshalb auch »Kurzschlusshandlung« genannt. So bedauerte der Rockstar Ted Nugent in aller Öffentlichkeit, dass der überlebende Dschochar Zarnajew nicht öffentlich in Boston gehängt werde. In einem Beitrag mit dem Titel »Zeit, dem irren Dschihadisten den Hals langzuziehen« phantasierte er, dass Zarnajew vor 150 Jahren in weniger als 60 Tagen von einer Eiche in Boston gebaumelt hätte: »Das wäre Gerechtigkeit.« Könnte es sein, dass hier jemand demselben Irrsinn anheimfiel wie die Bomben-Attentäter selbst, wer auch immer sie gewesen sein mochten?

Das Motiv

Die hochgepeitschten Emotionen verstellten den Blick auf die nüchternen Fakten. Während die Medien neben Trauer und Betroffenheit vor allem Gewissheit verbreiteten, blieben in Wirklichkeit viele Fragen offen. Ja, die verbreitete Gewissheit stand in einem gewissen Missverhältnis zu den Tatsachen. So stellt sich als Erstes die Frage: Sollten Einwanderer wie die Zarnajews tatsächlich nichts Besseres zu tun haben, als einen »Krieg« gegen ihr Gastland bzw. ihre neue Heimat anzuzetteln und jede Menge Amerikaner zu töten und zu verletzen? Wer einmal versucht, sich in einen Flüchtling hineinzuversetzen, der in einem anderen Land Zuflucht vor unerträglichen Zuständen in der Heimat gefunden hat, wird das für unwahrscheinlich halten. Welchen Sinn ergab das also? Und welchen Sinn ergeben derartige Bombenattentate überhaupt, bewirken sie doch das genaue Gegenteil des angenommenen Zwecks, indem sie Ausländern im Allgemeinen und Muslimen im Besonderen schaden? Was in der allgemeinen Erregung allzu leicht vergessen wird: »Militärisch« gesehen haben derartige Attentate ja überhaupt keinen Wert – im Gegenteil. Da sie den vermeintlichen Feind zwar maximal provozieren, aber militärisch überhaupt nicht schwächen, schlagen die Attentate zwangsläufig auf die Täter und ihr Umfeld zurück – so als hätte jemand einen Löwen mit einer Nadel gepikst. Das Attentat wirkt eher wie eine Immunisierung oder Impfung des »Feindes«. Es versetzt die Menschen in den USA in Alarmbereitschaft gegen Muslime und den Islam und bringt sie gegen beide auf.

Mitgefangen, mitgehangen

Mit dem Tod eines der Beschuldigten halbierten sich immerhin die Beweisschwierigkeiten. Denn statt die Schuld von zwei Verdächtigen beweisen zu müssen, musste den Ermittlern dies nur noch bei einem der beiden gelingen. Bei dem anderen verwandelten sich Verdacht und Behauptung mit seinem Ableben ohne ein ordentliches Gerichtsverfahren in ein Urteil, gegen das sich der Tote nicht mehr wehren konnte. Und dieses »Urteil« wirkte sich nunmehr auch auf den »kleinen Bruder« aus, nach dem Motto: mitgefangen, mitgehangen. Denn wenn die Täterschaft des Älteren »feststand«, musste auch der Jüngere schuldig sein. Rein äußerlich macht der 19-jährige Dschochar einen offenen, unbedarften und fast kindlichen Eindruck. Dass dieser Junge leicht einzuschüchtern und manipulierbar ist, sieht man ihm an. Geriet er deshalb unter den fatalen Einfluss seines älteren Bruders? Oder geriet er unter den fatalen Einfluss des FBI? Tatsache ist jedenfalls, dass dieser »kleine Bruder« nun im Beth Israel Deaconess

Medical Center in Boston im schwerverletzten Zustand von FBI-Ermittlern in die Mangel genommen wurde. Dem FBI zufolge hatte er Schusswunden an Kopf, Hals, Beinen und Händen als Folge der Schießerei, die er sich bei seiner Festnahme von einem Boot aus mit der Polizei geliefert hatte. Allerdings erzählten um den 24. April 2013 herum zwei anonyme Beamte der *Associated Press,* dass in dem Boot gar keine Waffe gefunden worden sei (*Huffington Post,* 24.4.2013). Laut zahlreichen Strafverfolgern hatte der Boston-Verdächtige »keine Waffe, als sein Versteck von einem Kugelhagel getroffen wurde«, schrieb die *Washington Post* in einem entsprechenden Artikel (Online-Ausgabe, 24.4.2013).

Und damit stellt sich auch die Frage, warum an dem Boot überhaupt geschossen wurde, und wie und warum Zarnajew seine Schussverletzungen erlitt, wenn er selbst unbewaffnet war. Man sollte meinen, das FBI hätte Letzteres umgehend dementiert. Weit gefehlt. Sondern »das FBI lehnte es ab, den genauen Ablauf zu diskutieren, der dazu führte, dass auf Zarnajews Versteck gefeuert wurde«, hieß es in der *Washington Post.* Werfen wir dazu nochmals einen Blick in die eidesstattliche Erklärung des FBI-Mannes Genck, der die Umstände der Festnahme schildert. Erstaunlicherweise ist auch dort von einer Waffe bei Zarnajew nicht die Rede! Obwohl Genck die bei dem Verdächtigen gefundenen Gegenstände genau beschreibt:

> »In seinen Taschen wurden ein Studentenausweis der Universität von Massachusetts in Dartmouth, Kreditkarten und andere Ausweise gefunden. Alle wiesen den Mann als DSCHOCHAR ZARNAJEW aus. Er hatte sichtbare Verletzungen, einschließlich offensichtlicher Schusswunden an Kopf, Hals, Beinen und Händen. DSCHOCHAR ZARNAJEWS Wunden wurden gesichtet, und er wurde in ein nahe gelegenes Krankenhaus eingeliefert, wo er für die weitere medizinische Behandlung verbleibt.«

Von einer Waffe keine Rede. Aber hätte ein FBI-Agent ein derartiges Beweismittel nicht erwähnt? Natürlich. Mit anderen Worten, hier verschwimmen plötzlich die Rollen von Ermittlern und Verdächtigen – haben die Fahnder etwa auf einen Wehrlosen geschossen? Aus Strafverfolgern drohten damit selbst Verdächtige und aus dem Verdächtigen ein Opfer zu werden – zumindest, was seine Schusswunden anging. Ein umso größeres Interesse mussten die Ermittler daran haben, ihn später als möglichst gefährlichen Terroristen darzustellen. Die gesamte Vernehmung Zarnajews an seinem Krankenbett ist damit in einem umso kritischeren Licht zu sehen.

Die »Geständnisse« des Dschochar Z.

Medienberichten zufolge wurde Dschochar Zarnajew bereits kurz nach dem Aufwachen aus der Narkose verhört, obwohl er unter Schock und »unter dem Einfluss starker Betäubungsmittel« (*tagblatt.de,* 23.4.2013) stand. Aufgrund seiner schweren Verletzungen konnte er zudem nicht sprechen und sich nur schriftlich äußern. Demzufolge war der Mann höchstens eingeschränkt vernehmungsfähig – wenn überhaupt. Aber als sei dies noch nicht genug, wurde der Festgenommene auch noch seiner fundamentalen Rechte als Beschuldigter beraubt und stand der Phalanx der Ermittler ohne jeden Rechtsbeistand gegenüber. Demnach wollte »die Obama-Regierung Dschochar Zarnajew zunächst befragen, ohne dass ihm seine Rechte verlesen werden und ohne dass ein Anwalt zugegen ist« *(n-tv)* – ein Verfahren, das gegen eine ganze Reihe von Menschenrechten verstößt. Auch laut *Spiegel Online* (22.4.2013) wurde Zarnajew »vorerst ohne Rechtsbeistand und ohne ihn auf sein Schweigerecht hinzuweisen« befragt. Grundlage soll »eine Ausnahme von in der Verfassung garantierten Bürgerrechten bei Fällen nationaler Sicherheit und bei potenziellen Terrorvorwürfen« sein, die nur für 24 Stunden gelte (ebda.). Der

Daily Mail zufolge schöpfte man diese Frist weitgehend aus, indem man Zarnajew 16 Stunden lang verhörte – eigentlich unvorstellbar bei einem Schwerverletzten und frisch Operierten. Vermutlich hat man ihm dabei erklärt, dass sein Bruder tot sei, dass ihm selbst mehrfacher Mord und Körperverletzung vorgeworfen würden und ihm die Todesstrafe bzw. lebenslange Haft drohe. Normalerweise geschieht das nicht, ohne den Beschuldigten darauf hinzuweisen, dass er diese schrecklichen Aussichten mit seiner Kooperation und mit Hilfe eines Geständnisses verbessern könne. Mit anderen Worten, fällt es so natürlich leicht, Beschuldigten Geständnisse abzuringen oder unterzuschieben. Was auch immer der Mann dabei gesagt oder »gestanden« hat, ist in einem ordentlichen Gerichtsverfahren als Beweis eigentlich nicht zu gebrauchen.

Geständnis im Krankenbett

Das alles wurde der Öffentlichkeit so natürlich nicht erzählt. Vielmehr wurde so getan, als hätte der junge Zarnajew die Taten definitiv und sozusagen unwiderruflich zugegeben: »Auf intensive Befragungen am Krankenbett durch Bundesagenten hin« habe der junge Zarnajew eingeräumt, »nahe der Ziellinie des Boston-Marathons Sprengsätze deponiert zu haben«, schrieb die Nachrichten-Website *salon.com* am 23. April 2013. Berichten zufolge habe der Beschuldigte gestanden, alleine mit seinem Bruder gehandelt zu haben, ohne Verbindungen zu anderen Terrorgruppen. Laut *Washington Post* habe der 19-Jährige den Ermittlern mitgeteilt, »dass ihn und seinen Bruder die amerikanischen Kriege in Irak und Afghanistan motiviert hätten, die Anschläge durchzuführen«. Eine seltsame Motivation. Glaubten die beiden Brüder wirklich, auf diese Weise einen Krieg gegen die Vereinigten Staaten führen zu können? Und wozu? Sicher waren und sind die Kriege der USA in Irak und Afghanistan schrecklich. Aber der

Krieg gegen den Irak endete offiziell 2011 mit dem Rückzug der amerikanischen Truppen. Die US-Kampfhandlungen in Afghanistan sollen 2014 beendet werden. Warum also die USA erneut gegen Muslime aufstacheln? Denn eine andere Wirkung konnten die Attentate ja kaum haben. Und überdies: Hatten die beiden Zarnajew-Brüder noch nie etwas von Überwachungskameras gehört, oder warum spazierten sie praktisch unverkleidet über die Boylston Street, um ihre Sprengsätze zu deponieren?

Doch, wie gesagt, die Bedingungen für ein brauchbares und glaubwürdiges Geständnis Dschochar Zarnajews waren denkbar schlecht – für ein falsches Geständnis dagegen geradezu »ideal«. Zudem wurde auch nirgends berichtet, dass der verdächtige Dschochar Zarnajew eine unverzichtbare Zutat für ein glaubwürdiges Geständnis geliefert hätte, nämlich sogenanntes »Täterwissen«. Damit sind Tatsachen gemeint, die nur den Tätern und der Polizei bekannt sein können, beispielsweise Einzelheiten über den Bau der Bombe, die Zutaten, den Auslösemechanismus usw. Das Täterwissen ist gewissermaßen der »Ausweis«, mit dem sich ein Täter gegenüber den Strafverfolgern »legitimieren« kann. Aufgrund der geschilderten Umstände und da offenbar auch solches Täterwissen nicht vorhanden war, dürfte Dschochar Zarnajews »Geständnis« jedoch zu den fadenscheinigsten in der gesamten US-Rechtsgeschichte zählen. Obendrein stellte er, kurz nachdem man ihn doch noch über seine Rechte als Beschuldigter informiert hatte, auch noch jede Kommunikation mit den Ermittlern ein.

Geständnis vom Hörensagen

Halt! Schließlich gibt es ja noch ein weiteres Geständnis bzw. »die Aussage des Autofahrers, den die beiden Brüder bei ihrem Fluchtversuch als Geisel genommen hatten. Um ihn einzuschüchtern, soll Tamerlan geprahlt haben: ›Wir haben gerade einen Polizisten getötet. Wir haben den Bombenanschlag auf den Marathon verübt«« (*20 Minuten Online,* 24.4.2013). Aber was ist dieses »Geständnis« wirklich wert? In einem Rechtsstaat nicht viel. Denn erstens handelt es sich nur um ein »Geständnis vom Hörensagen«, nicht vom Verdächtigen selbst. Zweitens kann man diesem Beschuldigten alle möglichen Äußerungen unterschieben, weil er ja tot ist. Drittens verdient es den Namen Geständnis auch deshalb nicht, weil es nur eine platte Behauptung, aber keine Schilderung enthält. Viertens offenbart sich darin deshalb auch nicht das geringste Täterwissen, eine weitere Voraussetzung für die Glaubwürdigkeit eines Geständnisses. Aufgrund seiner Plumpheit klingt es gerade so, wie von den Behörden erfunden. Als ob sie das selbst geahnt hätten, präsentierten sie aber noch ein drittes Geständnis. Einen vollen Monat nach den Attentaten wurde plötzlich behauptet, Dschochar Zarnajew habe an die Innenwand des Bootes, in dem er sich versteckte, ein Bekenntnis geschrieben. Darin habe der 19-Jährige den Terroranschlag an der Marathonstrecke »als Vergeltung für die US-Kriege im Irak und in Afghanistan bezeichnet«, berichtete *FOCUS Online* am 16. Mai 2013 unter Berufung auf den US-Sender *CBS*. »Er trauere auch nicht um seinen älteren Bruder Tamerlan, mit dem er die Bomben gelegt haben soll und der auf der Flucht vor der Polizei getötet wurde. Tamerlan sei jetzt ein Märtyrer im Paradies.« Die drei Todesopfer bei dem Anschlag habe Dschochar Zarnajew demnach als »Kollateralschaden« bezeichnet. Was für ein Blödsinn: Denn was, wenn nicht Menschen, soll denn dann das Hauptziel der Anschläge gewesen sein? Nach Anlage der Attentate waren Menschen das eigentliche Ziel und eben kein »Begleitschaden«. – »Wenn man einen Muslim angreift, dann greift man alle Muslime an«, soll Zarnajew weiter geschrieben haben. Glaubwürdigkeit? Gleich null. So stellt sich – übrigens genau wie bei den angeblichen NSU-Attentaten – die Frage, warum die angeblich hochpolitischen Täter nicht gleich nach ihren Taten ein

Bekennerschreiben verfasst und verschickt haben. Wenn sie für die Sache der Muslime kämpfen wollten: Warum haben sie sich nicht gleich dazu bekannt und ließen es stattdessen darauf ankommen, vorher zu sterben? Warum kritzelten sie nur mit letzter Kraft etwas an die Wand ihres letzten Verstecks? Klingt dieses »Bekennerdokument« nicht genauso »nachgereicht« wie die geheimnisvollen Videos des NSU? Außerdem erscheint es unglaubwürdig, dass Dschochar diese Zeilen geschrieben haben soll, als er bereits schwer verletzt und blutend in dem Boot lag.

Die Beweise

»Ist Zarnajews Geständnis wertlos?«, fragten Medien wie *20 Minuten Online* schon in Bezug auf Dschochars erste Befragung am Krankenbett (24.4.2013). Zarnajews Anwalt könnte »das Geständnis seines Mandanten vor Gericht für ungültig erklären lassen. Die Staatsanwaltschaft müsste dann Beweise vorlegen, um seine Schuld hinlänglich zu beweisen.« Und das dürfte schwierig werden. Denn des Weiteren fällt auf, dass außer den »Geständnissen« sowie Ähnlichkeiten auf den Fotos und Videos vom Boston-Marathon keinerlei harte Beweise präsentiert wurden. Diese Ähnlichkeiten wären schließlich nur dann beweiskräftig, wenn auf den Bildern zu sehen wäre, wie die beiden am Tatort Bomben deponierten. Wenn überhaupt, beweisen die Videos aber nur, dass Dschochar Zarnajew dort nach der ersten Explosion seinen Rucksack liegenließ. Mehr aber auch nicht. Die Fragen beginnen schon bei dem Video, auf dem Dschochar Zarnajew angeblich seinen Rucksack abstellt und sich entfernt. Dieses Video existiert bis heute nur in der eidesstattlichen Erklärung des FBI-Agenten Daniel Genck. Denn es wurde der Öffentlichkeit bis jetzt (Oktober 2013) nicht gezeigt. Nicht einmal der Gouverneur des Bundesstaates Massachusetts, in dem Boston liegt, durfte es sehen. Warum nicht? Hätte man darauf etwa erkennen können, dass Dschochar, genau wie alle anderen Passanten, flüchtete und seinen Rucksack einfach vor Schreck zurückließ? Statt dieses Videos sah man nur einen Film, auf dem die beiden Brüder ganz normal am Rande des Marathons herumliefen. Wer – außer dem FBI-Agenten Genck – sagt, dass sie dort wirklich Rucksäcke in der Absicht deponierten, sie in die Luft zu sprengen? Dass sich in Dschochars Rucksack eine Bombe befand, folgert Genck daraus, dass der Rucksack abgestellt, aber nicht mehr mitgenommen wurde. Da war Dschochars Rucksack aber nicht der einzige. Kehren wir nochmals zum Moment der ersten Explosion zurück. Dschochar steht zu diesem Zeitpunkt angeblich vor dem *Forum*-Restaurant, wobei er seinen Rucksack neben seinen Füßen abgestellt hat – ein ganz normales Verhalten für einen Rucksackträger, der eine Pause einlegen will. Nach der ersten Explosion verlässt Dschochar den Ort, ohne den Rucksack mitzunehmen. Tatsächlich ließen aber zahlreiche Menschen auf ihrer Flucht ihre Rucksäcke stehen, weshalb jeder davon wie eine potenzielle Bombe behandelt werden musste. In Wirklichkeit waren die Tatorte mit Rucksäcken und Taschen regelrecht gespickt: »Die Ermittler standen vor einem überwältigenden Tatort, der mit Taschen übersät war, welche die Leute bei ihrer Flucht fallen gelassen hatten. Die Polizei musste jeden Rucksack und jede Sporttasche als potenziell tödliche Bedrohung behandeln«, schrieb der *Boston Globe* am 16. April 2013. Aus dem Umstand eines zurückgelassenen Rucksacks einen Bombenattentäter zu konstruieren ist wohl ein bisschen dürftig. Zwar war Dschochars Rucksack nach der Explosion nicht mehr da, woraus gefolgert wurde, dass er explodiert sein musste – aber waren denn die anderen alle noch da? Und wer hatte das überprüft? Wie man sieht, ist diese Beweisführung keineswegs zwingend, ja noch nicht einmal plausibel.

Warum die beiden Zarnajews als Verdächtige ausgewählt wurden, wird also immer dubioser. Als einigermaßen gesichert kann daher nur gelten, dass sich die beiden am 15. April 2013 wirklich »an den Tatorten« aufhielten, wobei das für viele tausend andere Menschen auch gilt. Deshalb sieht es so aus, als wollten die Ermittler lediglich den Eindruck erwecken, als seien die Zarnajews die gesuchten Attentäter. Der Rummel um die Schießereien, die Festnahmen und die ganze Vorverurteilung ließen in Vergessenheit geraten, welche Art von Beweisen für einen Mordvorwurf normalerweise erforderlich sind. Nämlich konkrete »Sachbeweise« wie Fingerabdrücke, Sprengstoffreste, Textilfasern, verlorene Werkzeuge, Waffen oder Kleidungsstücke. Wobei natürlich noch eine Vielzahl anderer Beweise denkbar ist. Von DNA-Spuren der beiden Männer ganz zu schweigen. Stattdessen fand man an den Bombenresten weibliche DNA (*cbsnews.com,* 29.4.2013).

Wie man sieht, steht der wochenlange Medienrummel um die Attentate von Boston in einem gewissen Gegensatz zu den Fakten. Während uns Medien, Polizei und Politiker auf die Brüder Zarnajew als grausame Attentäter einschworen, hatten sie in Wirklichkeit kaum etwas gegen die beiden in der Hand. So bleibt uns also nichts anderes übrig, als wieder einmal unseren eigenen Kopf zu benutzen und unsere eigenen Untersuchungen anzustellen, soweit das möglich ist. Denn wenn FBI und Polizei nicht mal mit ihren gesammelten Befugnissen und ihrem ganzen Ermittlungsapparat zu brauchbaren Ergebnissen kommen, ist es wohl an der Zeit, die eigene Beobachtungsgabe und den gesunden Menschenverstand einzusetzen.

Die Explosionen und die Tatorte

Betrachten wir als Erstes die Explosionen und die Tatorte selbst. Wie gesagt, laut Behörden und Medien explodierten am 15. April in der Bostoner Innenstadt zwei Bomben. Die erste vor einem Optiker namens *LensCrafters* in der Boylston Street 699, wenige Meter vom Zieleinlauf entfernt. Die zweite etwa 13 Sekunden später vor einem Restaurant namens *Forum* in der Boylston Street

755, etwa 200 Meter von der ersten entfernt. Angeblich bestanden die Bomben aus mit Schwarzpulver, Schrauben und Nägeln gefüllten Schnellkochtöpfen. Eine schreckliche Waffe. Die Wirkung liegt auf der Hand: Explodieren die Sprengsätze, werden Schrauben und Nägel wie Geschosse in die Umgebung geschleudert und treffen und durchlöchern alles, was sich im Umkreis von einigen Metern befindet. Mit anderen Worten, man müsste die Einschläge dieses »Schrapnells« in der Umgebung überdeutlich sehen, und zwar – militärisch gesprochen – sowohl in den »harten Zielen« (Fassaden, Fenster etc.) als auch in den »weichen« (Menschen).

Zwar wird der Ort der ersten Explosion mitunter auch als Boylston Street 671 angegeben, auf einem Foto erkennt man jedoch deutlich: Die Explosionsstelle Nr. 1 (Bomber 1) befindet sich unmittelbar vor dem *LensCrafters*-Schaufenster in der Boylston Street 699, dessen Scherben direkt davor liegen. Zwar soll auch diese Bombe Nägel und Schrauben enthalten haben. Aber auf einem Video des *Boston Globe* von der Explosion sieht man, wie die meisten Marathonläufer nebenan auf der Straße direkt nach dem Knall einfach weiterlaufen. Sie zeigen weder die Einwirkung einer starken Druckwelle noch irgendwelcher Geschosse. Manche weichen ein wenig aus oder drehen sich nach der Explosionswolke um. Nur ein älterer Mann fällt zu Boden, allerdings nicht, als sei er umgeworfen worden, sondern als hätte er sich langsam hingelegt. Er wird wieder aufgerichtet und gestützt, wobei man keine Wunden oder Blut an seinem Körper sieht. Es scheint sich also nicht um eine Wirkung des Schrapnells zu handeln. Da die anderen Läufer einfach weiterlaufen, kann es auch die Druckwelle nicht gewesen sein. Wurde das Schrapnell einfach durch die Zuschauer am Straßenrand abgehalten? Möglich, aber natürlich hätte ein Teil der Bomben-Geschosse auch senkrecht oder schräg nach oben geschleudert werden können und auf die Straße fallen müssen. Deshalb hätte man einige von ihnen auch auf der Straße finden müssen. Vielleicht ließ der Schreck den Mann zu Boden gehen? Wer weiß. Zwischen den Läufern und den Zuschauern befindet sich noch eine weitere interessante Gruppe, nämlich Ordner mit gelben Jacken, die mit dem Rücken zur Explosion am Straßenrand stehen. Sie sind also noch näher an der Explosion als die Läufer. Die Bombe geht direkt in ihrem Rücken los. Wie reagieren sie? Fliegen sie durch die Luft? Werden sie von der Druckwelle umgeworfen? Nichts dergleichen. Manche reagieren kaum, andere ziehen den Kopf ein, halten sich die Ohren zu und/oder drehen sich um. Zu Boden geht niemand von ihnen. Warum ging also der ältere Läufer zu Boden?

Eine vollkommen saubere Straße

Werfen wir einen Blick auf die Straße. Der Asphalt ist vollkommen sauber. Weder liegen irgendwo Splitter herum noch Schrauben oder Nägel. Die Bombe hatte also nicht einmal die Kraft, Material ein paar Meter weiter über die Köpfe der Zuschauer hinweg auf die Fahrbahn zu schleudern. Dort sieht man auch keinen einzigen Blutstropfen. Kein einziger Mensch auf der Straße wurde demnach von irgendeinem Geschoss oder herabfallenden Gegenstand verletzt. Noch näher dran als die Läufer und selbst als die erwähnten Ordner waren die zahlreichen Flaggen am Straßenrand. Direkt nach dem Knall fingen sie an zu flattern. Allerdings wehten sie eher wie in einer milden Frühlingsbrise als wie nach einer Bombenexplosion. Ihr Stoff erscheint vollkommen unversehrt. Auch sie haben offenbar keine Schrapnell-Treffer abbekommen. Begeben wir uns weiter von der Straße weg, in Richtung Explosionsort am *LensCrafters:* Während auf dem erwähnten Video hier langsam eine gelblich weiße Rauchwolke aufsteigt, hallt der dumpfe Knall noch nach. Was man in diesem Moment allerdings nicht hört, ist das Klirren von Fensterscheiben. Hätten sie vom Schrapnell nicht getroffen werden müssen? Stattdessen sieht man, wie die Rauchwolke an der Fassade des

Nachbarhauses nach oben steigt. Aus der Fassade ragt ein markanter Erker heraus, der eine ideale Angriffsfläche für fliegende Schrapnellteile hätte abgeben müssen. Aber er erscheint völlig unbeschädigt. Weder die Druckwelle noch das angebliche Schrapnell konnte seinen Fenstern offenbar etwas anhaben. Lediglich den Erker direkt über dem *LensCrafters* hat es erwischt. Aber auch hier wurde nur eine Scheibe deutlich erkennbar zertrümmert.

Der Tatort Nr. 2 befand sich, wie gesagt, 200 Meter weiter vor dem *Forum*-Restaurant in der Boylston Street 755. Hier soll der jüngere Zarnajew-Bruder Dschochar (»Bomber 2«) seinen Rucksack abgestellt haben – angeblich ebenfalls mit einer Schrapnell-Bombe. Vor dem Restaurant befindet sich ein Außenbereich mit hohen Bistro-Tischen und weißen ledergepolsterten Barhockern mit Rückenlehne. Direkt davor muss die Bombe explodiert sein. Jedenfalls sieht man dort, in ein bis zwei Metern Entfernung, eine rote Flüssigkeit auf dem Gehsteig, angeblich Blut. Aber nirgends finden sich schwere Beschädigungen. Nicht einmal einer der hohen Hocker ist umgefallen, auch Tische nicht. Aber hätte das nicht passieren müssen? Wenn schon nicht infolge der Bombe, so doch durch erschrockene und fliehende Restaurantgäste? Zweitens hätten die Rückenlehnen dieser Hocker eigentlich ein ideales Ziel für die Schrapnell-Geschosse der Bombe darstellen sollen. Allerdings sind die Rückenlehnen vollkommen unversehrt. Warum hat keine einzige Schraube, kein Nagel und auch kein Bombenfragment einen der Hocker oder eine der Lehnen getroffen? Vielleicht, weil Menschen darauf saßen? Aber warum findet sich dann auch kein einziger Blutstropfen auf den weißen Leder- bzw. Kunstlederbezügen? Waren die Bomben also wirklich so verheerend, wie von Medien und Polizei behauptet? Nein, vielmehr sieht es so aus, als hätte zumindest diese Bombe in Wirklichkeit nicht die geringste Fernwirkung gehabt und nicht einmal im Abstand von zwei bis drei Metern auch nur den geringsten Schaden anrichten können. Eigentlich unnötig zu erwähnen, dass auch die Scheiben des Restaurants unversehrt blieben. Waren diese Bomben denn dann überhaupt in der Lage, Menschen zu zerreißen?

Die Opfer

Laut Behörden wurden bei den Anschlägen drei Menschen getötet: ein achtjähriger Junge namens Martin William Richard, eine junge Frau namens Krystle Marie Campbell und eine Studentin namens Lü Lingzi. Darüber hinaus wurden etwa 250 Menschen verletzt. Aber wo und wie? Ein Bild vom Tatort Nr. 1 *(LensCrafters)* zeigt eine sitzende blonde Frau, deren Ärmel zwar Löcher aufweisen, darunter sind jedoch keine Wunden erkennbar. Wie konnte das Schrapnell das schaffen – zwar die Kleidung zerreißen, aber die Haut unversehrt lassen? Auch ihr Gesicht erscheint vollkommen heil. Aber halt: In der Nähe der Frau befindet sich ein Mann, der mit angezogenen Beinen auf der rechten Körperseite liegt. Und ihn hat es offenbar richtig erwischt: Während von seinem rechten Bein nur noch ein Stumpf übrig ist, wurde das linke offenbar unter dem Knie abgerissen. Aus der Wunde ragt ein nackter Unterschenkel-Knochen. Werfen wir einen genaueren Blick auf dieses Opfer. Da dieser Mann demnach ganz nah dran war, müsste zumindest sein Körper auch noch von Schrapnell-Geschossen durchlöchert worden sein. Da das Hosenbein am linken Bein fehlt, kann man jedoch sehen, dass das Bein über der Abrissstelle unverletzt ist. So schrecklich die Vorstellung auch ist, aber hätte eine Schrapnell-Bombe das Bein nicht regelrecht zerfleischen müssen? Dieser Mann erregte bei vielen Beobachtern Verdacht: Als der Verstümmelte später nochmals in einem Rollstuhl fotografiert wird, sieht man auch bei ihm keine nennenswerten Wunden an Kopf oder Oberkörper. Warum saß er hier überhaupt mit abgerissenen Beinen in einem Rollstuhl? Konnte das Blut so nicht noch schneller aus seinem Körper laufen? Und warum war er überhaupt bei vollem Bewusstsein? Zwar ist das nach einer schweren Verletzung durchaus möglich; die Frage ist aber, wie viel Zeit seit der »Amputation« der Beine vergangen war. In diesem Fall so viel Zeit, dass sich die Helfer zurechtfinden, zumindest einen der Beinstümpfe des Opfers (den linken) abbinden, einen Rollstuhl besorgen und den Verletzten hineinsetzen konnten. Wie viele Minuten hat das alles gedauert? Hätte der Mann in dieser Zeit nicht bewusstlos werden müssen? Und müsste nicht trotz der Abbindung noch Blut aus den Beinstümpfen tropfen? Aber während nun mehrere Helfer seinen Rollstuhl die Straße entlangschieben, sieht man hinter dem Rollstuhl nicht die geringste Blutspur auf dem Asphalt. Und wieso weist auch die Kleidung der drei Helfer am Rollstuhl keine Blutflecken auf – auch nicht der blütenweiße Blouson der Frau, die den Rollstuhl schiebt? Blousons, die auch bei anderen (offenkundig offiziellen) Helfern blütenweiß blieben, nachdem diese offenbar Schwerverletzte versorgt hatten? Nicht einmal der Ärmelbund jenes Mannes, der neben dem Rollstuhl die lose heraushängende Arterie des Verletzten in der Hand hält, weist einen roten Fleck auf. Dabei war dieser Mann nach der Explosion ganz nahe dran an dem Opfer: »Ich sprach mit ihm, versuchte ihn zu beruhigen und die Blutung zu stoppen«, sagte er nach dem Ereignis im Fernsehen. Dabei muss er sich neben die abgerissenen Beine gekniet oder gehockt haben, um die zweifellos spektakuläre Blutung in den Griff zu bekommen. Warum haben dabei nicht einmal seine Ärmel einen Blutfleck abbekommen?

Der Jeff-Bauman-Mythos

Nach den Attentaten wurde das Opfer als Jeff Bauman vorgestellt und umgehend zum Nationalhelden befördert. Der Bauman-Mythos wurde mit allem Drum und Dran vermarktet, einschließlich eigenem Logo und Facebook-Seite. Die Seite trägt den Titel »Jeff

Bauman – Der Starke von Boston, wahrer Patriot und Held«. Das Logo zeigt die Initialen von Jeff Bauman: eine Faust mit hochgestrecktem Daumen als »J«, daneben ein großes »B« und darunter das Wort »Strong«.

Schon kurz nach den Anschlägen wurde Bauman zum Maskottchen des populären Eishockeyteams Boston Bruins aufgebaut. Am 4. Mai 2013, also nur gut zwei Wochen nachdem er beide Beine verloren hatte, fuhr er bei einem Spiel gegen die Toronto Maple Leafs mit einem Trikot des Bostoner Eishockeyteams auf das Eis. Dazu reckte er den linken Daumen hoch, die rechte Hand hielt eine Flagge der Boston Bruins. Auf dem Trikot prangte das große »B« der Eishockeymannschaft – das in diesem Fall aber auch für »Bauman« stehen konnte. Aus der roten Trikothose ragten zwei weiß verbundene Beinstümpfe. Zu knackiger Rockmusik entstand ein Gänsehaut-Moment, dessen Wirkung man sich kaum entziehen konnte. Nur zwei Wochen nach dem Verlust beider Beine schien der Mann gut gelaunt und bereits von seinen schweren Verletzungen genesen zu sein – soweit das in einem solchen Fall möglich ist.

Der nächste Gänsehaut-Moment wartete am 24. Juni 2013 auf das Eishockey-Publikum. Da wurde Bauman unter dem Jubel der Zuschauer wie ein Zirkuspferd in einem Gestell auf das Eis geschoben. Während er sich mit den Händen an der Stellage festhielt, versuchte er auf Beinprothesen zu stehen. Diesmal trug er ein T-Shirt mit der Aufschrift »Boston Strong«. Diese Inszenierungen sind interessant, denn in Bezug auf Opfer und Helden darf man natürlich keine Fragen stellen. So kann man beobachten, wie derartige Tragödien – seien es die Attentate des 11. September 2001 oder die Bombenanschläge von Madrid oder London – immer wieder von einer undurchdringlichen Phalanx aus Opfern und Helden umstellt werden, die das Ereignis psychologisch vor unbequemen Fragen schützen.

Eine klaffende Lücke

Da wir uns hier vorgenommen haben, unseren gesunden Menschenverstand zu benutzen, lassen wir uns davon jedoch nicht beeindrucken. Interessanterweise füllt Bauman eine klaffende Lücke und liefert eine Schilderung dessen, was sich tatsächlich am Explosionsort Nr. 1 abspielte, wo der ältere der Zarnajew-Brüder, Tamerlan, seine Bombe gelegt haben soll. Wie das bei seinem jüngeren Bruder Dschochar aussah, erfuhren wir, wie gesagt, durch ein Video, auf dem zu sehen gewesen sein soll, wie er seinen Rucksack abstellte und nach der Explosion ohne das Gepäckstück das Weite suchte. Zu sehen bekam die Öffentlichkeit das Video nicht. Sein Inhalt wurde nur von einem FBI-Agenten geschildert. Überdies ließen nach der ersten Explosion natürlich viele Leute ihre Rucksäcke und Taschen stehen.

Bauman präsentierte sich also nach den Attentaten als Zeuge für das Geschehen an Tatort Nr. 1 *(LensCrafters)* und stützte so die offizielle Version von den beiden Zarnajew-Bombern. Laut Bauman hat sich das Attentat so abgespielt: Er wartete am Zieleinlauf auf seine Freundin, »als ein Mann mit einer Schirmmütze, Sonnenbrille und einem Kapuzenshirt unter einer schwarzen Jacke vorbeikam, ihm in die Augen sah und ihm eine Tasche vor die Füße fallen ließ«, schrieb die Nachrichtenseite *news.com.au* (22.4.2013). Laut dem US-Magazin *GQ* (Juni 2013) starrte ihm der Mann sogar so lange in die Augen, bis Bauman wegsah. Verdächtiger geht's wohl kaum. Heute lernt jeder Fluggast an einem Flughafen, dass verlassenes Gepäck mit Vorsicht zu genießen ist. Tatsächlich habe auch Bauman solche Gedanken gehabt, so *GQ:* »Ihm ist, als würde eine körperlose Stimme die Menschen an einem Flughafen pausenlos ermahnen, auf herrenloses Gepäck zu achten«, heißt es da über die Minuten vor der Explosion. Er denkt, er sollte einen Polizisten auf den herrenlosen Rucksack aufmerksam machen. Aber nichts davon unternahm Bauman. Weder lief er dem dubiosen Mann hinterher, noch warnte er das Publikum und suchte selbst das Weite. Nein, er wartete volle zweieinhalb Minuten, bis die Bombe hochging und ihm die Beine abriss. So gesehen ist Jeff Bauman also kein Held, sondern ein Mann, der es in der Hand gehabt hätte, mehreren Menschen das Leben bzw. die Gesundheit zu retten, dabei aber kläglich versagte.

Doch so dachte hinterher natürlich niemand. Viel wichtiger ist aber ohnehin die Frage, ob Jeff Baumans Geschichte irgendeinen Sinn ergibt. Und da muss man feststellen, dass dem nicht so ist. Weder sein eigenes Verhalten noch das geschilderte Verhalten des Attentäters ist plausibel. Oder ist es wirklich wahrscheinlich, dass ein Terrorist seinen zukünftigen Opfern die Bombe derart auffällig und provokant vor die Füße knallt, dass sie auf die Idee kommen, die Polizei zu holen? Zumal es rund um den Boston-Marathon und den Zieleinlauf nur so von Polizei und Sicherheitskräften wimmelte?

Das dreifache Lottchen

Äußerst merkwürdig. Doch es gibt noch weitere Zeugen. Zum Beispiel jene, die nach den Bombenanschlägen am Nachmittag des 15. April 2013 von den Medien auf der Straße befragt wurden. Es habe eine »große, schwere Explosion gegeben, während wir zu Mittag aßen«, sagte beispielsweise eine etwa 50-jährige Frau mit brünetten Haaren und Brille (aber ohne Namenszug) dem Sender CNN (siehe YouTube: »CNN Caught Red Handed Interviewing Crisis Actor Boston False Flag«, 22.4.2013). Offenbar befand sie sich zum Zeitpunkt der Explosionen in einem Restaurant: »Jeder rannte zu den Fenstern und Türen oder versteckte sich unter den Tischen.« Das Problem ist nur: Als CNN vier Tage später über die Schießereien in dem 13 Kilometer entfernten Watertown berichtete, war die unbekannte Frau schon wieder als Zeugin im Bild, wieder ohne Namenszug: »Wir hörten drei große Explosionen und viele Gewehrschüsse«, sagte sie diesmal. Haarfarbe, Nase,

Mund, Faltenbildung, Brillenform und Augen – alles schien zu stimmen. Die Gesichter schienen definitiv dieselben zu sein. Nur: Wie kann es sein, dass ein und dieselbe Frau zufällig Zeugin der Bombenanschläge in Boston und vier Tage später Zeugin der Schießerei im 13 Kilometer entfernten Watertown wurde? Wie wahrscheinlich ist es, dass ein und dieselbe Frau die Boston-Attentäter zeitlich und räumlich weit entfernt zweimal in Aktion erlebte? Eigentlich sehr unwahrscheinlich. Es wird aber noch mysteriöser. Denn dieselbe Frau trat möglicherweise nicht zum ersten Mal im Zusammenhang mit Terroranschlägen auf. Eine ganz ähnlich aussehende Frau wurde bereits nach dem Massaker an der Sandy-Hook-Grundschule in Newtown, Connecticut, am 14. Dezember 2012 interviewt. Haarfarbe, -länge, Nase, Mund, Alter, Brillenform – wieder scheint alles zu stimmen. Damals wurde die Person, die auch in diesem Video keinen Namenszug trug, als Bekannte der Mutter des Sandy-Hook-Attentäters ausgegeben. Dabei schien die Frau nicht allzu viel über die Mutter des Täters zu wissen. Genau genommen verbreitete die Unbekannte nur Allgemeinplätze über die Frau: Sie sei sehr fröhlich gewesen, habe das Leben genossen, habe aber auch sehr zurückgezogen gelebt und sich abgesondert, weshalb sie auch nicht sehr viel über sie wisse (siehe YouTube: »Boston Bombings Sandy Hook Same Person Crisis Actor«, 29.4.2013).

Wenn Fiktion und Realität verschwimmen ...

Was wurde hier eigentlich gespielt? Tatsache ist: Fiktion und Realität verschwammen im Bereich des Terrorismus schon immer, wie wir bereits am Beispiel der angeblichen Terrorgruppe NSU gesehen haben. Aber auch diesmal, in Boston und Watertown, gab es zahlreiche Ungereimtheiten. Manches erschien real, anderes wiederum irreal oder in sich unstimmig. Woran könnte das liegen? Eine mögliche Antwort lautet, dass die Attentate tatsächlich

»gespielt« wurden. Gespielt? Ist das nicht ein bisschen weit hergeholt? Warum sollten Attentate denn »gespielt« werden?

Doch der Gedanke erscheint gleich weniger absurd, wenn man den Begriff »Spiel« durch den Begriff »Übung« ersetzt – genauer gesagt: Katastrophenübung. Im Rahmen einer Katastrophenübung kann man schließlich jede mögliche Katastrophe simulieren, auch einen Bombenanschlag. Und zwar mit allem »Drum und Dran«, einschließlich explodierender Sprengkörper und verletzter »Opfer«. Es wäre schließlich nicht das erste Mal, wurden doch alle großen Anschläge seit dem 11. September 2001 von gleichzeitig stattfindenden Katastrophenübungen begleitet – der 11. September genauso wie die Attentate von London am 7. Juli 2005 oder das Massaker von Utøya am 22. Juli 2011. Am 7. Juli 2005 explodierten in der Londoner U-Bahn und in einem Bus vier Bomben, wobei 56 Menschen getötet und mehr als 700 verletzt wurden. Auch diese Anschläge wurden angeblich von »Rucksackbombern« verübt.

Noch am selben Tag gab einer der beteiligten Sicherheitsexperten ein Interview auf BBC Radio 5. Dabei plauderte der Manager einer Sicherheitsfirma namens Visor Consultants, Peter Power, aus dem Nähkästchen: »Um halb zehn heute Morgen haben wir tatsächlich eine Übung mit über tausend Leuten durchgeführt, die von simultan explodierenden Bomben an exakt jenen Stationen ausging, an denen die Bomben dann wirklich hochgingen. Mir stehen jetzt noch die Haare zu Berge.« Da planten also ein paar Sicherheitsfirmen und Behörden eine Übung, bei der mehrere Bombenanschläge in der U-Bahn simuliert werden sollten. Und während die Übung lief, explodierten tatsächlich Bomben, und zwar genau an den Stationen, an denen sie auch in der Übung hochgehen sollten! Ein überaus merkwürdiger Zufall. Auch der BBC-Interviewer glaubte nicht richtig gehört zu haben: »Um dies ganz klarzumachen: Sie führten eine Übung durch, um festzustellen, wie Sie mit einem solchen Fall zurechtkommen würden, und es passierte, während Sie die Übung durchführten?« Power:

147

»Genau. Es war halb zehn Uhr heute Morgen, wir haben dies für eine Firma geplant, und aus naheliegenden Gründen möchte ich den Namen nicht nennen, aber sie hören zu, und sie wissen, wovon ich rede. Wir hatten einen ganzen Raum voller Krisenmanager, und innerhalb von fünf Minuten kamen wir ziemlich schnell zu dem Schluss, dass dies der Ernstfall ist.«

Eine Übung in Boston

Eine Übung ermöglicht es Sicherheitsbehörden, eine Katastrophe zu inszenieren. So kann man beispielsweise »Terroristen-Darsteller« mit Rucksäcken unter die Leute mischen und anschließend ganz echt nach ihnen fahnden. Wieder andere Statisten kann man als Tote und Verletzte herrichten, um sie daraufhin in Krankenhäuser abzutransportieren. Das geht bis hin zu falschen Opfer-Identitäten. Auch bei uns werden Katastrophenübungen so inszeniert. So weit gehört das zum normalen Alltag von Polizei und Rettungsdiensten. Ich selbst konnte einmal einem inszenierten Flugzeugabsturz beiwohnen, bei dem an die 50 Schaufensterpuppen mit regelrechten Identitäten ausgestattet und als Opfer hergerichtet wurden. Das ging bis hin zu Köpfen, die in den Bäumen hingen. Benutzt man menschliche Darsteller, dürfte es dem allgemeinen Publikum wohl schwerfallen, eine solche Übung von einem Ernstfall zu unterscheiden. Natürlich kann man im Rahmen einer solchen Übung auch Bomben plazieren – entweder als harmlose Übungs-Knallkörper oder als echte Bomben, damit es echte Tote und Verletzte gibt. Spekulation? Keineswegs. So erzählte ein Bostoner Marathon-Teilnehmer namens Alastair Stevenson dem *Alabama Press Register:* »Beim Start heute Morgen waren Sprengstoff-Spürhunde und das Bomben-Kommando vor Ort. Sie sagten den Läufern, sie sollten nicht beunruhigt sein, es handele sich nur um eine Übung.« Was für ein Zufall! »Ich bin schon eine Menge solcher Rennen gelaufen, aber ich habe noch nie Bomben-Spürhunde am Start gesehen.« Selbst auf den Dächern sah Stevenson Sicherheitspersonal. Tatsächlich war der Bereich mit Sicherheitskräften gespickt, darunter 400 Angehörige der Nationalgarde. Kurz: Es war so, als sei das Empfangskomitee für Tamerlan und Dschochar Zarnajew bereits aufgestellt worden.

Kein Attentat ohne Übung

Und da sollen irgendwelche Unbekannten mehrere Schnellkochtöpfe mit Sprengstoff direkt am Zieleinlauf plaziert haben? Trotz all der Sicherheitskräfte und sogar der Sprengstoff-Spürhunde? Da gibt es eigentlich nur zwei Möglichkeiten: Entweder haben die Sicherheitskräfte total versagt oder aber, noch schlimmer, das Ganze selbst geplant und inszeniert. Wie gesagt, gehört eine Katastrophenübung oder ein Manöver zum festen Inventar sogenannter »false flag«-Anschläge. Welches große Attentat seit der Jahrtausendwende man auch immer betrachtet, stets lief gleichzeitig eine Übung ab, die dem wirklichen Geschehen verblüffend ähnelte. Die Übungen dienten dabei als Tarnung der Vorbereitung und Durchführung des jeweiligen Anschlags. Am Tag des Massakers auf der norwegischen Insel Utøya am 22. Juli 2011 zum Beispiel führte das Delta Force Team der norwegischen Polizei ebenfalls eine Anti-Terror-Übung durch, die dem Massaker des mutmaßlichen Täters Anders Breivik verblüffend ähnlich sah. Der Hauptunterschied bestand darin, dass bei der Übung nicht so viele Menschen »getötet« wurden. Die Übung soll um 15 Uhr beendet gewesen sein, gerade rechtzeitig, bevor Breivik die Bombe im Zentrum von Oslo zündete. Wenig später begann Breivik sein Massaker auf Utøya. »Nur wenige Stunden bevor Anders Behring Breivik auf Utøya Kinder erschoss, beendete das Überfallkommando der Polizei eine Übung, die eine fast identische Situation darstellte«, hieß es wörtlich im *Aftenposten.* Anderen Berichten zufolge soll die Polizei sogar auf Utøya selbst »geübt« haben. Kurz: Übung und Ernstfall waren im Grunde nicht voneinander zu unterscheiden.

Ein denkwürdiger Versprecher

Verschwörungstheorie? Mitnichten. Bostons Polizeichef Edward Davis hat es schließlich selbst gesagt. In einem Interview mit *Fox News* am 21. April 2013, nach der Tötung bzw. Verstümmelung der beiden Zarnajew-Brüder durch Polizeikräfte, nannte er die beiden Brüder »actors« (Darsteller). Hier der ganze Zusammenhang:

> »Glauben Sie, es gab noch Pläne für weitere Anschläge auf Amerika?«
> »Angesichts der Tatsache, dass wir bei der Festnahme eine bedeutende Menge Sprengstoff gefunden haben, nehme ich das an.«
> »Wie sicher können Sie sein, dass sie nicht noch weitere Bomben gelegt haben?«
> »Wir können nicht sicher sein, aber wir sind zuversichtlich, das dies die beiden Darsteller … die beiden Individuen waren, die diese Mission durchgeführt haben …«

Nur ein Versprecher? Oder meinte der Polizeichef etwa »Täter« (im Englischen eigentlich »perpetrator«, »offender« oder »culprit«). Aber warum hat er sich dann eilig verbessert? Eben. Außerdem gab es nach den Aussagen des Marathonläufers Alastair Stevenson an diesem Tag tatsächlich eine Katastrophenübung; und an solchen Übungen nehmen normalerweise auch Darsteller teil. Es gibt mehrere Möglichkeiten, »Täter« in die Übung bzw. den Anschlag einzubeziehen. Zum Beispiel werden sie ganz einfach als »Terroristen-Darsteller« angeheuert und mit einer

Bombenattrappe ausgestattet. Anschließend sagt man ihnen, dass sie die Bombe zu einem bestimmten Zeitpunkt an einem bestimmten Ort ablegen und sich dann entfernen sollen. Was man ihnen unter Umständen nicht sagt, ist, dass nach dem falschen Anschlag eine echte Menschenjagd auf sie beginnt, bei der sie getötet werden. Womit aus falschen Bombern endgültig echte werden, denn natürlich können sie sich dann nicht mehr verteidigen. Interessant in diesem Zusammenhang ist, dass Ed Davis, der Polizeichef von Boston, der die Operationen an diesem Tag leitete, beim FBI ausgebildet wurde, und zwar an der berühmt-berüchtigten FBI-Akademie in Quantico.

FBI: Der Bock als Gärtner

Und damit gibt es eine direkte Verbindung zwischen den Anschlägen von Boston und der verrufensten Polizeibehörde der Welt, die über jede Menge einschlägiger Erfahrung auf dem Gebiet inszenierter Terroranschläge verfügt. Man denke an die Geschichte des zum Islam konvertierten Walmart-Lageristen James Cromitie aus Newburgh, Orange County. Um 2010 schloss der Amerikaner Freundschaft mit einem gewissen Maqsood. Der ihm, so schrieb das renommierte US-Politikmagazin *Mother Jones* in seiner Ausgabe vom September/Oktober 2011, irgendwann eröffnete, er sei Kontaktmann der pakistanischen Terror-Gruppe »Jaish-e-Mohammad« und solle in den Vereinigten Staaten ein Team für den Heiligen Krieg zusammenstellen. Maqsood hatte auch gleich eine Bombenidee. Er schlug vor, in der Bronx ein paar Synagogen in die Luft zu sprengen und ein paar Flugzeuge mit Raketen zu beschießen. Rein zufällig habe er zwei Stinger-Raketen – Sprengstoff und Waffen sowieso. Gesagt, getan: »Cromitie warb noch drei andere Männer an, sie machten Fotos vom Stewart International Airport in Newburgh und von Synagogen in der Bronx«, so *Mother Jones*. Schließlich habe

Maqsood Cromitie in die Bronx gefahren, wo sie mehrere Bomben in bereitgestellten Wagen plazierten. Als sie anschließend in ihren Fluchtwagen stiegen, wurden sie plötzlich von Maqsoods Leuten umringt. Allerdings gehörten die nicht zu »Jaish-e-Mohammad«, sondern zu einem Sondereinsatzkommando des FBI, einem sogenannten SWAT(Special Weapons and Tactics)-Team. Und »speziell« waren die Taktiken, die hier angewendet wurden, durchaus. Wie sich herausstellte,

- hieß Maqsood nicht Maqsood, sondern Shahed Hussain;
- war »Maqsood« kein fanatischer Islamist, sondern vom FBI in die islamische Gemeinde in Newburgh eingeschleust worden, um jemanden zu einem Attentat anzustiften;
- tat »Maqsood« das nicht aus ideellen Gründen, sondern für ein stattliches Honorar.

Wobei das Attentat in diesem Fall gar nicht gelingen, sondern mit großem Brimborium »verhindert« und »aufgeklärt« werden sollte. Erinnern wir uns auch an Rezwan A. Angeblich wollte der »islamische Terrorist« 2012 in Washington mit ferngelenkten und sprengstoffbeladenen Kleinflugzeugen Regierungsgebäude angreifen. »Direkt im Anschluss wollte er mit zwei Drei-Mann-Teams und Kalaschnikow-Sturmgewehren in der US-Hauptstadt auf Menschenjagd gehen«, so *Spiegel Online* vom 29. September 2011. Wie kam der Mann nur auf diese Idee? Ganz einfach: Rezwan A. ging »dem amerikanischen FBI auf den Leim«, so die *Spiegel*-Website. Sprengstoff und Waffen kamen von der amerikanischen Bundesbehörde – »allerdings nur Attrappen«, beruhigte das Hamburger Magazin seine Leser. So viel Glück hatten die Opfer der Bombenanschläge von Boston vielleicht nicht. Und dasselbe FBI bildete auch den Bostoner Polizeichef aus.

Die Attentäter kommen nicht aus dem Dunkeln

Inzwischen gehört es fast schon zum Ritual nach solchen Attentaten, dass umgehend bekannt wird, das FBI habe die Täter »schon länger auf dem Radar« gehabt: »Bereits 2011 war Boston-Bomber Tamerlan Zarnajew († 26) im Visier der Riesen-Behörde – verschwand aber nach einer Russlandreise im Sommer 2012 vom Radar«, hieß es in *Bild.de* am 22. April 2013: »Die Vorwürfe gegen die Ermittler werden immer lauter.« In Wirklichkeit beinhalten solche Erklärungen ein ganz wichtiges Eingeständnis, nämlich dass derartige Attentäter fast nie aus dem Dunkeln kommen, sondern dass die Behörden nachweislich schon vorher immer zu den späteren Bombenlegern, Amokläufern oder Hijackern Kontakt hatten. »Das FBI hatte Tamerlan bereits 2011 wegen vermeintlich radikalislamischer Ansichten überprüft, ohne aber Hinweise auf terroristische Aktivitäten zu finden«, so *Zeit Online* am 21. April 2013.

Was nach einem sporadischen Kontakt klang, zog sich in Wirklichkeit womöglich viel länger hin: »Die Mutter der mutmaßlichen Attentäter sagte in einem Telefoninterview mit CNN, Tamerlan sei ›für drei, fünf Jahre‹ vom FBI beobachtet worden. ›Sie haben ihn auf Schritt und Tritt verfolgt‹, sagte sie« (ebda.). Nach den Boston-Attentaten warfen auch einige US-Abgeordnete entsprechende Fragen auf: »US-Gesetzgeber fragten am Sonntag, warum das FBI nicht die Gefahr erkannte, die von einem der Verdächtigen ausging. Und sie beklagten, dies sei Teil einer Serie, in der jemand, gegen den das FBI ermittelte, später an einem Attentat teilnahm« (*The Daily Star,* Online-Ausgabe, 21.4.2013). Gut beobachtet.

Des Weiteren wurde oben bereits dargelegt, wie dieser Kontakt in der Regel zu verlaufen pflegt. Die Zielperson wird zu einem Vorhaben überredet, in irgendwelche Aktivitäten eingebunden, über das Ende aber im Unklaren gelassen. So kann dem Betreffenden beispielsweise vorgegaukelt werden, er werde von einer muslimischen Terrorgruppe angeheuert, in Wirklichkeit will das FBI der Öffentlichkeit jedoch nur einen Fahndungserfolg vorspiegeln und den »Attentäter« rechtzeitig auffliegen lassen. Oder es werden ganz einfach Darsteller angeheuert, um bei einer »Katastrophen-Übung« Bombenleger oder Hijacker zu spielen. Dass die Behörden die Übung in einen Ernstfall und die Darsteller in echte Attentäter verwandeln würden, hat man ihnen vorher natürlich nicht erzählt. Im Extremfall können bei der »Fahndung« auch völlig ahnungslose Menschen aufgegriffen, erschossen und hinterher zu Attentätern erklärt werden.

»Terroristen für das FBI«

So hat das FBI seine Fahndungserfolge, die Justiz ihre Verurteilten und die Politik ihre islamistischen Terroristen; die Medien haben ihre Geschichten und die Agenten ihr Geld (»Maqsood« bekam für seinen Aufwand zum Beispiel 96 000 Dollar). Dabei ist das noch nicht der eigentliche Skandal. Der besteht vielmehr darin, dass auf diese Weise der größte Teil des Terrorismus regelrecht künstlich »produziert« wird: »Erinnern Sie sich noch an den Anschlag auf die Washington Metro?«, fragte *Mother Jones* in dem erwähnten Artikel vom Herbst 2011: »Oder an den auf die New Yorker U-Bahn? An die Typen, die den Sears Tower sprengen wollten? An den Teenager, der den Weihnachtsbaum von Portland in die Luft jagen wollte? Jeder dieser Anschläge wurde wie Dutzende weitere im ganzen Land von einem FBI-Agenten gesteuert« *(Mother Jones)*.

Im Rahmen eines jahrelangen Rechercheprojekts, das *Mother Jones* zusammen mit der Universität von Kalifornien in Berkeley durchführte, nahmen die Journalisten die Fälle von 508 Angeklagten in Terrorismus-Verfahren unter die Lupe. Und dabei stellte sich heraus: Der Wahnsinn hat Methode. Laut *Mother Jones*

- waren in fast der Hälfte der Fälle »Informanten« zum Einsatz gekommen, die für ihre Arbeit entweder bis zu 100 000 Dollar Honorar oder Strafnachlass in eigenen Strafverfahren bekamen.
- führten die verdeckten Operationen zu Anklagen gegen 158 Beschuldigte; 49 davon hatten an Verschwörungen teilgenommen, die von einem Agent provocateur des FBI regelrecht angestiftet worden waren.
- waren bis auf drei Ausnahmen alle berühmten inländischen Terroranschläge (»domestic terror plots«) bzw. Anschlagsversuche des letzten Jahrzehnts in Wirklichkeit verdeckte Operationen des FBI.

Des letzten Jahrzehnts? Was war aus der Perspektive dieser *Mother Jones*-Ausgabe aus dem Herbst 2011 das letzte Jahrzehnt? Welche großen Terroranschläge hatte es da gegeben? Ach ja: die Attentate vom 11. September 2001 natürlich!

Hollywood-Show in Boston?

Interessant ist in diesem Zusammenhang vielleicht, was die Angehörigen der Zarnajew-Brüder nach den Anschlägen gesagt haben. Anders als andere Angehörige oder Hinterbliebene ließen sie das Bild des skrupellosen Attentäters nicht einfach auf ihren Söhnen sitzen, sondern wehrten sich wie die Löwen gegen die Behauptungen der Behörden. So erfuhr man beispielsweise vom Vater der beiden Beschuldigten, dass der erschossene 26-jährige Verdächtige Tamerlan Zarnajew nicht nur verheiratet war, sondern auch ein dreijähriges Kind hatte. Zwar ist das kein Ausschlusskriterium, aber auch nicht gerade ein naheliegendes Profil für einen skrupellosen Attentäter. Sein 19-jähriger Bruder Dschochar Zarnajew habe »große Pläne« gehabt, zitierte das *Handelsblatt* den Vater aus der russischen Zeitung *Komsomolskaja*

Prawda: »Dschochar habe Arzt werden und eine Praxis eröffnen wollen. ›Jetzt ist die Rede von Bombenanschlägen. Wie ist das möglich?‹, fragte Ansor Zarnajew« (22.4.2013). Tja, wie nur? Auch hat das FBI »keine Bombenwerkstatt gefunden, keine Zutaten, um eine Bombe zu basteln, und auch keine Waffen und Munition, die man den Brüdern zuschreiben kann«, hieß es in dem Nachrichtenblog *Alles Schall und Rauch* (23.4.2013): »Die Wohnung der beiden Brüder ist völlig unverdächtig, sieht wie eine unordentliche Bude von Jugendlichen aus, vollgestopft mit Sportsachen und Sportgeräten.«

Abfällig redete nur der Onkel der beiden Verdächtigen über sie. Wobei man das Gefühl hatte, dass er sich große Mühe gab, sich möglichst weit von ihnen zu distanzieren. Ab etwa 2009 habe Tamerlan Zarnajew angefangen, »radikalen Unsinn« zu erzählen, sagte er (*Tagesspiegel,* Online-Ausgabe, 25.4.2013). Medienberichten zufolge hat der Onkel seine Neffen seitdem aber nicht mehr gesehen. Die Tante Maret Zarnajewa berichtete in einer Pressekonferenz, sie habe die FBI-Hotline nach den Ereignissen selbst angerufen, um den Behörden zu sagen, dass diese Jungs so etwas nie tun würden. Sie wollte wissen, welche Beweise vorlägen. Alles, was es gebe, seien Videoaufnahmen von den Brüdern in Boston. Komisch sei nur gewesen, dass die beiden darauf nicht nebeneinander, sondern hintereinander gegangen seien. »Also haben Sie den Verdacht, dass die beiden das wirklich getan haben?«, fragte ein Reporter bei der Pressekonferenz. Antwort: »Nein, ich habe den Verdacht, dass dies gestellt war! Das Bild war gestellt.« – »Von wem?«, will der Journalist wissen. »Wer immer das braucht. Wer auch immer Leute sucht, die für diese Anschläge verantwortlich gemacht werden müssen« (CNN, 19.4.2013). Ähnlich äußerte sich auch die Mutter der beiden Verdächtigen: »In einem Telefoninterview mit US-Medien bekräftigte Zubeidat Zarnajewa laut *FOCUS Online* (19.4.2013): »Terrorismus hat bei meinen Söhnen nie eine Rolle gespielt. Sie hätten eine solche

Sache niemals vor mir verheimlicht. Die beiden müssen reingelegt worden sein.« – »Indirekt«, so *FOCUS* weiter, »beschuldigte die Mutter sogar FBI und Polizei, Hinweise, die auf ihre Söhne als Täter deuten, gefälscht zu haben.«

Wie wir bereits gesehen haben, ist eine solche Idee keineswegs aus der Luft gegriffen. Vielmehr schafft sich der »Sicherheitsapparat« seine Attentäter gerne selbst. »Tamerlan sei in den vergangenen zwei Jahren ständig von der US-Bundespolizei überwacht worden. Die Sicherheitsbehörden hätten Tamerlan eine Falle stellen wollen«, sagte der Vater Ansor Zarnajew laut *Handelsblatt* (22.4.2013): »Er bezeichnete die Ermittlungen gegen seine Söhne als ›politischen Auftrag‹ und als ›Hollywoodshow‹.«

Dschochar Zarnajew und seine »Groupies«

Tatsächlich schien dem FBI die eigene Inszenierung langsam aus dem Ruder zu laufen. Da waren zunächst die nicht namentlich genannten Fahnder, die behaupteten, Dschochar Zarnajew sei bei seiner »blutigen Festnahme« unbewaffnet gewesen. Eine Behauptung, die durch die eidesstattliche Versicherung des FBI-Agenten Genck bestätigt wurde. Außerdem hatte der überlebende Verdächtige Dschochar Zarnajew irgendwann natürlich doch noch Gelegenheit, mit jemand anderem zu sprechen als mit FBI-»Ermittlern«. Mit seiner Mutter beispielsweise. Ganz entgegen seinen angeblichen Geständnissen leugnete er dabei jede Beteiligung an den Anschlägen. Und auch bei einem ersten kurzen Gerichtstermin am 10. Juli 2013 plädierte Dschochar Zarnajew auf »nicht schuldig«.

Nachdem der kurze Zeitraum, innerhalb dessen die Behörden einen Beschuldigten ohne Rechtsbeistand in die Zange nehmen können, längst verstrichen war, kam nun Zarnajews wahrer Standpunkt zum Vorschein. Wo waren nur all die angeblichen »Geständnisse« geblieben? Und während auch Angehörige von

Anschlagsopfern bei dieser Gelegenheit im Gerichtssaal waren, wurde eine andere Gruppe von den Medien nur abfällig erwähnt. *Spiegel Online* nannte sie »Groupies«. Es waren Menschen, die nicht an die offizielle Version vom skrupellosen Terroristen glauben. Sie hätten sich »via Twitter-Hashtag #FreeJahar vernetzt«, so *Spiegel Online,* und im Gerichtssaal sogar »einige der 110 Sitzplätze« ergattert. Ganz so, als müssten Menschen, die an die Unschuld eines Angeklagten glauben, eigentlich stehen. »Zarnajew ist unschuldig. Dies ist ein Komplott der Regierung«, zitierte *Spiegel Online* (11.7.2013) einen der Protestierer und vergaß dabei nicht zu erwähnen, dass der Mann Piercings im Gesicht trägt und eine »V«-Maske auf die Stirn geschoben hat. Draußen demonstriere ein Dutzend Frauen für Zarnajew: »Sie tragen T-Shirts mit Slogans wie ›Zarnajew ist unschuldig‹ und ›Freiheit für den Löwen‹. ›Null Beweise‹, sagt Lacey Buckley. ›Keine DNA, keine Fingerabdrücke.‹«

Abschließend stellt sich natürlich die Frage: Warum sollten die amerikanischen Sicherheitsdienste sich ausgerechnet tschetschenische Emigranten bzw. politische Flüchtlinge wie die Zarnajew-Brüder als Sündenböcke für Anschläge aussuchen und sie als Terroristen darstellen? Was sollten sie plötzlich gegen Tschetschenen haben? Ganz einfach: Offenbar arbeiten russische und amerikanische Sicherheitsbehörden bei der Bekämpfung tschetschenischer Flüchtlinge in den USA zusammen. Tatsächlich kamen die ersten »Hinweise« auf die beiden Zarnajew-Brüder aus Russland. Nach den Boston-Attentaten sagte auch der (inoffizielle) Honorarkonsul der Tschetschenischen Republik Ischkeria in Ankara, Medet Ünlü, die beiden Zarnajew-Brüder seien als »Opfer« ausgesucht worden, um das tschetschenische Volk mit Terrorismus in Zusammenhang zu bringen. Ünlü starb kurz darauf (am 22.5.2013) bei einem Attentat …

»Unlimited Operations«:
Das große Abheben

Manhattan, 19. Februar 2013. Jose Familia Reyes hat heute etwas Größeres vor. Zuerst, um 16.31 Uhr, nimmt er sich den Geldautomaten am Broadway 2380 vor. Fünf Mal hebt er ab – insgesamt 4015 Dollar –, von einem Konto der Bank of Muscat in Oman. 40 Minuten später steht er vor dem Geldautomaten am Broadway 2077. Diesmal zieht der Mann mit der dunklen Daunenjacke und der schwarzen Mütze insgesamt 2409 Dollar aus dem Gerät. Ist Reyes etwa im Konsumrausch? Oder hat er eine teure Freundin? Ist er vielleicht spielsüchtig? Jedenfalls muss es sich um ein ziemlich kostspieliges Hobby handeln, denn knapp 20 Minuten später taucht er schon wieder an einem Geldautomaten auf, diesmal am Broadway 1886. Dabei kassiert er mit drei Abhebungen erneut 2409 Dollar. Anschließend klappert er noch eine ganze Reihe weiterer Bankomaten ab. Abends um 21.55 Uhr sucht er noch den Geldautomaten an der Third Avenue heim. Insgesamt hat Reyes an diesem Tag rund 41 000 Dollar abgehoben. Allerdings vergisst er zwischendrin das Einkaufen. Denn das ist gar nicht der Sinn der Sache. Der besteht vielmehr darin, das internationale Finanzsystem um viele Millionen Dollar zu erleichtern. Und damit steht Reyes keineswegs alleine. Vielmehr werden an diesem Tag in New York ein weiteres halbes Dutzend Männer von der »Abheberitis« befallen. Alles Kumpels von ihm. Insgesamt erleichtern sie die Bankomaten der Metropole um 2,4 Millionen Dollar. Des Rätsels Lösung: Jede Abhebung ist ein kleiner Bankraub.

Geld aus dem Nichts

Hinterher fotografieren sich die Täter mit ihren Handys. Auf einem Bild sieht man zwei von ihnen ausgelassen in einem Auto posieren, zwischen sich mehrere Bündel Geldscheine. Weitere Fotos zeigen eine Rolex und noch mehr Geldscheine. Ein erstaunlicher Raubzug. Und dennoch nur Kleinkram. Denn insgesamt hoben ganz ähnliche »Teams« am 19. und 20. Februar 2013 in 24 Ländern der Erde 40 Millionen Dollar ab – mit 36 000 Abhebungen. Bei einem kleineren Fischzug am 22. Dezember 2012 waren es fünf Millionen Dollar mit 4500 Abhebungen. Macht zusammen 40 500 Abhebungen und eine Beute von 45 Millionen Dollar. Unglaublich! Wie kann das sein? Gegenfrage: Wie entsteht eigentlich Geld? Antwort: heute eher virtuell. Man nehme ein paar Daten, kopiere sie auf irgendeine Plastikkarte mit einem Magnetstreifen und gehe dann fröhlich abheben. Genauer? Also gut. Beginnen wir mit einer anderen Frage: Was ist eigentlich eine Kreditkarte? Ganz einfach: Eine Kreditkarte ist eine Plastikkarte mit einigen Kennnummern, einem Namen drauf und vor allem einem Magnetstreifen. Dazu gehört noch eine Geheimzahl, die sich allerdings nicht auf der Karte befindet. Sie ist nur dem Besitzer der Karte bekannt, der sich damit am Automaten ausweisen muss, um Geld abheben zu können. Um in der Computersprache zu sprechen: Die Daten sind nicht »verknüpft«. Weshalb das Ganze auch überaus sicher ist. Allerdings nur theoretisch. Denn was der Karteninhaber tunlichst unterlassen sollte, nämlich Geheimzahl und Karte zusammen aufbewahren, ist den Zahlungsabwicklern erlaubt. Das geht auch gar nicht anders, weil sie die Geheimzahl ja einer bestimmten Kartennummer zuordnen müssen. Also hat jede Plastikkarte quasi einen virtuellen Zwilling. Dieser benötigt nur einige Bytes Speicherplatz in irgendwelchen Finanzrechnern. Und er besteht auch nicht aus Plastik, sondern lediglich aus den miteinander verknüpften Nummern der Kreditkarte – also zum Beispiel aus der Kartennummer und der Geheimzahl. Wenn es nun gelingt, diesen Zwilling von einem Bankenrechner herunterzuladen und auf eine beliebige Plastikkarte zu kopieren, dann erhält man einen »Klon« der Kreditkarte. Schafft man es, auch die Geheimzahl herunterzukopieren, kann man nun fröhlich abheben und einkaufen gehen.

Die globale Räuberbande, die im Februar 2013 am Werk war, hat dafür eine Variante normaler Kreditkarten benutzt, nämlich sogenannte Prepaid-Karten. Diese Karten sind nicht mit dem Bankkonto des Karteninhabers verknüpft. Vielmehr hat dieser die Karte »aufgeladen«, indem er Geld auf sie eingezahlt hat. Was für den Kunden zum Beispiel den Vorteil hat, dass im Verlustfall oder bei Diebstahl der Karte sein Bankkonto nicht leer geräumt werden kann. Eine solche Prepaid-Karte hat demzufolge nur ein begrenztes Guthaben. Zweitens hat sie auch ein Limit für Bargeldabhebungen, das entweder vom Kartenunternehmen oder vom Karteninhaber selbst festgelegt werden kann. Das Guthaben und das Limit sind selbstverständlich auch nur Zahlen, die mit der Kartennummer verknüpft sind. Und da man Zahlen in einem Computer bekanntlich mit einigen Tastenklicks verändern kann, kann man auch das Abhebungslimit der virtuellen Kreditkarte anheben. Vor allem aber das Guthaben, sagen wir: von 1000 auf 10 000 Dollar. Fertig ist das Geld.

Anschließend lädt man die Daten herunter, kopiert sie auf irgendeine beliebige Plastikkarte mit Magnetstreifen, und schon kann man losziehen. Im Prinzip. Denn im Detail ist die Sache natürlich etwas komplizierter. So muss man erst einmal in den Bankenrechner hineinkommen, man muss wissen, wie man Guthaben und Limits anhebt, und einige Verschlüsselungen muss man sicherlich auch noch knacken, um die Daten kopieren zu können und in funktionsfähiger Form auf eine Karte zu bekommen. Eine Angelegenheit für Experten also. Aber das war ein großer Bankraub schließlich schon immer. Nur die Arbeit der Experten hat sich gewandelt. Statt Bohren und Buddeln, wie etwa beim Berliner Tunnelraub, sind zunehmend auch andere Fertigkeiten gefragt.

»Geschaffen« wird das Geld allerdings nur vorübergehend. Denn irgendjemand muss ja am Ende für den Schaden geradestehen und ihn bezahlen. Die Karteninhaber, wenn überhaupt, wohl nur bis zur Höhe ihres eingezahlten Guthabens und ihres festgelegten Kartenlimits – nicht aber in Höhe der von den Hackern veränderten Daten. Wahrscheinlich bleibt es also an den Banken hängen, die ihre Datenbanken nicht ausreichend geschützt haben (in diesem Fall die Bank of Muscat in Oman und die Rakbank in den Vereinigten Arabischen Emiraten).

»Unbegrenzte Unternehmen«

Zwar wurden das New Yorker und andere »Kassierer-Teams« im Frühjahr 2013 geschnappt – zusammen mit 100 000 Dollar in bar, Schmuck und Luxusautos. Aber das waren nur die kleinen Fische. Eben die Kassierer vor Ort. Ausbaldowert worden war der Coup ganz woanders – wo, das wissen die Ermittler bis heute nicht. Sieht man sich die Weltkarte der Operation an, stellt man jedenfalls fest, dass Orte keine Rolle spielen und es für diese Cyberkriminellen keine Grenzen gibt. So wie man heutzutage von jedem Ort des Globus aus eine Internetseite aufrufen kann, kann man auch von jedem x-beliebigen Ort des Globus aus ein Ziel attackieren. Deshalb – und weil auch die Schadenssumme nach oben offen ist – nennt das die New Yorker Staatsanwältin Loretta E. Lynch in ihrer Anklageschrift gegen die New Yorker Bande eine »unlimited operation«, ein »unbegrenztes Unternehmen«: »Die Angeklagten und ihre Mitverschwörer haben sich an einem umfassenden Bankraub des 21. Jahrhunderts beteiligt, der sich über das ganze Internet und den gesamten Globus erstreckte. Anstelle von Schusswaffen und Gesichtsmasken benutzte diese Cybercrime-Organisation Laptops und das Internet. Auf leisen Sohlen, auf denen sich Daten durch das Internet bewegen, fand die Organisation ihren Weg von internationalen Finanzkonzernen in die

Straßen von New York City, wo die Angeklagten in Manhattan ausschwärmten, um binnen Stunden aus Geldautomaten Millionen von Dollar zu stehlen« (US Attorney's Office – Eastern District of New York, Pressemitteilung, 9.5.2013).

Globale Präsenz und chirurgische Präzision

Der Anklage zufolge beginnt die »Unlimited Operation«,

> »wenn sich die Cybercrime-Bande in die Systeme eines Kreditkarten-Unternehmens einhackt, die Accounts von Prepaid-Kreditkarten angreift und die Guthaben und Auszahlungs-Limits anhebt. Die Beseitigung der Auszahlungs-Limits versetzt die Beteiligten in die Lage, praktisch unbegrenzte Abhebungen vorzunehmen, bis die Operation beendet wird.«

Demnach zeichnen sich derartige »Unlimited Operations« durch drei Merkmale aus:

1. die chirurgische Präzision, mit der die Hacker ihre elektronischen Attacken durchführen,
2. die globale Aufstellung der Organisation,
3. die Geschwindigkeit und Koordination, mit der die Organisation ihre Operationen »on the ground«, »vor Ort«, durchführt.

Nachdem die Organisation die Daten abgeräumt hat, beginnt die weltweite Verteilung der Daten an Vertrauenspersonen, in den genannten beiden Fällen in 26 Ländern. Diese Vertrauenspersonen »betreiben Zellen oder Teams von ›Kassierern‹, welche die verteilten Daten auf Plastikkarten übertragen. Wenn die Cybercrime-Organisation die persönlichen Geheimzahlen (PINs) verteilt, treten die Kassierer-Zellen in Aktion und heben rund um den Globus schlagartig Geld von Geldautomaten ab.« Auch Deutschland war in die Operation einbezogen. Hier »hoben Mitglieder der Bande dabei 1,8 Millionen Euro in einer Nacht im Februar von Geldautomaten in sieben Städten ab«, schrieb die *Frankfurter Allgemeine Zeitung* (Online-Ausgabe, 10.5.2013). In Düsseldorf sei »ein niederländisches Gangster-Pärchen auf frischer Tat ertappt« worden, berichtete das Blatt unter Berufung auf die Staatsanwaltschaft Düsseldorf: »Der 35-jährige Mann und die 56 Jahre alte Frau hätten 170 000 Euro und Kreditkarten-Duplikate bei sich gehabt.«

Tod beim Domino

Wobei natürlich die Frage ist, wie die Drahtzieher dieses Bankraubs nun an ihr Geld kommen. Antwort: Zunächst einmal bleiben die Hacker die ganze Zeit über mit den gehackten Banken in Verbindung und überwachen die Abhebungen, so dass sie genau wissen, wer wann wie viel Geld abgehoben hat. Ist »das große Abheben« vorbei, beginnt die Geldwäsche. Auch das ist die Aufgabe der »Kassierer«. In den folgenden Tagen kaufen und verkaufen sie Luxusgüter wie Rolex-Uhren, Porsche- oder Mercedes-Pkw. 20 Prozent des Erlöses dürfen sie behalten, den Rest müssen sie an das Hacker-Kartell überweisen. Und dabei scheint die Kontrolle der Organisation durchaus wirksam zu sein. So bestand das New Yorker Kassierer-Team ursprünglich nicht aus sieben, sondern aus acht Leuten. Rund zwei Monate nach der Kassier-Aktion wurde jedoch einer davon, ein gewisser Alberto Yusi Lajud-Peña, in der Dominikanischen Republik regelrecht hingerichtet, als er mit Freunden gerade eine Partie Domino spielte. Laut dem amerikanischen Computermagazin *Wired* (9.5.2013) »brachen zwei maskierte Männer in das Haus ein, schossen Lajud-Peña in seine rechte Seite und töteten ihn dadurch auf der Stelle«. Im Besitz des Getöteten befanden sich 100 000 Dollar – vermutlich aus dem Geldautomaten-Raub in New York …

Enthüllung: Bauten NATO und BND die Oktoberfest-Bombe?

Für den Münchner Ignaz P. und seine beiden Kinder Ignaz und Ilona war es ein gelungener Abend: »Es war ein fröhlicher Wiesnbummel. Die Kinder sind Karussell gefahren, Geisterbahn, Flieger und dies und das. Vor dem Heimweg haben die Eltern noch etwas zu essen gekauft. Hendl und Brezn. Und meine Kinder haben noch Luftballons gekriegt«, erinnert sich P. in einem Beitrag der *Süddeutschen Zeitung* (nachgedruckt auf *hagalil. com*) an jenen Tag. Es sollte der letzte mit seinen Kindern gewesen sein. »Wir kommen zum Ausgang hin. Und dann … ich kann mich bloß an eins erinnern: Da war ein greller Schein, ein Feuer, wie wenn man eine Rakete hochschießt – und dann war ich weg.«

Lange her, aber nicht vorbei

Das Oktoberfest-Attentat. Man schrieb den 26. September 1980. 13 Menschen starben an den Folgen des Anschlages, über 200 wurden verletzt. Das alles ist zwar schon 33 Jahre her, aber es ist noch nicht vorbei. Das Leben von Opfern und Angehörigen wurde für immer zerstört. Und Hinweise auf die Schuld und die Hintergründe gibt es erst heute. Doch der Reihe nach: Ignaz P. sei »durch die Luft geflogen, mindestens zehn Meter«, so die *SZ* in ihrer erschütternden Beschreibung der Ereignisse. Nachdem er zu sich gekommen sei, habe er erst mal nichts mehr hören können: »Das Trommelfell war geplatzt.« Sein erster Gedanke habe den Kindern gegolten: »Er hatte den Arm um sie gelegt, war mit ihnen gegangen. Links Ilona, rechts Ignaz.« Den habe er auch zuerst gefunden. »Ich hab ihn hochgehoben, und er hat gesagt: ›Papa, mir ist kalt.‹« Kurz darauf habe jemand ihm den Sohn weggenommen: »Wahrscheinlich ein Sanitäter. Dann bin ich zu einem

Standl hingekommen, Bratwürstl hat der gehabt. Da war mein Mädel, irgendwie so drangelehnt.« Das war Ignaz P.s Tochter Ilona. »Die Bombe hatte ihr den Bauch aufgerissen. Dann sagt sie: ›Papa, hilf mir doch, es tut so weh.‹ Und ich konnt' ihr nicht helfen. Sie ist dann auf meinem Schoß gestorben. Hat die Augen zugemacht.«

Den Täter kennen wir alle

So ähnlich ergeht es vielen an diesem Terror-Abend. Und der Täter? Wir kennen ihn alle: »The Lone Gunman«, »The Lone Nut« – der seltsame Einzelgänger. Ein Rechtsradikaler namens Gundolf Köhler soll die Bombe im Alleingang gelegt haben und bei ihrer Zündung selbst gestorben sein, verkündeten die Behörden. Seine Leiche lag unter den anderen. Doch viele Verletzte und Hinterbliebene glauben nicht an diese offizielle Version. So hatte Köhler beispielsweise Verbindungen zu anderen Rechtsradikalen der Wehrsportgruppe Hoffmann. »Lange habe ich darum gekämpft, um endlich zu erfahren, wer oder welche [Attentäter] es wirklich waren«, sagte Ignaz P. 1996 der *Süddeutschen Zeitung:* »Ich musste jedoch lernen, dass man mir darauf nie eine ehrliche Antwort geben wird.«

Mein Vater, der Terror-Chef ...

Diese Antwort hat am 10. April 2013 möglicherweise ein Mann vor einem Luxemburger Gericht gegeben. Die deutschen Medien haben bis auf ganz wenige Ausnahmen nicht darüber berichtet. An diesem Tag sagte der Duisburger Historiker Andreas Kramer vor der Kriminalkammer des Luxemburger Bezirksgerichts in einem »Bombenleger-Prozess« gegen zwei ehemalige Mitglieder der Luxemburger Spezialeinheit *Brigade Mobile de la Gendarmerie* aus. Dabei ging es um 24 Bombenanschläge in Luxemburg zwischen 1984 und 1986, bei denen »Strommasten, eine Gasleitung, das Telefonnetz, Gebäude von Gendarmerie und Justiz, Wohnungen von Privaten« das Ziel waren (*Rote Fahne News,* 13.4.2013).

Glaubt man Kramers Ausführungen, dann hat er eine Menge zur Aufklärung von Bombenattentaten in dieser Zeit beizutragen. Demnach kennt er die entsprechende Zeitgeschichte nicht nur aus Büchern, sondern auch aus erster Hand – nämlich durch seinen Vater Johannes Karl Kramer, Hauptmann der Bundeswehr, BND-Agent und »Operationsleiter« der geheimen NATO-Terrortruppe Gladio/Stay Behind. Diese Truppe spielte auch im Martyrium des italienischen Maurers Giuseppe Gulotta eine Schlüsselrolle (siehe »Gladio: Mord in einer kalten Winternacht«). Offiziell bestand ihre Aufgabe darin, bei einem sowjetischen Einmarsch in NATO-Gebiet hinter den feindlichen Linien Sabotageakte zu begehen. In Wirklichkeit übten sich die NATO-Terroristen wohl eher in Attentaten auf politisch und wirtschaftlich unliebsame Zeitgenossen sowie in massenpsychologischen Operationen, um die öffentliche Meinung zu beeinflussen.

> **Das Verschwinden des Beweismaterials in mehreren Etappen wurde von meinem Vater zusammen mit Hoffmann organisiert um alle Spuren zu verwischen. Mein Vater hatte mir dies noch zu Lebzeiten während meiner Tätigkeit im Bundestag in Bonn 1991 und im Frühjahr 1992 anvertraut. Er hat mich damals ebenfalls über den streng vertraulichen Stand der Ermittlungen der Staatsanwaltschaft in Luxemburg informiert.«**
>
> Also wurde vorstehende Erklärung durch den Komparenten diktiert und wurde dieselbe so wie sie mir diktiert wurde, niedergeschrieben und sodann dem

Eidesstattliche Erklärung von Andreas Kramer, Sohn des
BND-Agenten Johannes Karl Kramer, über das Oktoberfest-Attentat
(Auszug, gesamtes Dokument im Anhang)

Vor dem Luxemburger Gericht erklärte Kramer junior laut *Rote Fahne News* und anderen Quellen die Bombenserie in Luxemburg zur Gladio/Stay-Behind-Operation. Gemäß einer eidesstattlichen Erklärung vom 13. März 2013, die Kramer bei einem Notar abgab, stammen »die Fakten, über die ich berichte, allesamt von meinem Vater Johannes Karl Kramer, ehemaliger Soldat im Rang eines Hauptmanns im Verteidigungsministerium in Bonn (Streitkräfteamt der Bundeswehr) Abteilung G4 und zusätzlich war er Agent des BND, Abteilung IV in München Pullach« (siehe Anhang). Unter dem Namen »Cello« sei der 2012 verstorbene Kramer senior auch »Operationsleiter« der Gladio/Stay-Behind-Truppe gewesen und »koordinierte Einsätze in Deutschland, den Beneluxstaaten und der Schweiz«.

Training für Sprengung und Sabotage

In dieser Funktion habe er auch in Kontakt mit einem gewissen Charles Hoffmann gestanden, dem Operationsleiter der Stay Behind in Luxemburg. Hoffmann sei »in einem damals geheimen Natostützpunkt in Sardinien in Sabotage, Sprengung und Einbrüchen« ausgebildet worden. Und in Bezug auf die oben erwähnten Luxemburger Anschläge erklärte Kramer junior diese zu einer Angelegenheit der geheimen Nato-Truppe: »Die Luxemburger [Stay Behind-]Gruppe war verantwortlich für sämtliche Einbrüche und Sprengstoffdiebstähle während der Jahre 1984–1985. (…) Zudem sollten alle diesbezüglichen Attentate die Bevölkerung terrorisieren und politisch zu einem Rechtsruck einschwören.« Während sein Vater »die Interventionen verschiedener ausländischer Gruppen mit den Luxemburgern koordinierte«, sei Hoffmann »für die Auswahl seiner Agenten, die Zielorte und den Einsatz vor Ort im Zielgebiet« verantwortlich gewesen: »Alles lief bei meinem Vater über den Schreibtisch.« Das habe er ihm noch zu seinen Lebzeiten Anfang der neunziger Jahre anvertraut. Und noch etwas lief demzufolge über den Schreibtisch des Terrorchefs Kramer senior: das Oktoberfest-Attentat. Laut einem Interview, das Kramer junior der Zeitung *junge Welt* gab (13.4.2013), hat sein Vater die Münchner Bombe »zusammen mit anderen NATO-Offizieren« regelrecht »mitgebaut«. Auch den Attentäter Köhler habe er »angesprochen«. In dem Interview schildert Kramer ausführlich die Hintergründe. Demnach hatte sein Vater »beruflich keine Freunde und konnte sich niemandem anvertrauen. Er zog mich ins Vertrauen, weil er mich als ›Gladio/Stay-behind‹-Agenten aufbauen wollte. Nach meiner Ausbildung sollte ich mit seinem Team Operationen planen und ausführen.« Im Verteidigungsministerium habe Kramer senior eine Logistikabteilung geleitet und »damit Zugang zu ziemlich allen Arten von Sprengstoff, Munition und Waffen« gehabt. Mit der Zeit habe er für Gladio/Stay Behind 50 Waffenlager angelegt, »die meisten entlang der Grenze zur DDR, bis runter zur damaligen CSSR«. Darunter habe sich auch ein Lager in Uelzen befunden, das nach dem Oktoberfest-Anschlag aufflog.

»Es musste mehr oder weniger laienhaft aussehen ...«

Die Bombe war, so Andreas Kramer,

> »ein Mix verschiedener Sprengstoffe. Von vornherein wurde darauf geachtet, die Bombe so zu konstruieren, dass sie hundertprozentig funktionierte, aber nach der Detonation keine Rückschlüsse darauf zuließ, dass Experten ihre Hand im Spiel hatten. Es musste also mehr oder weniger laienhaft aussehen. (...) Mein Vater – der ja ausgebildeter Sprengmeister war – experimentierte mit neuen Verbindungen, er wollte einen Sprengstoff einführen, der nicht so leicht nachweisbar ist. Das Material für die Bombe wurde mit Privatwagen aus den Niederlanden gebracht, u. a. auch auf einer Urlaubsreise meiner Familie – unser damaliges Kennzeichen war BN-AE 500. Das sagte mir mein Vater aber erst, nachdem die Bombe in München hochgegangen war.«

Die Zünder seien aus dem Lager Uelzen gekommen. »Ein ausrangierter Feuerlöscher aus den 50er Jahren« aus England wurde »mit Sprengstoff und Nägeln gefüllt«: »Um keinen Verdacht zu erregen, sollte alles irgendwie selbstgebastelt aussehen. Und rein zufällig fand wenige Tage nach dem Attentat die Bundestagswahl statt: Der CSU-Politiker Franz Josef Strauß wollte Kanzler werden. Noch Fragen?«

Wahlhilfe für Strauß?

Jede Menge – zum Beispiel: »cui bono« (»wem nutzt es?«). Oder wem sollte es nutzen? Beide politischen Lager, die Linken und die Rechten, beschuldigten sich hinterher, für den Anschlag verantwortlich zu sein. Während Strauß versuchte, die liberale Innenpolitik des damaligen FDP-Innenministers Gerhart Baum verant-

wortlich zu machen, warfen die Linken der CSU vor, Rechtsradikalen und letztlich dem Attentäter nahezustehen. Und dafür hatte
nicht zuletzt Gundolf Köhler selber gesorgt. Laut *Spiegel Online*
hatte sich Köhler »vor dem Anschlag über die bevorstehende Bundestagswahl geäußert, man könne doch einen Bombenanschlag in
Bonn, Hamburg oder München verüben. Nach dem Anschlag
›könnte man es den Linken in die Schuhe schieben, dann wird der
Strauß gewählt‹.« Eine gelegte Spur des Gladio/Stay-Behind-
Agenten? Hatte Köhler das nur gesagt, um den Eindruck zu erwecken, hier seien »Rechte« oder Konservative am Werk? Denn der
Versuch, die Tat als »links« zu etikettieren, war äußerst fadenschei-
nig und hatte nicht den geringsten Erfolg. Im Gegenteil: Durch die
letztendliche Kennzeichnung des Attentäters als »rechtsradikal«
schadete der Anschlag natürlich den Rechten. War es das, was Kramer seniors Gladio-Netzwerk im Schilde führte? Oder handelte es
sich wirklich um eine misslungene Wahlhilfe für Strauß?
Wie auch immer: In jedem Fall ist der Vorgang brandaktuell.
Denn während ein solcher Anschlag im Jahr 1980 geradezu ein
exotisches Ereignis darstellte, erweist er sich aus heutiger Sicht
lediglich als Vorläufer des modernen Staats-Terrorismus. Heute
gibt es jeden Tag irgendwo auf der Welt ein »Oktoberfest-Attentat«, und jeden Tag explodieren irgendwo derartige Bomben, sei
es in Irak, im Libanon, in Israel und Syrien oder gar in europäischen Ländern wie Norwegen. Seit dem 11. September 2001 werden wir dauernd mit ähnlichen Attentaten konfrontiert. Und immer ist die Täterschaft schwer nachvollziehbar bis dubios, denn
der »Selbstmord-Attentäter« ist naturgemäß meistens tot.
In Wirklichkeit, so stellt sich allmählich heraus, war der Oktoberfest-Anschlag kein einmaliges Ereignis, sondern eine gängige
Geheimdienst-Operation: Ein nichtsahnender oder nur halb ein-
geweihter Mensch wird als »Selbstmord-Attentäter« missbraucht.
Im Fall des Oktoberfest-Attentates glaubte Köhler wohl, er würde
die Bombe nur scharf machen, während er sie in Wirklichkeit

zündete und sich selbst mit in die Luft sprengte. Für die Drahtzieher ist dies zweifellos die beste Lösung. Und auch so mancher »moderne Selbstmordattentäter« weiß vermutlich oft gar nichts von seinem »Glück«: Irgendjemand drückt ihm zum Beispiel eine Tasche oder einen Rucksack in die Hand und schickt ihn von A nach B. Irgendwo unterwegs betätigt der Auftraggeber dann den Knopf einer Fernbedienung, um die Bombe zu zünden. Beliebt ist auch die Bombenzündung mittels eines an den Sprengkörper angebrachten Handys. Wird die Nummer angerufen, erfolgt die Explosion. Und auch eine weitere Variante ist denkbar, nämlich eine Bombe völlig ohne »Selbstmord-Attentäter« zu zünden – indem man ganz einfach hinterher eines der zerfetzten Opfer zum »Täter« erklärt …

»The Barefoot Bandit«:
Einer flog über das Kuckucksnest

11. November 2008. Als man die Cessna 182 findet, steckt sie südöstlich von Seattle mit gesenkter Nase in den Sträuchern nahe einer Landebahn im Yakama-Indianerreservat. Es dürfte ein unruhiger Flug gewesen sein. Das Cockpit ist voll von Erbrochenem. Nach dem Start auf dem 480 Kilometer entfernten Orcas Island, der größten Insel der San Juan Islands im San Juan County im US-Bundesstaat Washington, war der Pilot in heftige Turbulenzen geraten, die das Flugzeug teilweise auf den Kopf stellten. Trotzdem schaffte er es, in über 2000 Metern Höhe die Cascade Mountains zu überqueren und die Landebahn im Indianerreservat anzusteuern. Gelernt hatte er das Fliegen solch kleiner Maschinen nur mit Hilfe von DVDs und Handbüchern. Aber was heißt »gelernt«: Wahrscheinlich hatte er sein Leben nur einem Schutzengel zu verdanken, denn richtig steuern und navigieren lernen kann man auf diese Weise natürlich nicht. So waren seine Flugbahnen erratisch, und er war vermutlich froh, überhaupt heil herunterzukommen – wenn die Maschine dabei auch zu Bruch ging. Aber das war ihm egal, denn schließlich gehörte die 150000 Dollar teure Cessna gar nicht ihm – er hatte sie gestohlen.

Die Rede ist von Colton Harris-Moore, einem Teenager, der in den USA als »Barefoot Bandit« berühmt wurde. Auf seiner zweijährigen Flucht quer durch die Staaten führte er sich auf wie eine Art jugendlicher James Bond, stahl Autos, Schnellboote und nicht weniger als fünf Flugzeuge – allerdings ohne jemals Gewalt gegen Personen anzuwenden. Weil er bei seiner »Arbeit« oft barfuß war, erhielt er schnell den Spitznamen »The Barefoot Bandit«. Im Mai 2013 stand er ein letztes Mal vor Gericht – vorerst jedenfalls. Wenn er nicht gerade in einem aufgebrochenen Haus übernachtete, schlief »der barfüßige Bandit« im Freien, auf Bäumen oder

auch schon mal hoch oben auf den Stahlträgern eines Flugplatz-
hangars. Harris-Moore war ein »Survivalist«, ein Überlebens-
künstler, der gelernt hatte, nur mit dem Allernötigsten auszukommen. Über sein Leben sind mehrere Bücher erschienen, sein Konterfei wurde auf Zehntausende von T-Shirts gedruckt. Über Jahre
hinweg polarisierte »The Barefoot Bandit« die Bevölkerung.
Während ihn gesetzestreue Bürger hassten und ihm eine Kugel in
den Kopf wünschten, rühmten ihn seine Anhänger auf einer eigenen Facebook-Seite und in einem Fanclub nach dem Motto: »Fly,
Colton, fly!« Und das tat er denn auch – bis zum Juli 2010, als er
nach einem letzten tollkühnen Flug auf den Bahamas festgenommen wurde. Nachdem er zuvor noch einen filmreifen Fluchtversuch in einem Schnellboot unternommen hatte – der nur daran
scheiterte, dass das Boot auf eine Sandbank lief und ihm die Polizei auch noch den Motor zerschoss.

Ein Schicksal als Zirkusnummer

Ging der Fall damals weltweit durch die Medien, herrschte 2013
hierzulande Funkstille über den »Barefoot Bandit«. Abgefrüh-
stückt und abgefeiert, wie Journalisten sagen, war der Teenager
einfach kein Thema mehr. Eigentlich schade. Denn erst jetzt
machte er endgültig reinen Tisch und zog damit einen Schluss-
strich unter seine kriminelle Karriere – er versuchte es jedenfalls.
Am 8. Mai 2013 legte er vor einem Gericht in Skagit County,
Washington, sein letztes Schuldbekenntnis ab – über den Einbruch in ein Flughafengebäude im Jahr 2010, wo er anschließend
ein Flugzeug klaute. Noch immer nicht richtig beantwortet wurde
jedoch die Frage, warum Harris-Moore seine Odyssee überhaupt
angetreten hatte: wirklich nur aus lauter Tollkühnheit und Aben-
teuerlust? Hatte er wirklich nur Katz und Maus mit den »Bullen«
gespielt? Sozusagen als moderner Nachfolger von Bonnie und
Clyde oder Billy the Kid? Oder war er vor etwas weggelaufen?

Doch wer interessiert sich schon für das Geschehen hinter den Schlagzeilen? Denn aufregend ist schließlich allein die »Zirkusqualität« eines Falles, der Sensationswert: ein 17-Jähriger, der die Cops aufs Kreuz legt; ein 18-Jähriger, der das Fliegen aus Handbüchern lernt; ein 19-Jähriger, der einen Luxusflieger auf die Bahamas entführt und dort bruchlandet! Und schon können wir ein menschliches Schicksal konsumieren wie eine Zirkusnummer. Im Prinzip ist es genau dasselbe wie mit dem jungen deutschen »Kremlflieger« Mathias Rust: ein 18-Jähriger, der von Helsinki nach Moskau fliegt und auf dem Roten Platz landet (1987)! Ruck, zuck sind die Schlagzeilen da und die Sendeminuten gefüllt. Die dahinterliegende Misere wird nur dann zum Thema, wenn sie selbst zum Zirkus wird: Der Kremlflieger hat ein Mädchen mit einem Messer verletzt! So geschehen 1989, als Rust eine Schwesternschülerin mit einem Messer angriff. Während Rusts »kriminelle Karriere« allerdings erst nach seinem spektakulären Flug begann, waren die Flüge von Harris-Moore der Höhepunkt seiner kriminellen Laufbahn.

Ein Vogel im Käfig

Zwar ist der wilde Vogel nun eingesperrt – sieben Jahre soll er insgesamt sitzen, spätestens 2017 wird er entlassen –, doch ob er sein Leben anschließend in ruhige Bahnen wird lenken können, steht in den Sternen. Denn in Wirklichkeit hat sich Harris-Moore seine Verbrecherlaufbahn ja nicht einfach ausgedacht. So wenig wie sie einer schwärmerischen Pubertätslaune entsprang. Man kann ihn deshalb nicht einfach »eines Besseren belehren« (was in einem amerikanischen Gefängnis ohnehin schwerfallen dürfte). Man kann auch nicht erwarten, dass eine siebenjährige Haftstrafe das Leben eines 20-jährigen »Intensivtäters« umkrempeln kann. Schließlich hieße das, die vorhergegangenen 20 Jahre vergessen. Denn im Grunde genommen war der kleine Colton schon am

22. März 1991 verloren – als er in das Haus seiner alkoholabhängigen Mutter und ihres drogensüchtigen Liebhabers Gordon Moore hineingeboren wurde. Moore war sein Vater – jedenfalls wahrscheinlich. Denn wie Jackson Holtz in seinem Buch *Fly, Colton, Fly* schreibt, konnten die Behörden Coltons leiblichen Vater nicht hundertprozentig identifizieren. Wahrscheinlich ist es Gordon Moore – vielleicht aber auch nicht: »Pam Kohler, Coltons Mutter, sagte, sie habe Moore nie geheiratet, aber sie glaube, dass er Coltons Vater sei.«

Die Hölle in Haven Place

Sagte ich, dass er in ein »Haus« hineingeboren wurde? Eigentlich war es nur ein zugiger, mit einem Bretterverschlag erweiterter Trailer, der auf einem überwucherten Grundstück auf Camano Island im US-Bundesstaat Washington stand. Camano ist eine grüne, beschauliche Insel mit etwa 13 000 Einwohnern in der Wasser- und Insellandschaft des Puget Sound, rund 70 Kilometer nördlich von Seattle. Der Puget Sound sieht aus wie ein Puzzle oder ein Patchwork aus vielen Inseln, die durch Fährverbindungen und Brücken miteinander verbunden sind. Coltons Adresse lautete ausgerechnet 925 Haven Place, also »Hafen« oder »Zufluchtsort«. Das Wort »Haus« stimmt höchstens insofern, als seine Mutter Pam Kohler hier einmal ein Haus bauen wollte und sich deshalb zunächst in einem Wohnwagen niedergelassen hatte. Doch dann kamen der Alkohol, die Drogen und die delinquenten Männer dazwischen.

Schon im Mutterleib liefen die Dinge für Colton nicht so, wie sie laufen sollten. Als er 1991 zur Welt kam, war er viel zu klein und zu leicht, vermutlich aufgrund des Alkoholmissbrauchs seiner Mutter. Ein Gerichtsdokument aus dem Jahr 2012 zeichnet die wichtigsten Stationen seiner frühesten Kindheit auf: »Colton kam schon vor seiner Geburt mit Alkohol in Berührung. Familien-

mitglieder berichten, dass Pam in der gesamten Schwangerschaft
›mindestens einmal pro Woche‹ Alkohol trank« und sagten,

> »›die Schwangerschaft veränderte ihr Trinkverhalten in kei-
> ner Weise‹. Während dieser Zeit trank sie, ›bis sie kaum noch
> laufen konnte‹. Außerdem rauchte Pam die gesamte Schwan-
> gerschaft über. Alle Berichte stimmen darin überein, dass
> Pam während Coltons gesamter Kindheit eine gewalttätige
> Alkoholikerin war. Viele Familienmitglieder berichten, dass
> Pam ihre Wut an Colton ausließ und ihm häufig sagte: ›Ich
> wünschte, du wärst tot geboren worden‹« (The Honorable Ri-
> chard A. Jones, Defense Sentencing Memorandum No. CR10-
> 336RAJ, 24.1.2012).

Schon im Alter von drei Monaten kam Colton mit einem Nabel-
und Leistenbruch ins Krankenhaus (siehe auch »Plötzlicher Kindstod: Der geheime Mord«).

Mit dem Kopf gegen die Wand

Die »Erziehungsbemühungen« seiner Umwelt hatten den Effekt,
dass Colton schon als Kleinkind seinen Kopf gegen die Wand zu
schlagen begann. Mit zwei Jahren konnte Colton nicht altersge-
mäß sprechen und galt als entwicklungsgehemmt. Als er vier war,
wurden die Behörden aufgrund von Berichten über körperliche
Misshandlungen erstmals auf die Lage aufmerksam: »Nachbarn
riefen viele Male die Kinderschutzbehörden an und berichteten
über Kreischen und Schreien zwischen Colton und seiner Mutter«
(Jones, a.a.O., S. 4 ff.). Die Reaktion der Behörden führte zu einem zweiten prägenden Vertrauensbruch zwischen Colton und
der Gesellschaft. Denn der Junge verstand nun, dass er auch von
amtlicher Seite keine Hilfe zu erwarten hatte: Jedes Mal, so das
Gerichtsmemorandum,

>>sprach ein Sozialarbeiter mit Pam und ermutigte sie, sich wegen ihres Alkoholproblems und ihrer Wutausbrüche helfen zu lassen. Aber nachdem Pam sich keine Hilfe geholt hatte, schlossen die Kinderschutzbehörden jedes Mal die Akten. (…) Es stellte sich heraus, dass alle, die damit zu tun hatten, sich bewusst waren, dass Pam ihren Sohn vernachlässigte, ihm nichts zu essen gab und ihn körperlich und seelisch misshandelte.<<

Aber >>nachdem Pam Hilfe jedes Mal zurückwies, wurde Colton immer wieder mit ihr allein gelassen. Als direkte Konsequenz misstraute Colton Autoritätspersonen und glaubte nicht daran, dass ihm irgendjemand aus diesem System helfen würde.<< Lediglich bei einer Gelegenheit wurde der Junge seiner Mutter für drei Tage weggenommen, nur um ihn anschließend wieder zu ihr zurückzubringen. Auch seine Tante bescheinigte ihrer Schwester, eine schwere Alkoholikerin zu sein, die regelmäßig das Spielzeug ihres Sohnes zerstöre. >>Laut Gerichtsakten erzählte Colton einem Psychologen, seine Mutter habe sich >gemein< benommen, wenn sie betrunken war: >Sie macht meine Sachen kaputt. Sie kreischt herum und schreit mich an<<< (CNN, 22.7.2010).

»Wenn du 16 bist, trete ich dich in den Arsch …«

Zu seinem leiblichen Vater Gordon Moore habe er nie eine Vater-Sohn-Beziehung gehabt und ihn nie >>Papa<< genannt, heißt es in den Akten. Moore war mal da, mal nicht da, und als Colton fünf war, wanderte sein mutmaßlicher Vater für mehrere Jahre ins Gefängnis. Gefühle habe Colton nur für einen gewissen Bill Kohler entwickelt, den seine Mutter heiratete, als ihr Sohn vier war. >>Obwohl er ein Heroin-Problem und eine gewalttätige Vergangenheit hatte, wurde Bill zu einer Vaterfigur für Colton. Bill starb, als er Freunde in Oklahoma besuchte und Colton zehn Jahre alt war. Bills Tod traf Colton schwer<<, so das Memorandum. Seine Mutter habe mit einem »schweren Besäufnis« darauf reagiert. Seinen leiblichen Vater Moore, der später immer mal wieder auftauchte, habe Colton als »gewalttätigen Trinker« in Erinnerung, der ihn häufig schlug. Mit zwölf Jahren rief der Junge die Polizei, nachdem Moore ihm an die Kehle gegangen und ihn gewürgt hatte. Der Vater kam erst in den Knast und verschwand anschließend auf Nimmerwiedersehen. Die letzte Äußerung seines Vaters, an die er sich erinnerte, habe gelautet: »Wenn du 16 wirst, komme ich zurück, damit ich dich in den Arsch treten kann, ohne in den Knast zu gehen.« Die Schuld an der Festnahme seines Vaters wurde natürlich dem Kind gegeben: »Seine Mutter war betrunken und schrie ihn an«, zitierte ein US-Fernsehsender aus den Gerichtsakten. »Sie stolperte herum und fragte: ›Was willst du nun machen? Sie haben deinen Vater mitgenommen‹« (CNN, 22.7.2010).

Statt wirksame Hilfe zu bekommen, wurde der junge Harris-Moore ein Fall für Psychiatrie und Pharmaindustrie. Seine Trauma-bedingten Konzentrationsstörungen wurden als ADHS (Aufmerksamkeitsdefizit- und Hyperaktivitätsstörung) diagnostiziert, seine nur allzu berechtigten Wutausbrüche als »intermittent explosive disorder«, »wiederkehrende Wut-Störung« – beides »Krankheiten«, mit denen gesunde Alarmzeichen kaschiert, ignoriert und schließlich medikamentiert wurden. Colton bekam schon als Jugendlicher Antidepressiva.

Verzweifelt und hungrig

»Die meiste Zeit seines Lebens verbrachte Colton in Armut und ohne Essen«, heißt es in den Gerichtsakten. »Colton erinnert sich lebhaft daran, dass es fast den ganzen Monat im wahrsten Sinne des Wortes nichts zu essen gab – jeden Monat.« Sein kriminelles Muster wurde aus Not geboren, seinen Modus Operandi entwickelte er aus Hunger. Schon gegen Ende der Grundschule begann er in die Häuser der Nachbarn einzubrechen und die Kühlschränke zu leeren – was nicht weiter schwer war, weil die Häuser auf Camano Island selten verschlossen waren: »Ich brach aus keinem anderen Grund ein, als um Essen zu stehlen. Ich war einfach verzweifelt und nur hungrig«, sagte Colton laut Gerichtsdokumenten: »Ich nahm nur kleine Sachen, damit niemand den Einbruch bemerkte und ich zurückkommen konnte, wenn ich Hunger hatte.« Unbewusst war es wohl auch die Suche nach einem anderen Zuhause. Aus diesem Grund hatte er seine erste Begegnung mit dem Jugendschutz-System. Als er zwölf war, brach er zusammen mit anderen Kindern in ein unbewohntes Wochenendhaus ein und machte sich in der Küche Pfannkuchen. Als es einige Zeit später in der Nähe brannte, befragte die Polizei die Kinder der Gegend, ob sie etwas über den Einbruch in das Wochenendhaus wüssten. »Colton brach spontan in Tränen aus und gab zu, bei der Pfannkuchen-Schweinerei dabei gewesen zu sein.« Mit dreizehn brach er in seine Schule ein, um Süßigkeiten zu stehlen, wurde erwischt und von einem Polizisten nach Hause gebracht.

»Um niemandem in die Arme zu laufen, kundschaftete er gewöhnlich aus, welche Häuser als ›Ferienhäuser‹ dienten. Erst später ging er oft geradewegs zum Kühlschrank, nahm alles heraus, was er tragen konnte, und machte sich unauffällig aus dem Staub. Aufgrund der Misshandlungen und des permanenten Stresses verließ er im August 2006 schließlich den Trailer seiner Mutter.«

Nun klaute er bei seinen Einbrüchen nicht nur Essen, sondern versuchte durch den Diebstahl von Laptops, Bargeld und Handys auch seinen Lebensunterhalt zu bestreiten. Im Februar 2007 wurde er geschnappt, zu drei Jahren Haft verurteilt und später in ein Erziehungsheim verlegt. Sein Traum war es, eines Tages zu fliegen, doch als ihm ein Erzieher sagte, er werde niemals Pilot werden, suchte er das Weite. Am 22. April 2008 flog Colton sozusagen »über das Ku-

ckucksnest«. Er sprang aus einem Fenster und begann seine zwei-
jährige Odyssee durch die Vereinigten Staaten, einschließlich des
eingangs geschilderten Fluges vom 11. November 2008.

Einer flog über das Kuckucksnest

»Dieser Tag und die daraus resultierende Erfahrung wurden das al-
lerentscheidendste Ereignis und der allerschrecklichste Tag meines Lebens«, schrieb Harris-Moore später in einem Brief an eine
Richterin. Im Sommer 2008 habe er eine Reise angetreten, die ihn
mit der Nase auf seine eigene Sterblichkeit stoßen würde. Von einem Lagerplatz in den Bergen sei er jeden Tag zehn Meilen zum
Flugplatz von Orcas Island geradelt, um den Flugzeugen zuzuse-
hen und Handbücher zu stehlen, schrieb er weiter. Von der Idee des
Fliegens besessen, studierte er die Handbücher, hörte den Flugfunk
ab und klickte sich durch Tausende von Online-Cockpit-Videos,
wenn er Zugriff auf einen Computer hatte. Bis schließlich jener 11.
November 2008 kam. Es lohnt sich, Harris-Moores Beschreibung
dieses bizarren »Jungfernfluges« zu folgen, wie er ihn in dem Brief
an die Richterin schildert. Es war, als ob sich jemand ohne jegliche
Segelerfahrung bei Sturm auf das Meer begibt: »Angesichts der
Bedingungen wäre ein erfahrener Pilot nicht geflogen«, schrieb
Harris-Moore. Und auch andere bestätigten das – unter anderem
der Besitzer des Flugzeugs, der froh war, an diesem Tag nicht im
Cockpit zu sitzen: »Ironischerweise flog mein Flugzeug etwa um
diese Zeit über mich hinweg« (»Could it happen to YOU? Lessons
we can learn from the ›Barefoot Bandit‹«, Aircraft Owners and
Pilots Association, www.aopa.org, 1.11.2010).

»Aber ich war nicht nur unerfahren, sondern auch völlig ah-
nungslos, wie schlecht das Wetter an diesem Morgen war. Die
Euphorie angesichts der Vorbereitungen zum Start und der Ver-
wirklichung meines Traums machte mich fast blind. Sie hinder-

te mich daran, die fast unüberwindbaren Hindernisse ernst zu nehmen, die mir im Weg standen. Mein erster Gedanke nach dem Start war: ›Oh mein Gott, ich fliege.‹ Ich hatte mein ganzes Leben auf diesen Moment gewartet …, aber mein zweiter Gedanke war, dass ich wahrscheinlich sterben würde. Zum ersten Mal in meinem Leben war ich nicht nur frei, sondern hatte auch die volle Kontrolle über mein Schicksal. Erst dann wurde mir schockartig klar, worauf ich mich eingelassen hatte. Hinzu kam, dass mein GPS [mobiles Gerät, das Harris-Moore immer mit sich führte] Minuten nach dem Start versagte. Bei Windgeschwindigkeiten von mehr als 50 Meilen und Instrumentenflugbedingungen steuerte ich das Flugzeug durch den Morgenhimmel. Nachdem ich auf nahezu 4300 Meter gestiegen war, in Richtung Südost, kämpfte und flog ich um mein Leben.

In dieser Höhe war ich immer noch in den Wolken, obwohl es keine Rolle gespielt hätte, denn die Sonne würde erst in einer Stunde aufgehen. Ich flog weiter Richtung Südosten und war nicht mehr über den Wassern des Puget Sound, sondern über den Cascade Mountains. Ohne jedes Instrumentenflugtraining überlebte ich nur durch schiere Konzentration und Entschlossenheit, während ich mich daran zu erinnern versuchte, was ich jemals über Instrumentenflug gelesen hatte. Allerdings konnte man sich auf eine solche Situation in keiner Weise durch Lesen vorbereiten. Während ich immer noch gegen 50-Meilen-Winde und heftige Turbulenzen kämpfte, verlor ich die räumliche Orientierung. Während ich zu fallen glaubte, brachte ich das Flugzeug dazu zu steigen. Meine Flughöhe nahm zu, aber meine Geschwindigkeit nahm ab. Das Flugzeug geriet schnell in einen Strömungsabriss, und während die Maschine dem Boden entgegenschmierte, fügte ich den Punkt ›ohne jedes Trudel-Training‹ zu meiner Liste hinzu. Mehrere Sekunden vergingen, und in dieser Zeit sah ich mein Leben …, ich sah mich tot. Ich sah, was mein Leben war und was es nicht war. Ich sah etwas, das für immer die Art und Weise veränderte, in der ich mich und die Welt sehe. Seitdem hat es nicht einen einzigen Tag gegeben, an dem ich nicht an jenen Morgen gedacht hätte. Nachdem dieser Moment vorüber war, stellte ich mich der Situation – der Tatsache, dass ich irgendwo über den Cascade Mountains dem Boden entgegentrudelte –, und ich glaube, die schieren Umstände führten dazu, dass eine Art zweite Instanz die Kontrolle übernahm. Als das geschah, bediente ich das Cockpit zielführend und schnell wie ein erfahrener Pilot, um die Kontrolle wiederzugewinnen. Ich hatte noch nie etwas Genaues darüber gelesen, wie man das Trudeln beenden kann, und bis zum heutigen Tag staune ich immer noch, dass ich noch lebe. Sobald ich die Kontrolle über das Flugzeug wiedererlangt hatte, stieg ich sofort wieder auf; ich hatte mehr als die Hälfte meiner Höhe verloren und war nicht einmal bei 2000 Metern … und, soweit ich weiß, nur etwa hundert Meter über dem Boden. Ich glaube, ich war zu diesem Zeitpunkt zwischen den Bergen eingeklemmt, nachdem ich wieder einmal entgegen aller Wahrscheinlichkeit einer Situation entkommen war, der ich eigentlich nicht entrinnen konnte« (»Colton Harris-Moore's letter to Judge Churchill«, http://www.coltonharrismoorefanclub.com/, 19.1.2012).

Wenn Brandstifter die Feuerwehr verklagen

Colton muss, wie gesagt, schon als Säugling bemerkt haben, dass die Welt kein warmer, sicherer Ort und die Menschen um ihn herum keine fürsorglichen Wesen sind – sondern eiskalt, gefährlich und hauptsächlich mit sich selbst beschäftigt. Und natürlich mit ihren Süchten. Unter Alkoholikern und Drogensüchtigen kann ein Neugeborenes schnell mal unter die Räder kommen, ohne dass irgendjemand schwere Strafen zu befürchten hat. Denn schließlich war man ja nicht zurechnungsfähig. Überleben solche Kinder, dann sind es oft »Problemkinder«, deren Mütter scheinbar ratlos von Pontius zu Pilatus rennen, um die »Verhaltensauffälligkeiten« ihres Nachwuchses behandeln zu lassen.

Das war auch bei Colton Harris-Moore so. Wie so häufig sahen die Eltern nicht sich als Problem, sondern das Kind, das als »verhaltensauffällig« galt. Nicht die Eltern machten Fehler, sondern das Kind. Nicht sie haben ihm geschadet, vielmehr entwickelte sich das Kind zur Belastung für die Eltern. Zu einer verzweifelten Kindheit kam nun auch noch das Gefühl der Schuld. »Colton hatte mentale Probleme, seit er zwei Jahre alt war«, schrieb beispielsweise seine Mutter im Jahr 2007 an einen Richter: »Er tut Dinge, ohne über das Ende nachzudenken.« Ihr Sohn habe »viele Probleme« verursacht. Statt über ihre eigene Rolle in der Kindheit ihres Sohnes nachzudenken, wollte sie lieber sein Gehirn röntgen lassen. Sie beschwerte sich auch, vom zuständigen Schulsprengel keine Hilfe erhalten zu haben (»Ich habe jahrelang versucht, Hilfe für ihn zu bekommen«, CNN, 22.7.2010). Es ist, als würden Brandstifter die Feuerwehr beschuldigen, nicht früh genug gelöscht zu haben.

Im Jahr 2013 versuchte der junge Mann, der mit schnellen Autos ebenso die Kurve kratzte wie mit Booten und Flugzeugen, mit Hilfe seines letzten Geständnisses die Kurve im Leben zu kriegen. Ein letztes Rätsel blieb, warum er in all den Jahren nie aufgeben und die für ihn immer gefährlicher werdende Verfolgungsjagd nie beenden konnte. So eskalierte das Ganze im Laufe der Zeit immer mehr; Colton stahl Schusswaffen, und die Polizei stellte sich auf eine bewaffnete Auseinandersetzung ein. Als Colton 2010 schließlich festgenommen wurde, blickte er in die Gewehrläufe ziemlich humorloser Verfolger. Eine falsche Bewegung, und er wäre tot gewesen. Der Grund, warum er nicht früher aufgeben konnte, steht auch irgendwo in den Akten. Wenn Colton auf der Flucht manchmal seine Mutter anrief, prophezeite sie ihm: »Die Bullen und die Kopfgeldjäger werden dich töten.«

Tod auf der *Carnival Spirit*

Auf diese Reise freute sich das Ehepaar Dennis aus dem australischen Bingara schon seit Monaten. Endlich mal eine Gelegenheit, die erwachsenen Kinder wiederzusehen: Die ganze Familie hatte einen Traum-Trip durch den Südpazifik gebucht – auf der *Carnival Spirit,* einem Kreuzfahrtriesen von 300 Metern Länge und über 30 Metern Breite. Am 1. Mai 2013 sollte es losgehen: Von Sydney aus sollte die Reise zehn Tage lang durch die Südsee führen, zu den Trauminseln Neukaledoniens und Vanuatus und anschließend wieder zurück nach Sydney.

Und alle sollten dabei sein: neben den Eltern Reg und Roxene Dennis der Sohn Aaron Dennis sowie die Töchter Dee Peruoco und die in Scheidung lebende Kristen Schroder – alle mit ihren (neuen) Partnern. Die Eltern hätten sich schon seit Monaten auf diese Reise gefreut, erzählten hinterher die Nachbarn aus der australischen Kleinstadt: »Sie sagten, sie gingen auf eine tropische Reise mit ihren drei Kindern und haben immer wieder davon gesprochen. Sie haben sich so auf die Auszeit gefreut«, erklärte Nachbarin Kathleen laut der Nachrichtenseite *news.com.au* (10.5.2013).

Und nicht nur die Eltern freuten sich. Auch die siebenundzwanzigjährige Tochter Kristen schrieb begeistert auf ihrer Website: »Habe für die Kreuzfahrt gepackt!!! Kann die Auszeit mit der Familie nicht erwarten! Es wird großartig, die für mich wichtigsten Menschen auf der Welt für zehn Tage um mich zu haben« (*Daily Telegraph,* 13.5.2013). Schließlich feierte Kristen schon wieder Verlobung, und zwar mit ihrem mitreisenden Freund Paul Rossington (30).

Und was könnte dafür geeigneter sein als der Kreuzfahrtriese *Carnival Spirit* – ein Traum von einem Schiff: zwölf Decks, prächtige Lobbys, luxuriöse Speisesäle, ein Kasino, ein Theater,

Schwimmbäder, eine spektakuläre Wasserrutsche, Wellness-Oasen, Jogging-Promenaden, Minigolf, Fitness-Center, mehrere Restaurants und Kabinen in jeder erdenklichen Ausstattung. Ein einziger schwimmender Entspannungs- und Vergnügungspark – für jeden Geschmack und für jede Altersstufe ist etwas dabei. Noch drei Tage nach der Abreise, am 3. Mai, stellte Kristens Schwester Dee Peruoco ein Foto auf ihre Facebook-Seite, »auf dem die Familie die Sonne in dem Südseeparadies Vanuatu genoss. Unterschrift: ›Entspannen an der Strandbar in Vanuatu‹« (*news.com.au,* 10.5.2013).

Ein verpasstes Abendessen

Kurz und gut: Alles schien glattzulaufen auf dieser Kreuzfahrt. Jedenfalls, soweit man das von außen beurteilen kann. Denn nach der zehntägigen Traumreise entpuppte sich das Ganze plötzlich als Alptraum. Am 9. Mai, beim Auschecken in Sydney, tauchten Kristen und ihr Verlobter Paul Rossington plötzlich nicht mehr auf. Eine sofortige Durchsuchung des gesamten Schiffes ergab nichts. Waren die beiden etwa über Bord gegangen? Fieberhaft sichtete die Mannschaft das seit dem Verschwinden des Paares aufgenommene Videomaterial. Und das war nicht gerade wenig, denn die schwimmende Stadt verfügt über nicht weniger als 600 Überwachungskameras. Etwas, das die meisten Kreuzfahrtpassagiere vermutlich nicht wissen: Auf einem modernen »Cruiser« kann sich keine Maus bewegen, ohne entdeckt oder zumindest gefilmt zu werden. Denn in Echtzeit kann niemand die Bilder der Kameras überwachen. Aber zumindest hinterher kann man die meisten Bewegungen an Bord nachvollziehen, solange sich die Passagiere nicht in ihren Kabinen aufhalten. Und tatsächlich gab es auf den letzten Videoaufnahmen von Kristen und Paul etwas zu entdecken. Und zwar sah man sie am Abend des 8. Mai im Bord-Kasino hitzig streiten. Nach dem Verlassen des Kasinos habe man sie auf einem Korridor aber schon wieder herumalbern sehen, berichtete eine neuseeländische Nachrichtenseite unter Berufung auf eine Polizeiquelle. »Das war nichts Neues für sie«, zitierte die Nachrichtenseite eine weitere Quelle, die nicht genannt werden wollte. Das Paar sei für seine häufigen, aber nur kurzen Streitereien bekannt gewesen (*stuff.co.nz,* 11.5.2013).

Alles ganz harmlos also? Denn schließlich gibt es von diesem Abend noch ein bedeutsames Detail. Und zwar ließen die beiden das Abendessen mit der Familie ausfallen – und zwar nicht irgendein Essen, sondern das Abschiedsessen nach der zehntägigen Familien-Kreuzfahrt. Überdies wird das letzte Abendessen an Bord von den Kreuzfahrtgesellschaften häufig als Gala-Ereignis zelebriert. Wer es versäumt, muss schwerwiegende Gründe haben. Irgendetwas Wichtiges oder Schlimmes musste also passiert sein. Aber was? Hatte es nicht nur zwischen den beiden Verlobten Verstimmungen gegeben, sondern auch im Verhältnis zur restlichen Familie? »Vieles an diesem Fall bleibt rätselhaft«, schrieb die Reise-Website *Travel Blackboard* am 13. Mai 2013, »einschließlich der Tatsache, dass das Paar erst zwölf Stunden später, nach dem Anlegen am Sydney's Circular Quay, vermisst wurde«, und zwar nicht etwa von seinen Angehörigen, sondern vom Schiffspersonal, dem aufgefallen war, dass Kristen und Paul ihr Gepäck nicht mitgenommen hatten. Kristens Verwandte und Freunde hatten dem Bericht zufolge das Schiff zu diesem Zeitpunkt bereits verlassen. Aber ist das nicht seltsam? Würde man sich nach einer solchen Reise nicht irgendwo sammeln (zum Beispiel in der Lobby) und anschließend gemeinsam von Bord gehen? Hat sich die Familie stattdessen nicht einmal mehr nach Kristen und ihrem Freund umgedreht? Und wenn nicht, warum nicht? Was war wirklich mit Kristen und Paul passiert? Gibt es eine Antwort auf dieses Rätsel?

Was geschah wirklich mit Kristen S.?

Wie bereits gesagt, wurde das Paar am letzten Abend von den Bordkameras bei einem Streit im Kasino beobachtet. Anschließend sah man die beiden noch auf einem Korridor herumalbern, was ihre ernsten Probleme anscheinend jedoch nicht ausräumen konnte. Denn das Abschiedsessen mit der Familie ließen sie ausfallen. Und irgendwann später müssen sie spurlos von Bord verschwunden sein. Wann, das enthüllte eine weitere Aufnahme einer Videokamera. Demnach sah man die beiden um 20.50 Uhr auf dem Balkon ihrer Kabine mit der Nummer 5281 herumturnen. Die Ziffern bedeuten, dass sich die Kabine an Steuerbord auf Deck 5 im hinteren Teil des Schiffes befand.

Das Schiff befand sich um diese Zeit auf der Rückfahrt nach Sydney in der Tasmanischen See zwischen Australien und Neuseeland, etwa 120 Kilometer vor der Küste von New South Wales. Zunächst soll es schwer gewesen sein, die beiden auf den unscharfen Aufnahmen überhaupt zu unterscheiden. Am Anfang war nur eine Person auf dem etwa vier Quadratmeter großen Balkon zu sehen. Erst nachdem die Videos bearbeitet worden seien, habe sich herausgestellt, dass es Kristen gewesen sei, die zuerst über die etwa 1,50 hohe Reling stieg, sich zur See drehte und dann etwa 20 Meter in die Tiefe fiel oder sprang, wobei sie weiter unten noch auf ein Rettungsboot geprallt sei. Etwa 20 Sekunden später sei Paul ins Bild gekommen, offenbar aus dem Inneren der Kabine. Berichten zufolge soll er sich in »Panik« befunden haben. Auch er sei über die Reling gestiegen und gesprungen.

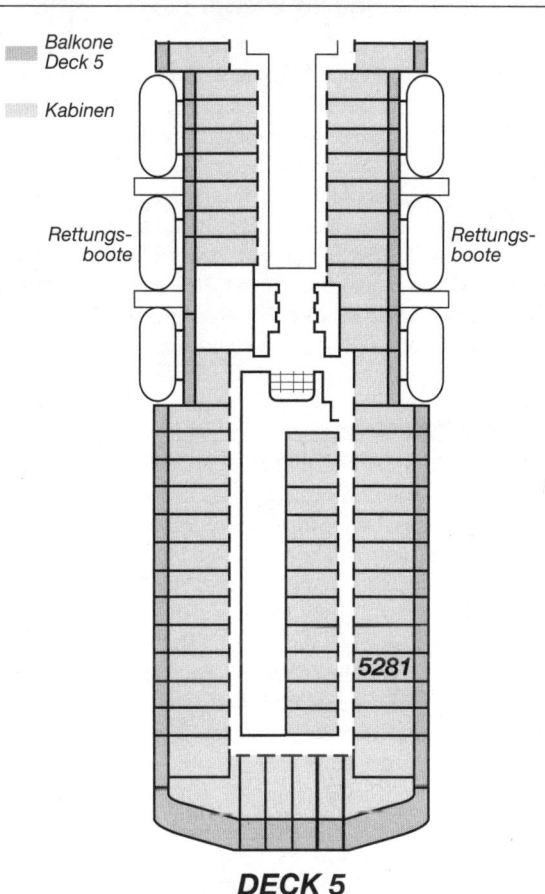

DECK 5

Decksplan der **Carnival Spirit** *mit der* »Todeskabine« *5281.*
Quelle: www.carnival.com

Ein 20-Meter-Sprung ins Wasser

Was sollte das? Wollten die beiden Selbstmord begehen? Oder wollte Schroder Selbstmord begehen und Rossington sie retten? Doch der Reihe nach: Ein Sprung aus 20 Metern Höhe ins Wasser hat es in sich. Wer schon einmal vom Fünf- oder Zehnmeterbrett gesprungen ist, weiß das. Allerdings sind die Sprünge oder Stürze solcher Passagiere nur selten koordiniert, so dass die meisten auch noch unglücklich auf dem Wasser aufkommen. Ein Sturz aus solcher Höhe ins Wasser gleicht dem Aufprall auf eine harte Oberfläche. Des Weiteren streifen manche zuvor noch Schiffsaufbauten, wie möglicherweise auch in diesem Fall (Rettungsboot). Es kann also gut sein, dass Schroder und Rossington bereits beim Aufprall aufs Wasser tot waren, starben oder so schwer verletzt waren, dass sie nicht mehr lange schwimmen konnten. Und wenn doch, dürften die kommenden Stunden grauenhaft gewesen sein: »Ich bin nun schon seit Jahren Matrose auf einem Handelsschiff«, schrieb ein Seemann auf *cruisersforum.com* zu dem Fall, »und ich kann mir kaum etwas Schrecklicheres vorstellen, als zu beobachten, wie das Hecklicht deines Schiffes langsam hinter dem Horizont verschwindet.« Vorausgesetzt, man hat die vorhergehenden Verletzungen überlebt, versteht sich.

Australische Medien befragten den Überlebensspezialisten Dr. Paul Luckin zu den größten Gefahren nach einem solchen Sturz ins Wasser. Demnach wäre Müdigkeit die größte Herausforderung für das junge Paar gewesen, hieß es im *Sydney Morning Herald* (Online-Ausgabe, 10.5.2013). »Sie würden stark ermüden, und zwar sehr schnell«, sagte der Mediziner, der die australische Behörde für Maritime Sicherheit AMSA berät (Australian Maritime Safety Authority). »Einmal müde geworden, wird es zunehmend schwierig, den Kopf über Wasser zu halten.« Sich nachts im Wasser aufzuhalten sei nämlich besonders anstrengend, »weil man die Wellen nicht kommen sehen kann«, so Luckin. »Wenn man im Wasser steckt und ständig die Wellen ins

Gesicht bekommt, macht das unheimlich müde. Ständiges Schlucken von Seewasser verstopft außerdem die Atemwege und führt zu Erbrechen und Durchfall, was zur Dehydrierung beiträgt.« Selbst im warmen Wasser würden die Betroffenen außerdem an Unterkühlung leiden. »Unter diesen Umständen würde die Überlebenszeit ohne Trinkwasser sicherlich unterhalb von drei Tagen liegen.«

Nachdem sie ins Wasser gestürzt waren, verliert sich die Spur der beiden. Die Durchsuchung des Schiffes am nächsten Tag ergab, wie gesagt, nichts. Und auch eine auf See eingeleitete Suchaktion mit Booten und Flugzeugen endete trotz der objektiven Zeitangaben auf dem Video ergebnislos. Kristen und Paul blieben spurlos verschwunden. Ein Verbrechen? Nach der Beschreibung der Aufnahmen erscheint das unwahrscheinlich. Von einer weiteren Person auf den Aufnahmen wird nichts berichtet – obwohl man mit der Außenkamera natürlich nicht ins Innere der Kabine blicken kann. Das Ganze sah eher so aus, als hätten beide oder einer von beiden aus eigenem Antrieb gehandelt. »Aus den Videoaufnahmen des Schiffes« gehe hervor, »was sich abspielte«. Es gebe keinen Hinweis auf ein Verbrechen, erklärte eine Sprecherin der Kreuzfahrtgesellschaft Carnival. Aber was genau aus den Aufnahmen hervorging, wollte sie nun auch wieder nicht sagen – angeblich aus Rücksicht auf die Hinterbliebenen. Und gezeigt wurden die Bilder der Öffentlichkeit auch nicht.

Eine wahrscheinlich unwahrscheinliche Version

Kristen und Paul sprangen also vom Balkon ihrer Kabine in die Tiefe. Aber warum? Wo ist das Motiv? Während Kristens Beweggründe vollständig im Dunkeln liegen, wird angenommen, dass Paul Rossington seine Freundin retten wollte und deshalb hinterhersprang. Dabei ist das die unwahrscheinlichste Version. Denn ein solches Verhalten wäre komplett irrational gewesen. Nur einen Tag zuvor waren die Passagiere bei einer Sicherheits-Einweisung darüber instruiert worden, was bei einem Sturz von Bord zu tun wäre (*adelaidenow.com,* 18.5.2013). Hinterherspringen gehörte sicherlich nicht dazu. Denn das besiegelt nicht nur das eigene Schicksal, sondern auch das des anderen – jedenfalls, wenn man vorher keinem Dritten Bescheid gesagt hat. Bei der Einweisung schilderte der Kreuzfahrtdirektor den Fall eines Mannes auf der *Carnival Spirit,* der acht Jahre zuvor in rauher See über Bord gefallen war. Die Crew habe daraufhin einen »großen, roten Knopf« gedrückt, der die GPS-Koordinaten festhielt, anschließend das Schiff gewendet und den Mann innerhalb einer Stunde gerettet. Außerdem erklärte der Kreuzfahrtkonzern Carnival, dass zur Begrüßung auf jedem Kabinenfernseher ein Video mit Sicherheitshinweisen laufe (laut *adelaidenow.com*). Als erfahrener Sanitäter und Wassersportler hätte Rossington in der gegebenen Situation wissen müssen, dass er mit seinem Sprung von Bord der *Carnival Spirit* aus einem Todesopfer lediglich zwei machen würde. Oder vielmehr sein eigenes Schicksal und das seiner Freundin überhaupt erst besiegeln würde. Denn selbst wenn er den Sprung heil überstanden und seiner Freundin hätte beistehen können: Das Schiff wäre auf Nimmerwiedersehen verschwunden gewesen, und beide wären ertrunken. Hinterherzuspringen war in jedem Fall vollkommen sinnlos. Für einen Helfer wäre die einzig richtige Reaktion gewesen, sofort Alarm zu schlagen, damit das Schiff stoppt und wendet. Kurz und gut: Der dargestellte Ablauf ergibt überhaupt keinen Sinn. Weder der Sprung von Kristen Schroder noch der von Paul Rossington. Vielmehr wird uns zugemutet zu glauben, dass hier zwei Personen innerhalb von 20 Sekunden komplett durchdrehten.

Reaktion statt Aktion?

Vielleicht muss man das Geschehene deshalb vom Kopf auf die Füße stellen. Denn bisher ging ja alle Welt davon aus, dass das Motiv für den Sprung jenseits der Balkon-Reling der *Carnival Spirit* lag – nämlich im Wasser. Kristen Schroder soll entweder aus Jux und Tollerei am Balkon herumgeturnt sein, um irgendwen mit ihrem Drahtseilakt über dem Wasser zu beeindrucken oder zu erschrecken, und dann in die Tiefe gestürzt sein, oder sie soll in suizidaler Absicht gesprungen sein. Rossingtons Motiv für seinen Satz über die Reling soll die Absicht gewesen sein, seine Freundin zu retten. Das heißt, wenn wir uns den Vorgang als Aktion vorstellen, kommen wir nicht weiter.

Was aber wäre, wenn das bizarre Verhalten des Paares keine Aktion, sondern eine Reaktion gewesen wäre? Wenn das Motiv für die beiden Sprünge nicht jenseits, sondern diesseits der Balkontür gelegen hätte, nämlich in der Kabine? Wenn sich die beiden also aus nackter Panik vor etwas oder vor jemandem in Sicherheit bringen wollten? Erstaunlicherweise kommt man mit dieser Hypothese viel weiter. Denn sie könnte beide Verzweiflungssprünge auf einmal erklären. Und tatsächlich war davon die Rede, dass sich Rossington, als er sprang, in nackter Panik befand – fragt sich nur, warum: Weil seine Freundin über Bord gegangen war? Oder doch eher, weil sie beide bedroht wurden? Tatsächlich bekommt die bizarre Szene sofort einen Sinn, wenn man sich vorstellt, dass die beiden aus der Kabine heraus mit Waffengewalt zu ihrem Sprung gezwungen wurden oder sich einfach in Todesangst retten wollten.

Immerhin gibt es da eine Episode, die nachdenklich stimmt. Und zwar gaben sich Schroder und Rossington an Bord keine Mühe, die Freude über ihre Verlobung zu verbergen – und auch nicht über den üppigen Verlobungsring. Eine Mitpassagierin, die das Paar drei Tage zuvor getroffen hatte, »erinnerte sich an die Aufregung der beiden über ihre Heiratspläne und an Herrn Rossingtons Versprechen, dem bereits umwerfenden Verlobungsring noch einen Ehering hinzuzufügen«, schrieb die Nachrichtenseite *adelaidenow.com* am 18. Mai 2013. »Sie hatte einen wunderschönen Ring am Finger«, zitierte die Seite die Mitreisende. »Ich habe ebenfalls einen Diamantring, aber ihr Diamant war viel größer als meiner.« Und: »Mein Mann sagte zu Paul so was wie ›Wenn das nur der Verlobungsring ist, dann stecken Sie wirklich in Schwierigkeiten‹.« Wohl wahr, aber anders, als Paul Rossington dachte. Erzeugte die Prahlerei mit der bevorstehenden pompösen Hochzeit Neid und Missgunst? Waren der Diamantring und der offene Umgang mit dem Schmuckstück die eigentliche Ursache für das Verschwinden von Kristen Schroder und Paul Rossington?

Sprung auf das Atlantik-Deck?

Die Frage bleibt: Wie kamen Schroder und Rossington auf die Idee, sich durch einen Sprung in die offene See retten zu wollen? Wäre nicht alles besser gewesen, als einfach 20 Meter tief in die nächtliche See zu springen? Und ob. Und die Wahrheit ist: Wahrscheinlich wollten Schroder und Rossington auch gar nicht in die offene See springen. Denn was in den Medien nicht berichtet wurde, war, dass sich zwei Decks unterhalb von Deck 5 zwar keine Rettungsboote befanden, aber ein um etwa 2,50 Meter breiteres Deck, nämlich das Atlantik-Deck. Das beschriebene Verhalten von Schroder und Rossington ergibt nur dann einen Sinn, wenn man davon ausgeht, dass sie auf dieses tiefer gelegene Deck springen wollten. Da sich die 2,50 Meter jedoch auf die gesamte Schiffsbreite verteilen, bedeutet das, dass dieses Deck auf jeder Seite nur 1,25 Meter weiter nach außen steht. Bei einem Sprung aus ungefähr fünf Metern Höhe (zwei Decks) ist das sehr wenig. Man müsste genau die Lücke zwischen Aufbauten und Reling des tiefer liegenden Decks »treffen«. Dazu kommen noch Unsicherheitsfaktoren wie (Fahrt-)Wind, Drehung und natürlich Krängung (Schieflage) des Schiffes. Neigt sich ein solches schwimmendes Hochhaus zum Beispiel nur wenige Grad auf eine Seite, könnte es sein, dass ein Springer von Deck 5 senkrecht ins Wasser fällt, ohne das Atlantik-Deck zu treffen. Genauso gut könnte es sein, dass er auf die Reling des tiefer gelegenen Decks knallt und erst dann ins Wasser stürzt.

Und genau das scheint ja passiert zu sein, auch wenn behauptet wurde, Schroder sei auf ein »Rettungsboot« geprallt. Da sich unterhalb ihrer Kabine 5281 jedoch keine Rettungsboote befinden, kann es sich nur um die tiefer gelegene Reling gehandelt haben. Warum aber wurde das verschwiegen? Ganz einfach: Wahrscheinlich, weil dann zum Beispiel der »Selbstmordgedanke« in den Hintergrund und der »Rettungsgedanke« in den Vordergrund getreten wäre. Würde man sich ein Deck wie Deck 5 wirklich für einen Suizid aussuchen, wenn man befürchten müsste, auf einem tiefer gelegenen Deck aufzuschlagen? Wohl kaum. Befindet sich weiter unterhalb ein breiteres Deck, liegt der Gedanke näher, dass der Betreffende dorthin springen *wollte*. Und dann schließt sich sofort die Frage an, warum. Wenn man aber behauptet, dass dort nur eines der kabinenartigen Rettungsboote hängt, bleibt immerhin die Möglichkeit bestehen, dass die Person tatsächlich ins Wasser springen wollte und dabei nur zufällig an dem Boot abprallte.

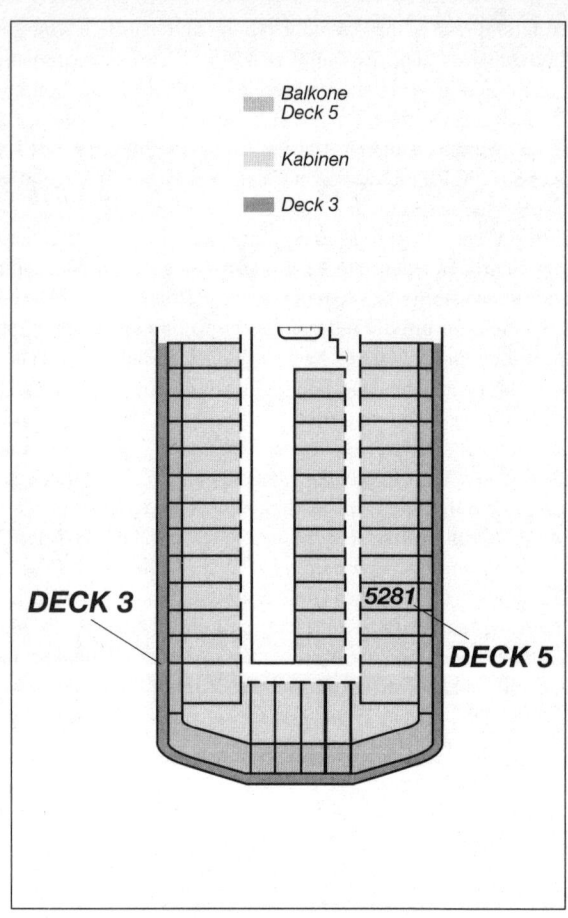

*Deck 5 und das darunterliegende Deck 3
(Atlantik-Deck) der* Carnival Spirit.
Quelle: www.carnival.com

Eine Kultur der Vertuschung

Die Wahrheit werden wir wahrscheinlich nie erfahren. Denn was Zwischenfälle an Bord angeht, sind die Kreuzfahrtgesellschaften sehr verschwiegen. Zum einen tatsächlich aus Rücksicht auf die Beteiligten. Zum anderen aber, um das Klischee vom heilen Traumschiff auf dem Wasser nicht zu zerstören. Dabei ereignen sich immer wieder unheimliche Unfälle und Zwischenfälle. Vor allem verschwinden immer wieder Menschen spurlos von Bord. »Das perfekte Verbrechen mag zwar ein Mythos sein, aber zumindest für einen Mord ohne Leiche gibt es kaum bessere Orte als ein Schiff auf hoher See«, schrieb die *Frankfurter Allgemeine Zeitung* am 29. Januar 2007 in ihrer Online-Ausgabe.

Tatsächlich kann man einen Menschen nirgends besser verschwinden lassen als an bzw. von Bord eines Schiffes. Allenfalls gibt es noch Blutspuren und damit so etwas wie einen Tatort. Aber Täter, Zeugen und eine Leiche gibt es nur selten. So eignet sich eine Schiffsreise für einen Beziehungsmord genauso wie etwa für Raub, Diebstahl oder Vergewaltigung einschließlich spurloser Beseitigung des oder der Opfer(s).

»Tatsächlich verschwinden immer wieder Gäste spurlos von Luxuslinern. Kriminalität an Bord wird inzwischen zum Problem. Die Reedereien wollen davon nichts wissen«, schrieb die *FAZ.* »Seit Beginn des Jahrhunderts hat etwa 200 Menschen dieses Schicksal ereilt, sei es freiwillig, bei einem Unfall oder etwas noch Dunklerem«, hieß es in der *International Business Times* (Online-Ausgabe, 9.5.2013).

Die Kreuzfahrtseite Cruisepage.com hat sogar eine Statistik solcher Zwischenfälle seit dem Jahr 2000 aufgestellt. Demnach

- verschwinden Männer häufiger von Bord als Frauen,
- fallen die meisten Passagiere in der letzten Nacht über Bord,
- gehen Passagiere des Kreuzfahrtriesen Carnival häufiger über Bord als die Kunden anderer Kreuzfahrtkonzerne (was allerdings daran liegen dürfte, dass Carnival mit 100 Schiffen und

jährlich zehn Millionen Passagieren der größte Kreuzfahrtkonzern der Welt ist),

- beträgt das Durchschnittsalter der Verschwundenen 41 Jahre,
- wurden zehn von 28 »Überbordfallern« gerettet, einer nach 18 Stunden,
- fallen die meisten Passagiere unter Alkoholeinfluss über Bord und/oder während sie irgendeinen Blödsinn machen, zum Beispiel auf der Reling balancieren.

Noch etwas »Dunkleres« taucht in dieser Aufstellung aber bezeichnenderweise nicht auf. Auch der Fall Schroder/Rossington dürfte nicht als Verbrechen, sondern als »Unfall« in der Statistik verzeichnet worden sein. Und was ist zum Beispiel mit dem Iren, der Ende Oktober 2002 bei einer Kreuzfahrt einen Schweizer nach einer Auseinandersetzung über Bord warf? Warum taucht dieser Fall nicht in der Aufstellung auf? Insider der Kreuzfahrt-Industrie sprächen denn auch von einer »Kultur der Vertuschung«, so der australische *Telegraph* in seiner Online-Ausgabe vom 26. Mai 2013. Das australische Parlament hat gar einen Untersuchungsausschuss über Verbrechen auf See eingerichtet. Dessen Vorsitzender Graham Perrett beklagte laut *Telegraph* »fehlende Transparenz im Zusammenhang mit ernsten Zwischenfällen«: »Wenn sie an Bord eines Kreuzfahrtschiffes gehen, glauben die Leute, dass sie der lange Arm des Gesetzes schützt, aber in Wirklichkeit werden sie eher von einem Vertrag mit der Kreuzfahrtgesellschaft statt von der Krone oder der Polizei geschützt.« Denn die Wahrheit ist: An Bord von Kreuzfahrtschiffen gibt es gar keine Polizei, sondern nur Sicherheitspersonal des Kreuzfahrt-Unternehmens. Und das kann naturgemäß schwerlich neutral sein. Unter anderem, weil die Überwachungsvideos unter Verschluss gehalten werden, bleiben im Fall Schroder/Rossington jede Menge Fragen offen. Deshalb kann sich bis auf den heutigen Tag leider niemand selbst ein Bild von dem Geschehen auf dem Balkon der Kabine 5281 machen …

Das Massaker
von Woolwich

Wie man sieht, ist nichts so, wie es scheint. Aber wenn man näher darüber nachdenkt, kann das auch gar nicht anders sein. Denn wir Medienkonsumenten werden ja nie mit dem Ereignis selbst konfrontiert, sondern nur mit dem daraus entstehenden »Medienereignis«, also einer Art Derivat der Wirklichkeit. Zwischen beidem besteht logischerweise ein mehr oder weniger großer Unterschied. Oder besser gesagt, eine mehr oder weniger lose Beziehung. Im Bereich der Politik und Propaganda kann diese Beziehung sogar sehr lose werden – so lose, dass sich die Verhältnisse auf den Kopf stellen, wie das Jahrbuch *verheimlicht – vertuscht – vergessen* immer wieder zeigt. Das Medienereignis wird dann zur Hauptsache; ob und wie sich das reale Ereignis abspielte, ist nur noch von geringer Bedeutung bzw. gänzlich ohne Belang.

Aber auch unpolitische »Medienereignisse« repräsentieren oft nur ein Zerrbild der Realität. Das kann schon deswegen nicht anders sein, weil die Realität, bevor sie aus dem Fernseher kommt oder in der Zeitung steht, ja bereits verzerrt und verarbeitet wurde. Verzerrt wird sie häufig von den Beteiligten und deren Interessen. Im oben geschilderten Fall möglicherweise von der Kreuzfahrtgesellschaft, den Hinterbliebenen der Opfer, vielleicht auch von der Polizei, die aber auch selbst auf eine bereits verzerrte Darstellung seitens der Beteiligten hereinfallen kann. Erst danach machen sich mehr oder weniger gute Journalisten, Kameramänner, Kommentatoren und Cutter an die mediale Aufbereitung der Wirklichkeit. Aber haben sie sich überhaupt ein richtiges Bild von der Realität gemacht? Konnten sie es überhaupt noch? Und werden sie dieses richtige Bild auch transportieren können? Wie man sieht, stehen die Chancen, dass unsere Medien der Realität gerecht werden, erstaunlich schlecht. Es ist daher ein großer Fehler,

unsere Nachrichten einfach als unverfälschte Wahrheit zu betrachten. Umso mehr verwundert das Selbstbewusstsein, mit dem
sie Tag für Tag ihre Versionen der Wirklichkeit präsentieren.

Auge um Auge, Zahn um Zahn

Das gilt auch für den nächsten Fall, der Ende Mai 2013 die Weltöffentlichkeit schockierte. Am 22. Mai 2013 sollen zwei dunkelhäutige Männer im Londoner Stadtteil Woolwich nahe einer Kaserne einen Soldaten angefahren und anschließend enthauptet
haben. Wie das Ganze abgelaufen sein soll, schilderte am folgenden Tag unter anderem die *Daily Mail*. Demnach nahmen die beiden Autoinsassen den Soldaten um 14.20 Uhr ins Visier, stießen
ihn auf der Wellington Street mit ihrem blauen Vauxhall Tigra
gegen ein Verkehrsschild und zerrten ihn dann zu einer Mauer, wo
sie ihn unter »Allahu Akbar«-(Gott ist groß-)Rufen mit einem Ha-
ckebeil und einer Machete regelrecht abschlachteten. »Sie schlitz-
ten ihn mit dem Messer auf und hieben mit der Machete auf seinen Bauch ein«, zitierte die *Mail* einen Zeugen. Anderen Meldun-
gen zufolge wurde dem Opfer außerdem der Kopf abgeschnitten.
Obwohl offenbar völlig außer Rand und Band, wurden die beiden
Killer von umstehenden Passanten angesprochen, darunter auch
einer Pfadfinder-Führerin namens Ingrid Loyau-Kennett, die gerade auf der anderen Straßenseite aus einem Bus gestiegen war.
Anschließend schlenderten die beiden Angreifer 20 Minuten lang
seelenruhig am Tatort auf und ab, forderten Passanten auf, sie zu
fotografieren, und verbreiteten ihr angebliches Motiv für die Tat.
So sagte einer der Täter, ein dunkelhäutiger Mann mit dunkler
Mütze und Kapuzenjacke, in eine Video- oder Handykamera:

> »Wir schwören bei Gott, dem Allmächtigen, dass wir niemals
> zu kämpfen aufhören, bis ihr endlich verschwindet. Der einzi-
> ge Grund, warum wir diesen Mann töteten, besteht darin, dass

täglich Muslime sterben. Dieser britische Soldat ist ein Auge um ein Auge, ein Zahn um ein Zahn. Wir müssen sie bekämpfen, so wie sie uns bekämpfen. Auge um Auge, Zahn um Zahn. Ich entschuldige mich dafür, dass Frauen das mit ansehen mussten, aber bei uns zu Hause müssen Frauen dasselbe mit ansehen. Ihr werdet niemals sicher sein. Stürzt eure Regierung, ihr seid ihr egal.«

Als die Polizei schließlich eintraf, seien die Männer den Beamten entgegengerannt, wobei sie ihre Messer und Feuerwaffen schwangen. Eine Polizistin habe sechs Schüsse auf die Killer abgefeuert und sie dabei schwer verletzt: »Sie lagen auf der Straße, während die Menschen um sie herumliefen« *(Daily Mail)*. Anschließend seien die beiden von einem Rettungshubschrauber abtransportiert worden.

Warten auf den nächsten Take?

Was klingt wie eine skrupellose und bestialische islamistische Attacke, ist in Wirklichkeit überaus bizarr. Nehmen wir beispielsweise das erwähnte Amateurvideo, das anschließend durch sämtliche Nachrichtensendungen und Internetseiten geisterte. Entgegen dem Eindruck, der bei aller Welt zunächst entstanden war, sieht man die Tat darauf nicht. Bis jetzt ist kein einziges Videodokument der Tat selbst aufgetaucht. Die oben genannten Aufnahmen entstanden erst viele Minuten später. Auf ihnen sieht man einen der Attentäter direkt in die Kamera sprechen. Nur selten war es in seiner langen Version zu sehen. Aber nur wenn man sie anschaut, wird einem klar, was hier vorgegangen sein könnte. Das Video fängt nämlich ganz anders an, und zwar im Innern des Busses, aus dem die erwähnte Pfadfinder-Führerin gestiegen war. Offenbar wurde es zunächst durch die Frontscheibe des auf der linken Straßenseite stehenden Busses gedreht. Man sieht, dass der

Verkehr auch auf der gegenüberliegenden Fahrbahn zum Still-stand gekommen ist. Auf der rechten Fahrbahnseite, etwa zehn Meter vor dem Bus, knien oder stehen einige Menschen um einen liegenden Körper herum. Auf dem Gehsteig gegenüber steht ein blauer Vauxhall Tigra mit demolierter Front vor einem Lichtmast. Im Hintergrund hört man einige Stimmen in dem Bus, offenbar von Kindern oder Jugendlichen. Trotz des ungeheuerlichen Vor-falls und der Leiche auf der Straße regt sich niemand auf – im Gegenteil, die Stimmen klingen sehr entspannt. Im Angesicht des angeblichen Massakers dreht sich die Unterhaltung darum, wo man wohl etwas zu essen kaufen könnte. So kann man beispiels-weise aus der »Atmo« (Geräuschkulisse in einer Filmaufnahme) des Videos heraushören: »Wenn Theresa zahlt: Es gibt da einen Laden in der Nähe des Veranstaltungssaales« (siehe YouTube: »Woolwich Massacre Deception Exposed«, Teil 1, 26.5.2013). Tatsächlich befindet sich ein solcher Veranstaltungssaal mit ange-schlossenem Supermarkt in Sichtweite des Tatorts. Der angebli-che Mord und der regungslose Mensch auf der Straße sind in die-sem Videoausschnitt kein Thema. Wie sich aus dem weiteren Verlauf der Unterhaltung ergibt, haben einige Kinder oder Ju-gendliche Durst bekommen und wollen offenbar etwas kaufen, vorausgesetzt, eine gewisse Theresa – vielleicht eine Betreuerin – würde zahlen. Und dann hört man eines der Kinder noch sagen: »Es gibt noch eine andere kleine Filmszene.« Dazu sieht man ei-nen der »Mörder« entspannt am anderen Straßenrand stehen wie einen Darsteller, der wartet, dass es weitergeht. Fazit: Die soge-nannte »Atmo« in dem Bus klingt wie eine typische Unterhaltung unter Statisten, die sich langweilen, Durst haben, überlegen, wo sie etwas kaufen können, und im Übrigen auf den nächsten »Take« (Aufnahme) warten. Auch die Personen, die sich bei dem liegenden Körper aufhielten, waren weder aufgeregt noch hek-tisch.

Keine Angst vor Killern

Erst dann bewegt sich die Kamera durch die linke vordere Tür des Busses nach draußen, so als ob der Besitzer sie hinaushalten oder selbst langsam aussteigen würde. Ob die Kamera einem der Kinder gehörte oder einer anderen Person, lässt sich nicht sagen. Jedenfalls kommt auf dem linken Gehsteig plötzlich der erwähnte farbige Mann mit der dunklen Kleidung ins Bild und spricht seine Erklärungen frontal in die Kamera. Erst dieser Abschnitt wurde in allen Medien gezeigt. Das Merkwürdige: Obwohl er ein blutiges Messer und ein Fleischermesser oder eine Machete in Händen hält und sich zu dem Mord bekennt, zeigte der »Kameramann« nicht das geringste Anzeichen von Angst! Hier stand ein blutiger Killer vor ihm, der soeben jemanden auf offener Straße abgeschlachtet hatte, aber als er ihn aufnahm, zitterten seine Hände nicht einmal! Es kommt aber noch besser. Noch während der Dunkelhäutige mit den furchterregenden Hieb- und Stichwaffen, die er soeben offenbar auch eingesetzt hat, seinen Vortrag hält, laufen links von ihm auf dem Gehsteig völlig unbeteiligt Passanten vorbei. Im Hintergrund löst sich zum Beispiel eine Frau mit einem auffälligen blauen Schal und einem Einkaufsrolli aus einer Gruppe von Passanten und nähert sich dem mutmaßlichen Täter. Dabei verlangsamt sie weder ihre Schritte, noch bleibt sie gar stehen. Zwar wirft sie einen kurzen Blick auf die auf der Straße liegende Person. Aber von den blutigen Händen und Waffen nimmt sie überhaupt keine Notiz. In den Augen dieser Menschen ging von dem Killer offenbar nicht die geringste Gefahr aus. Hat sich hier vielleicht gar nicht das abgespielt, was uns erzählt wird?

Ein Metzger ohne Blut

Wir können den Bildern aber noch mehr Informationen entnehmen. Der dunkelhäutige Sprecher soll, wie gesagt, soeben einen Menschen mit einem Messer und einer Machete abgeschlachtet, ja sogar verstümmelt und geköpft, sprich: ein Blutbad angerichtet haben. Wobei dieser Ausdruck nicht von ungefähr kommt. Tatsächlich wirken Beteiligte an einer solchen Schlächterei hinterher wie in Blut getaucht. Das liegt daran, dass der menschliche Blutkreislauf unter erheblichem Druck steht. Werden zum Beispiel große Schlagadern an Hals, Beinen oder Armen geöffnet, spritzt das Blut völlig unkontrolliert meterweit in sämtliche Richtungen. Das Interessante an diesem mutmaßlichen Täter ist aber, dass das Blut exakt an seinen Jackenbündchen haltgemacht hat. Während seine Hände rot sind, weisen weder die Jacke noch deren Ärmel irgendwelche Blutspritzer auf. Auch nicht sein Gesicht. Wenn überhaupt, dann scheint es minimale Schmierspuren von seinen Händen an der Jacke zu geben. Aber keine sogenannten »Primäreintragungen« von Blut an der Jacke. Das Gleiche gilt für die Hose im Bereich des Beckens und der Oberschenkel, soweit man sie erkennen kann. Besonders auffällig ist das jedoch an den Ärmeln, also an jenen Kleidungsteilen, die den Wunden des Opfers am nächsten gewesen sein müssen. Überhaupt erweist sich die ganze Szenerie als erstaunlich »blutarm«. Auch auf der Straße neben dem angeblich abgeschlachteten Opfer sieht man auf dem Video nicht die geringste Blutspur. Was angesichts der Behauptung, dass das Opfer vom rechten Gehsteig hierher geschleift worden sein soll, erstaunlich ist.

Eine hinzugefügte Blutspur

Und es gibt einen weiteren, diesmal unauflöslichen Widerspruch, der das Ganze endgültig als künstliches Geschehen entlarvt. Nur zur Erinnerung: Angeblich stießen die Täter das Opfer mit ihrem blauen Vauxhall gegen einen Lichtmast, wobei das Auto vorne total verbeult worden sei. Anschließend sollen sie den Mann nach rechts zu einer Mauer oder einem Zaun gezerrt und dort abgeschlachtet haben, bevor sie ihn schließlich an dem Lichtmast und dem demolierten Fahrzeug vorbei zurück zur Straße schleiften. So ist es nur logisch, dass spätere Luftaufnahmen von diesem Tatort auf dem Gehsteig eine breite Blutspur zeigten. Das Problem ist nur, dass andere Videos, die ebenfalls nach der Tat entstanden, diese breite Blutspur nicht zeigten. Dazu gehört auch das oben geschilderte Video, auf dem einer der mutmaßlichen Täter seine Tat rechtfertigt. Obwohl der Gehsteig im Hintergrund deutlich zu erkennen ist, sieht man die Blutspur auf diesem Video nicht. Und auch auf einem zweiten, aus einem ganz anderen Winkel aufgenommenen Bild sieht man nicht die geringste Blutspur auf dem Gehsteig. Was nur heißen kann, dass das Blut bzw. »Blut« auf dem Gehsteig erst nach der angeblichen Tat und vor den Luftaufnahmen hinzugefügt wurde.

Notarzt: Fehlanzeige

Und noch etwas fehlt. Stellen Sie sich vor, auf einer belebten Straße ist schon vor geraumer Zeit ein Mord oder ein Unfall passiert, bei dem jemand schwer verletzt wurde. Stellen Sie sich weiter vor, überall laufen und stehen jede Menge Menschen mit Mobiltelefonen in der Tasche herum. Was würde man dann schon nach wenigen Minuten ebenfalls auf der Straße sehen? Richtig: einen Notarztwagen. Und wer würde anstelle von Passanten neben dem Opfer knien? Richtig: ein Notarzt oder zumindest ein Sanitäter. Nichts davon ist auf den Aufnahmen von dem angeblichen Machetenmord in Woolwich zu sehen. 20 Minuten lang soll auch keine Polizei aufgetaucht sein, obwohl sich die nächsten Polizeistationen nur eine (Plumstead) bzw. drei Meilen (Lewisham) entfernt befinden. Als die Polizei schließlich doch noch erschien, schoss sie die mutmaßlichen Täter nieder.

Nur ein schlechtes Drehbuch?

Selbst Kommentatoren in etablierten Medien wie dem britischen *Telegraph* fanden das ganze Geschehen »verwirrend, erschreckend und bizarr« und sprachen von einem Horror, »der buchstäblich keinen Sinn ergibt«: »Wir sprechen oft von Terrorismus und der damit verbundenen Gewalt als dumm oder sinnlos«, schrieb der Autor in dem Artikel. »Was wir damit sagen wollen, ist, dass er ineffektiv ist und zu nichts führt und dass die Täter ihre Ziele damit nicht erreichen werden, wie immer sie auch aussehen mögen« (*The Telegraph* Blogs, 23.5.2013). Aber das sei in diesem Fall mit sinnlos nicht gemeint. Vielmehr ergebe dieses Geschehen *überhaupt keinen* Sinn:

> »Man sagt, jemand sei erstochen worden. Regelrecht abgeschlachtet, am helllichten Tag, und wurde mitten auf der Straße liegen gelassen. Und mehr noch: Die Leute, die das getan hatten, rannten nicht etwa weg. Vielmehr standen sie bequem herum und machten Fotos. In einem Bericht hieß es sogar, die Täter stoppten einen Bus und forderten die Passagiere auf, sie zu fotografieren. Und schließlich tauchte die Polizei auf, und die Attentäter versuchten sie zu attackieren, so dass die Polizei das Feuer eröffnete und sie niederschoss. Und anschließend lagen sie in der Mitte derselben Straße. Und wieder ergibt das überhaupt keinen Sinn.«

Eine (vermeintliche oder wirkliche) Augenzeugin habe auf Twitter beschrieben, wie eine Polizistin einen der Täter im Robocop-Stil niederstreckte: »Noch immer schien das alles Teil eines Drehbuchs für einen schlechten amerikanischen Krimi zu sein. Erneut ergab das überhaupt keinen Sinn.« Anschließend habe er, der Autor, das Fernsehen eingeschaltet und den Mann mit den blutigen Händen gesehen. »Es wurde nun berichtet, dass der Anschlag von Woolwich als Terroranschlag behandelt werde. Aber das ergab keinen Sinn, denn der Mann auf meinem Bildschirm war schwarz. Er sah nicht aus wie einer von diesen Leuten, die wir auf den Überwachungsvideos der 7/7- oder 9/11-Bomber gesehen hatten. Er entsprach nicht dem Typ.« Dann habe der Mann gesprochen und sich dafür entschuldigt, dass Frauen die Tat mit ansehen mussten. »Er hatte soeben jemanden am helllichten Tag auf einer belebten Londoner Straße in Stücke gehackt, und nun stand er da und entschuldigte sich höflich? Es ergab überhaupt keinen Sinn.« Anschließend habe er über das nachgedacht, was der Mann gesagt hatte. Er habe (in Bezug auf die muslimische Welt) von »our lands« gesprochen, »unserem Land/unserer Heimat«: »Aber er hatte einen südöstlichen Londoner Akzent.« Und das ergab schon wieder »überhaupt keinen Sinn«. Daraufhin habe er gesehen, wie die Frau mit dem blauen Schal und dem Einkaufsrolli an dem Mann mit dem Metzgermesser vorbeiging, als würde sie bloß ein bisschen einkaufen. Und wieder habe »nichts davon« irgendeinen Sinn ergeben.

Die Engel von Woolwich

Dem kann man nur zustimmen. Bei diesem angeblichen Terroranschlag passte überhaupt nichts zusammen. Dabei sind das noch längst nicht alle Merkwürdigkeiten. Immer wieder fällt das bizarre und vollkommen unnatürliche Verhalten von angeblichen Killern und Passanten auf. So sollen sich laut *Daily Mail* (Online-Ausgabe, 23.5.2013) im Angesicht der Killer mehrere Frauen vollkommen furchtlos zu dem auf der Straße liegenden Opfer begeben haben, um ihm zu helfen bzw. es »bequemer zu betten«. Den enthaupteten Leichnam? Nachdem klar war, dass dem Mann nicht mehr zu helfen war, hätten die Frauen seinen Körper gar vor der weiteren Verstümmelung durch die mit scharfen Messern bzw. Beilen bewaffneten Männer geschützt. »Und wieder ergibt das überhaupt keinen Sinn«, hört man den oben zitierten *Tele-*

graph-Autor rufen. Doch stattdessen wurde dieses Verhalten hinterher als besonders mutig gelobt, und man machte aus diesen Frauen die »Engel von Woolwich«. Die Wahrheit ist: In Wirklichkeit hatte niemand die geringste Angst vor den angeblichen Killern. Warum nicht?

Autopsiebericht vom Sofa aus

Das ganze Geschehen riecht nach einer wirren Inszenierung. Trotzdem soll hier nicht verschwiegen werden, dass es auch einen Obduktionsbericht über das wirkliche oder vermeintliche Opfer dieses Angriffs gab. Das Opfer wurde identifiziert als der 25-jährige Soldat Lee Rigby, der in Afghanistan gedient hatte. Allerdings waren die Angaben, die sich auf den Obduktionsbericht stützten, auffallend dünn und allgemein. Zwar verkündeten dicke Schlagzeilen das Ergebnis der Autopsie, las man jedoch die dazugehörigen Artikel, dann erfuhr man kaum mehr als durch die Überschriften. Im Wesentlichen lautete die Botschaft: »Lee Rigby starb an zahlreichen Stichwunden«, so zum Beispiel die Schlagzeile der britischen Zeitung *The Sun* vom 29. Mai 2013. Das ist alles – mehr kann man auch dem darunterstehenden Bericht nicht entnehmen. Andere Berichte sprachen von »zahlreichen Schnittwunden«.

Nun, einen solchen »Autopsiebericht« hätte wohl auch jeder Fernsehzuschauer vom Sofa aus erstellen können. Aber wurde Rigby nicht von einem Auto angefahren? Und soll er, wie gesagt, nicht enthauptet worden sein? Nichts davon drang aus dem Autopsiebericht an die Öffentlichkeit. Auch wer genau die Autopsie durchgeführt und den Bericht erstellt hatte, wurde nicht gesagt. Untersuchungsführer (und demnach auch Auftraggeber der Obduktion) war zwar der zuständige amtliche Leichenbeschauer (Coroner) des Inneren Südlichen Distrikts von Groß-London, als Leiter der Untersuchung führt er Autopsien aber nicht unbedingt selbst durch, sondern gibt sie häufig in Auftrag.

Der Coroner ist ein Mann der Krone

Der amtliche Leichenbeschauer ist in Großbritannien mehr als nur das: Er ist vor allem »Her Majesty's Coroner«, ja, er ist und vertritt eigentlich die Krone selbst. Sogar seine Bezeichnung (Coroner) hat ihren Ursprung in dem Wort *crown* (Krone). Der Coroner ist also letztlich auf denselben Dienstherrn eingeschworen wie der getötete Soldat Rigby, nämlich auf die Queen. Mit Hilfe des Autopsieberichts kann der Coroner ein Todesermittlungsverfahren *(inquest)* durchführen, in dem auch Zeugen und Sachverständige gehört werden können.

Dieser Prozess sollte am 31. Mai 2013 eröffnet werden. Erstaunlicherweise wurde er dann im Schnellverfahren durchgezogen. Dabei erfuhr man lediglich, was man schon aus den Zeitungen wusste, unter anderem, dass Rigby an »ausgedehnten und schweren Verletzungen« (*The Independent,* Online-Ausgabe, 31.5.2013) bzw. »zahlreichen Schnitt- und Stichwunden« gestorben sei. Offenbar war der Gerichtsmediziner also noch nicht vom Sofa hochgekommen. Auch Angehörige ließen sich bei dem Termin nicht blicken, sondern nur durch ein schriftliches Statement von sich hören. In dem Text wurden die Menschen aufgerufen, sich zu beruhigen, nachdem es zu sozialen Spannungen gekommen war: »Lee hätte nicht gewollt, dass Leute seinen Namen als Entschuldigung für Gewalt benutzen. Wir würden keiner anderen Familie wünschen, eine solch grauenhafte Erfahrung zu machen, und bitten jeden darum, ruhig zu bleiben und sein Andenken auf friedliche Weise zu zeigen« (*New Straits Times,* 31.5.2013). Nach fünf Minuten wurde das Verfahren auf unbestimmte Zeit vertagt.

Die »Täter«

Dann wären da noch die Verdächtigen, die sich nach der Tat wie Darsteller benommen hatten. Sie schwenkten blutige Mordwerkzeuge, hielten theatralische Reden in Kameras und standen manchmal auch nur gelangweilt herum, als würden sie auf ihren Auftritt warten. Etwa 20 bis 30 Minuten nach der Tat sollen der 22-jährige Michael Adebowale und der 28-jährige Michael Adebolajo von der Polizei angeschossen, festgenommen und in Krankenhäuser gebracht worden sein. Über ihre Verletzungen drangen ebenfalls keine Details an die Öffentlichkeit. Während Adebolajo, der »Mann mit den blutigen Händen«, weiter im Hospital blieb, wurde Adebowale bereits am 28. Mai in Polizeigewahrsam entlassen, wo er von Ermittlern des »Anti-Terror-Kommandos« verhört wurde. Beide sind Briten nigerianischer Abstammung.

Wie kamen sie dazu, einen Menschen abzuschlachten? Schließlich kann das nicht jeder. Denn das Problem ist ja nicht nur, sich diese »Fertigkeiten« anzueignen. Das Problem ist auch, sie dann anzuwenden und den Anblick schwerverletzter und sterbender Menschen auszuhalten, ohne mit der Wimper zu zucken, und anschließend auch noch eine Rede zu halten. Die meisten normalen Menschen wären wohl schon mit dem Schlachten eines Kaninchens hoffnungslos überfordert. Die beiden Londoner Attentäter erwiesen sich erstaunlicherweise als noch viel abgebrühter als kampferprobte Soldaten, die normalerweise »nur« den Abzug einer Waffe betätigen müssen. Wobei auch das die meisten traumatisiert und für immer gezeichnet zurücklässt. Im Zivilleben geschehen derart brutale Gewalttaten nicht aus heiterem Himmel. Wer so etwas tut, hat in der Regel, ob Muslim oder nicht, eine einschlägige Karriere als Gewalttäter hinter sich – oft auch in Verbindung mit Drogen- und Alkoholmissbrauch. Denn beides »hilft« dabei, auch noch die allerletzten Hemmungen beim Anblick eines Sterbenden zu überwinden. Vielleicht besteht die vage Möglichkeit, dass ein Mensch auch ohne soziopathische und kriminelle Vorgeschichte eine solche Tat begehen kann. Aber das ist unwahrscheinlich.

Ein »liebenswürdiger Junge«

Und da stoßen wir bereits auf das nächste Problem: Denn zumindest dem Verdächtigen Michael Adebowale fehlten die Voraussetzungen für eine derartige Gewalttat. Berichten zufolge erwies er sich während seiner Schulzeit in Südost-London als »liebenswürdiger Junge, der den Unterschied zwischen falsch und richtig kannte«, wie die *Daily Mail* eine Schulfreundin zitierte: »Die frühere Klassenkameradin Claire Connor, 22, sagte, Adebowale war ein Musterschüler, der ›extrem schüchtern und sehr höflich war‹.« Nun mögen das zwar keine absoluten Ausschlusskriterien für einen Mörder sein, naheliegende Charaktereigenschaften sind es aber auch nicht. Denn wer schüchtern und zurückhaltend ist, scheut normalerweise bereits soziale Nähe – von körperlicher Nähe bis hin zur Massakrierung ganz zu schweigen. Miss Connor sei deshalb »total geschockt«:

> »Er war ein wirklich liebenswürdiger Kerl. Manchmal wurde er von zwei oder drei Jungs in unserem Alter gehänselt, aber es waren bloß Worte. Ich habe niemals erlebt, dass er gewalttätig wurde oder selbst angegriffen wurde. Er hatte keine Ahnung, wie man grob wurde; ich hörte ihn auch niemals fluchen. Erst in der Sekundarstufe wurde er etwas kommunikativer und lauter. Er war einfach er selbst, und jeder mochte ihn. Er versuchte nie, jemand anders zu sein.«

Auf einem Klassenfoto aus dem Jahr 2007 ist Adebowale als fröhlich grinsender Junge zu sehen.

Der Mörder war (wieder mal) kein Unbekannter

Aber wie sah das bei dem Mann »mit den blutigen Händen«, Michael Adebolajo, aus? Den hatten die Sicherheitsbehörden – wie so viele spätere Attentäter – bereits seit geraumer Zeit »auf dem

Radarschirm«. Damit erfüllte auch dieser Terroranschlag das bereits genannte Kriterium, wonach solche Attentate praktisch nie von völlig Unbekannten verübt werden. In irgendeiner Form bestand fast immer ein Kontakt zu Polizei oder Geheimdiensten. Ansonsten passt aber nichts. Ja, mehr noch: Sollte Adebolajo tatsächlich den Soldaten Rigby umgebracht haben, dann hat Rigby das im Wesentlichen den eigenen Leuten zu verdanken. Denn einem Bericht zufolge griff niemand anderer als die britische Sondereinheit SAS Adebolajo im Jahr 2010 in Kenia auf, um ihn nach Großbritannien auszufliegen und dort auf freien Fuß zu setzen (*Daily Mail,* Online-Ausgabe 29.5.2013). Laut einem anderen Bericht (in der Online-Ausgabe des *London Evening Standard* vom 30.5.2013) war der britische Staatsbürger Adebolajo 2010 von der SAS bei einem illegalen Grenzübertritt zwischen Kenia und Somalia festgenommen und ins Gefängnis eingeliefert worden. In Somalia habe er sich angeblich einer Terrorgruppe anschließen wollen. Die Briten holten Adebolajo jedoch wieder aus dem Gefängnis, um ihn zur Zusammenarbeit zu bewegen. Die britischen Behörden glaubten, »das würde ihn überzeugen, als Informant für den [Geheimdienst] MI5 zu arbeiten und radikale islamistische Gruppen zu infiltrieren«, so der *Standard*.

Endstation Knast

Glaubt man Abu Nusaybah, einem Freund des Verdächtigen Adebolajo, der in der BBC-Sendung *Newsnight* vom 24. Mai 2013 interviewt wurde, begann diese »Überzeugungsarbeit« jedoch schon im kenianischen Gefängnis. Im Knast der ehemaligen (aber wohl auch heutigen) britischen Kronkolonie sei Adebolajo gefoltert worden. Eigentlich sei er ein freundlicher Mensch gewesen, sagte sein Freund Nusaybah. In Kenia habe er studieren wollen. Als er zusammen mit anderen in einer bestimmten Stadt ankam, seien sie von kenianischen Soldaten eingekreist, in ein Gefängnis transportiert und gesondert verhört worden. Als er nichts habe sagen wollen, habe man ihm gedroht, er sei hier nicht in Großbritannien, und ihn geschlagen. Er sagte, er sei misshandelt und sexuell bedroht worden. Adebolajo habe sich geschämt, über Details zu reden. Ob er glaube, dass Adebolajo damals die Wahrheit gesagt habe, fragte ein BBC-Reporter Nusaybah. Ja, man habe ihm nur ins Gesicht blicken müssen, er habe die Tränen zurückhalten müssen. Er hätte ihn gern in den Arm genommen und getröstet.

Tatsächlich ist Adebolajos Schilderung durchaus glaubwürdig: »Für viele, die in Kenia hinter Gittern landen, ist es die Endstation in ihrem Leben«, hieß es zum Beispiel in der TV-Reportage *Im Wartezimmer der Hölle: Alltag im Knast in Kenia* (3sat, 13.3.2008). Häufig bedeutet es Krankheit, Hunger und Sklavenarbeit für korrupte Gefängnisbeamte – »eine Hinrichtung auf Raten in völlig überfüllten Haftanstalten«. Wer dort in die Fänge der Justiz gerate, finde nur schwer wieder heraus, so der Film, »auch wenn er, was nicht selten passiert, unschuldig in Haft sitzt«. Im Gefängnis lande man dagegen sehr schnell – wegen Lappalien oder durch Denunziation. Mit anderen Worten, man kommt nirgends so leicht in den Knast und so schwer wieder heraus wie in Kenia, was auch ein Grund sein dürfte, warum Geheimdienstrekruten nirgends so billig zu haben sind wie in dem afrikanischen Land. Und das wiederum dürfte auch der Grund sein, warum die beiden London-Attentäter kenianische Knast-Insassen waren – einfach, weil solche Häftlinge am leichtesten für die Zusammenarbeit »zu gewinnen« sind, wenn man sie nur aus dem Knast herausholt. Erst recht, wenn sie dort gefoltert wurden, wie Nusaybah berichtete.

Ein unbequemer Zeuge wird verhaftet

Nach diesem Erlebnis sei Adebolajo jedenfalls verändert gewesen, sagte sein Freund Nusaybah – nicht aggressiv, aber in sich gekehrt und weniger gesprächig, so, als sei er ganz woanders. Ob er irgendwelche Anzeichen bemerkt habe, dass Adebolajo zu einer schrecklichen Gewalttat fähig gewesen wäre, fragte *Newsnight*. Nein, lautete die Antwort. Als er zum ersten Mal die Berichte und Fotos aus Woolwich sah, habe er an einen Scherz geglaubt, das könne nicht Adebolajo gewesen sein. Es habe keinen Sinn ergeben. Was Adebolajo Nusaybah anscheinend nicht erzählt hatte: Offenbar hatte er seine Freilassung aus dem kenianischen Knast wirklich britischen Sicherheitsbehörden zu verdanken. Etwa sechs Monate vor der rätselhaften Tat in Woolwich arrangierten britische Sicherheitsdienste »für den späteren Verdächtigen des Woolwich-Terroranschlages Michael Adebolajo die Freilassung aus einem kenianischen Gefängnis«, konnte man im *Evening Standard* lesen. »Anschließend wurde er nicht deportiert, sondern in einem normalen Linienflug nach Großbritannien zurückgebracht. (…) Die britischen Behörden glaubten, dass die arrangierte Freilassung dabei helfen könnte, ihn davon zu überzeugen, als Informant für den MI5 radikale islamistische Gruppen zu infiltrieren.« Tatsächlich deckt sich das auch mit den Erinnerungen von Nusaybah. Nach seiner Rückkehr aus Kenia sei Adebolajo vom MI5 verfolgt worden. Immer wieder hätten sie an seine Tür geklopft. Zwar habe er stets so getan, als sei er nicht da. Aber weil sie nicht lockerließen, habe er doch mit ihnen geredet. Dabei hätten sie versucht, ihn zur Mitarbeit zu überreden, was er seines (Nusaybahs) Wissens nach abgelehnt habe. Dennoch hatte Nusaybah offenbar zu viel erzählt. Nur eine Stunde nachdem er der BBC das Interview gegeben hatte, wurde er von den britischen Behörden verhaftet. Bevor das Interview am Abend des 24. Mai gesendet wurde, berichtete der Interviewer Richard Watson den Zuschauern: »Er kam in die BBC, wir führten das Interview, und danach wurde mir gesagt, dass drei Staatsschützer auf dem BBC-Gelände waren und den Mann festgenommen hätten.« Der Vorgang wurde von Scotland Yard bestätigt:

»Am Freitag, dem 24. Mai, wurde in London um etwa 21.30 Uhr ein 31 Jahre alter Mann von Beamten des MPS-Antiterrorkommandos wegen des Verdachts der Begehung, Vorbereitung oder Veranlassung von Terrorakten gemäß Terrorism Act 2000 verhaftet. Der Mann wurde in eine Polizeistation in Süd-London gebracht, wo er in Gewahrsam bleibt. An zwei Adressen in London werden Hausdurchsuchungen durchgeführt« (beide Zitate nach: *The Telegraph,* Online-Ausgabe, 25.5.2013).

Die Angst vor den Aussagen des Adebolajo-Freundes muss groß gewesen sein bei den britischen Behörden.

Wer glaubt an den Weihnachtsmann?

Tatsächlich passten sie ihnen überhaupt nicht in den Kram. Zwar berichtete auch der *Evening Standard,* dass es dem britischen Geheimdienst MI5 nicht gelungen sei, den späteren Attentäter Adebolajo zu gewinnen, und es bei einer losen Beobachtung des Mannes geblieben sei. Wer das glaubt, der glaubt freilich auch an den Weihnachtsmann. Denn Geschäfte zwischen Geheimdiensten und ihren V-Männern beruhen nun mal auf Leistung und Gegenleistung. Dass der Geheimdienst den Mann zunächst aus dem kenianischen Knast befreit, nach Großbritannien ausfliegt und anschließend einfach aus seinen Klauen entlässt, ist mehr als unglaubwürdig. In Wirklichkeit sieht alles so aus wie ein normaler Rekrutierungsprozess von V-Leuten: Man hilft ihnen aus einer schlimmen Lage, meistens aus dem Gefängnis, um sie als Gegenleistung zur Mitarbeit zu verpflichten. Ein Bruch dieser Vereinbarung würde direkt zurück in den Knast oder zu Schlimmerem führen. Mit anderen Worten, Adebolajo war zum Zeitpunkt des Woolwich-Massakers in Wirklichkeit ein Mitarbeiter der britischen Geheimdienste.

Eine Propaganda-Operation?

Und damit sind wir denn auch direkt bei der Wirkung dieses Attentats und bei der zentralen kriminalistischen Frage: »Wem nützt es?« Antwort: Der Anschlag enthielt alle wichtigen Zutaten einer von Geheimdiensten inszenierten Propaganda-Operation:

- Das angebliche Opfer Lee Rigby stammte aus der Gruppe der Soldaten, die für ihre globalen Einsätze gegen islamische Staaten dringend Rückenwind benötigen.
- Rigby diente früher in Afghanistan, was der Kritik an diesem Einsatz einen Dämpfer verpassen dürfte.
- Der Soldat trug ein T-Shirt mit der Aufschrift »Help for Heroes« – ein Motto, das in diesem Zusammenhang für sich selbst spricht. Denn die »Helden«, um die es hier ging, waren natürlich Rigby und seine in aller Welt »tätigen« Kameraden.
- Das Attentat führte dazu, dass die gesamte britische Nation sich hinter dieses Motto stellte.
- Außerdem ist »Help for Heroes« der Name einer militärischen Hilfsorganisation, deren Website nach dem Attentat unter dem Ansturm Spendenwilliger zusammenbrach.
- Die Täter stellten sich als Islamisten dar und brachten die Bevölkerung durch ihre Tat massiv gegen den Islam auf. Mehrere islamische Einrichtungen wurden zum Ziel von Angriffen und Schmierereien.
- Und schließlich wurden – neben dem Soldaten – vor allem Frauen als Heldinnen und Helferinnen inszeniert, was gleichfalls in die globale politische Agenda passt. Erstens bemühten sich Frauen aufopferungsvoll und vor allem scheinbar todesmutig um das am Boden liegende Opfer. Zweitens wurden die Täter von einer Polizistin gestellt und außer Gefecht gesetzt.

Kurz: Was immer den Islamisten vorgeworfen wird, nämlich am laufenden Band Märtyrer zu schaffen, wurde hier mitten in Großbritannien mit einem britischen Soldaten praktiziert. Man sieht also, dass dieser Anschlag für ein islamistisches Attentat recht seltsame Wirkungen entfaltete. Statt irgendeinen nützlichen Effekt im Sinne des Islam zu entfalten, nützte er ausschließlich dem »Feind«, in diesem Fall der britischen Regierung und deren Militärapparat. Den imperialen Kriegen Großbritanniens verschaffte er Rechtfertigung und psychologischen Aufwind. Denn dass diese »Islamisten« sich aufführen wie Tiere, konnte man anhand des Mordes an Rigby ja deutlich besichtigen. Gleichzeitig spülte es enorme Summen in die Kassen der militärischen Hilfsorganisation »Help for Heroes«.

Eine neue »herzliche Verbindung«

Nun ist ja bekannt, dass England und Frankreich eine enge Kriegsallianz innerhalb der NATO bilden, wenn man so will »eine NATO in der NATO«. Seit Jahren kämpfen beide Länder gemeinsam mit den USA in Afrika in hoch umstrittenen Kriegen, sei es in Libyen, in Mali oder anderswo. Vorwand ist meistens der Kampf gegen »Islamisten«, wobei es in Wirklichkeit um Rohstoffe und die Vorherrschaft auf dem afrikanischen Kontinent geht. Deshalb ist es nur natürlich, dass beide auch dieselben Propaganda-Operationen durchführen. Also eine Art »Entente cordiale« auf Propagandaebene. So kam es nur wenige Tage nach dem Woolwich-Massaker plötzlich zu einer ganz ähnlichen Attacke in Paris, also diesmal in der französischen Hauptstadt. Am 25. Mai, nur drei Tage nach dem Anschlag von Woolwich, wurde auch ein französischer Soldat von einem »Islamisten« mit dem Messer angegriffen. Ausgerechnet in dem Stadtteil »La Defense« (die Verteidigung) habe der Attentäter den Mann von hinten angegriffen und mit dem Messer verletzt. Vier Tage später wurde ein Verdächtiger gefasst. Und siehe da:

Wieder handelte es sich um einen zum Islam konvertierten jungen Mann mit »nordafrikanischen Wurzeln« (*Blick,* Online-Ausgabe, 25.5.2013). Und wieder brachte der Mann ideale Voraussetzungen für eine Rekrutierung durch die Geheimdienste mit. So war er zunächst wegen Delikten wie Diebstahl und illegalem Waffenbesitz mit dem Gesetz in Konflikt geraten – für Geheimdienste eine gute Möglichkeit, den Mann anzusprechen und ihm Hilfe bei seinen Schwierigkeiten zu versprechen. Gegen gewisse Gegenleistungen, versteht sich. Die französische Staatsanwaltschaft dementierte umgehend: Der Festgenommene sei bislang »zwar wegen kleinerer Delikte wie Diebstahl aufgefallen, dem französischen Geheimdienst aber nicht bekannt« (*business.panorama.de,* 29.5.2013). Das aber scheint nicht zu stimmen. Denn laut *taz* (Online-Ausgabe, 30.5.2013) war der Verdächtige »unter anderem wegen seiner Teilnahme an demonstrativen Straßengebeten nachrichtendienstlich registriert worden«. Und auch die Deutsche Welle berichtete: »Der Mann war der Polizei offensichtlich wegen seiner ›religiösen Überzeugungen‹ bekannt« (www.dw.de, 29.5.2013). Das Übliche also: Wieder war es kein Unbekannter, der hier »plötzlich und unerwartet« auf andere Menschen losging. Als Entschuldigung für diese kleine »Panne« wurde angeführt, dass der Mann, »nicht als speziell gefährlich« *(taz)* gegolten habe. Das übliche Mantra der Geheimdienste.

Ein Medienereignis ohne Ereignis?

Fassen wir zusammen:

- Die angeblichen Attentäter verhalten sich äußerst bizarr. Nach ihrer »Tat« halten sie eine Rede, stehen herum wie Statisten und warten geduldig auf die Polizei.
- Niemand hat Angst vor den »Tätern«. Busfahrgäste nehmen sie mit dem Handy auf, Passanten laufen in nächster Nähe

vorbei, und mehrere Frauen kümmern sich um das angeblich schwerverletzte Opfer, wobei sie die mit Fleischermessern bewaffneten »Täter« sogar »verjagt« oder »in die Schranken gewiesen« haben sollen.

- Jugendliche Buspassagiere in unmittelbarer Nähe zeigen ebenfalls weder Aufregung noch Angst, sondern unterhalten sich im Angesicht des auf der Straße liegenden »Opfers« über Belanglosigkeiten, wobei einmal sogar eine Bemerkung über eine »Filmszene« fällt, die noch anstehe.
- Es gibt keine überzeugenden Blutspuren am Tatort, weder an den »Tätern« noch auf der Straße. Eine Blutspur wurde sogar erst später hinzugefügt; unmittelbar nach der »Tat« war sie noch nicht vorhanden.
- Die Beschreibung der Verletzungen des Opfers bleibt erstaunlich unkonkret. Eine Enthauptung, von der zunächst berichtet wurde, oder ein Kontakt mit einem Auto wurde dabei nicht bestätigt.
- Obwohl zum Zeitpunkt der bekannten Videoaufnahmen bereits viele Minuten vergangen waren, sah man am Ort des Geschehens weder Notärzte noch Sanitäter.
- Die Täter wurden von Freunden und Bekannten als »liebenswürdige Menschen« beschrieben, die zu einer solchen Tat nicht fähig seien.
- Mindestens einer der »Täter« war ein V-Mann der Geheimdienste.
- Die Tat nutzte ausschließlich der britischen Propaganda, nicht aber den »Tatern« oder dem Islam.

Fazit: Das gesamte Geschehen macht einen äußerst bizarren und unnatürlichen Eindruck. Tatsächlich mutet es an wie ein typisches »Medienereignis ohne Ereignis«, das heißt wie eine Propaganda-Operation ohne Realitätsgehalt, die nur für die Medien inszeniert wurde. Ob hier wirklich der behauptete Mord stattgefunden hat, muss daher bezweifelt werden. Vielmehr ist es wahrscheinlich, dass die beiden »Verdächtigen« von den Geheimdiensten für diese Inszenierung rekrutiert wurden.

Aber werden sich die beiden Beschuldigten von Woolwich denn dann nicht wehren und alles aufklären, insbesondere ihre Beziehungen zu den Geheimdiensten? Eine gute Frage. Aber die Antwort lautet: nein. Denn wer einmal als »kleines Licht«, sprich: »V-Mann«, im Strudel der geheimdienstlichen Zusammenarbeit verschwunden ist, wird immer tiefer hineingezogen, bis es für ihn kein Entrinnen mehr gibt. Als Erstes dürfte beispielsweise der Woolwich-Attentäter Adebolajo von ebenjenen Diensten verhört worden sein, von denen er einst rekrutiert wurde. Denen wird er kaum erzählen wollen, dass er aus dem Deal aussteigen möchte. Und wenn doch, wird er dabei wohl auf ziemlich taube Ohren stoßen. Schließlich sind auch in europäischen Knästen schon jede Menge Menschen ums Leben gekommen, wenn es sein muss eben durch »Selbstmord«. So kennt die Geschichte Dutzende von V-Männern und -Frauen, die als Mitwirkende von Geheimdienstkomplotten irgendwann für Jahrzehnte hinter schwedischen Gardinen verschwanden. Denn da sind sie schließlich auch gut aufgehoben und können nicht plaudern, mit wem sie wollen. Und für die Woolwich-Attentäter ist es immer noch besser, in einem britischen Knast zu verschimmeln, als in einem kenianischen gefoltert zu werden.

Bananenrepublik ist noch geschmeichelt: Der Fall Mollath kocht hoch

Ein Jahrbuch des Verbrechens für das Jahr 2013 wäre wohl unvollständig ohne ein Kapitel über den Fall Gustl Mollath, jenen früheren Kfz-Tuner, der von seiner Frau wegen Misshandlung angezeigt, von Gerichten und Psychiatern für verrückt erklärt und vor sieben Jahren in die geschlossene Psychiatrie gesteckt und unter massivem medialen, öffentlichen und politischen Druck schließlich im August 2013 entlassen wurde. All jenen, die nichts von »Verschwörungstheorien« halten, sei gesagt: Verschwörungen existieren tatsächlich. Denn wie sich zeigte, wurde Mollath Opfer einer solchen. Es stellte sich heraus, dass in Deutschland unliebsame Personen genauso in der Psychiatrie verschwinden können wie weiland in der Sowjetunion unter Josef Stalin. Doch der Reihe nach.

Auf den ersten Blick war der Fall Mollath jahrelang nichts Besonderes und spielte sich unter Ausschluss der Öffentlichkeit ab. Der geborene Nürnberger schien nur einer von vielen Männern zu sein, die ihre Frau bedroht hatten und daraufhin verurteilt und als gefährlich in die Psychiatrie eingewiesen wurden. Am 12. August 2001 soll Mollath seine Frau Petra gewürgt, geschlagen und gebissen haben. Am 14. August 2001 erschien sie deswegen bei der Ärztin Dr. Madeleine Reichel, die tatsächlich eine Wunde im Gesicht feststellte. Am 31. Mai 2002 soll Mollath seine Frau für eineinhalb Stunden in der gemeinsamen Wohnung eingesperrt haben. Drei Tage später stellte die Ärztin Reichel Mollaths Gattin ein Attest über die angeblich vor zehn Monaten (12. August 2001) erlittenen Schlagverletzungen aus. Im Mai 2002 zog die Frau aus der gemeinsamen Wohnung aus. Am 25. September 2003 stand Mollath schließlich in Nürnberg wegen Körperverletzung vor Gericht. Das Gericht beauftragte einen Gutachter mit der Feststellung seiner geistigen Zurechnungsfähigkeit. Das Resultat der Untersuchung, die laut Mollath ohne ein gutachterliches Gespräch stattfand, wurde anlässlich einer neuen Verhandlung am 22. April 2004 vorgelegt: Der Angeklagte leide an einer »gravierenden psychischen Erkrankung«, wahrscheinlich einer Psychose. Mollath wurde erstmals (vorübergehend) in eine psychiatrische Klinik eingewiesen, die Klinik am Europakanal in Nürnberg. Am 7. Juli kam er wieder frei. Anfang 2005 soll Mollath Reifen an den Autos von Rechtsanwälten seiner Frau zerstochen haben. Am 25. Juli 2005 bescheinigte der Gutachter Dr. Leipziger Gustl Mollath ein »paranoides Gedankensystem«, erneut ohne dass »ein persönliches Explorationsgespräch« (Mollath) stattgefunden hätte. Bei der Hauptverhandlung wegen Sachbeschädigung, Freiheitsberaubung und gefährlicher Körperverletzung am 8. August 2006 erkannte das Gericht auf verminderte Schuldfähigkeit Mollaths und sprach ihn von allen Vorwürfen frei – um den Preis der Unterbringung in einer psychiatrischen Einrichtung. Von da ab durchlief Mollath verschiedene psychiatrische Anstalten.

Die Medien machen ihre Arbeit

Ausnahmsweise wurden die etablierten Medien diesmal ihrer Aufgabe gerecht und enthüllten einen unglaublichen Sumpf aus Unfähigkeit und Korruption in der bayerischen Justiz, Politik, und Bankenwelt. Ein Beispiel ist die Sendung *Die Story* vom 3. Juni 2013, einer der medialen Höhepunkte zum Fall Mollath. Darin kam Mollath ausführlich selbst zu Wort. Demnach schienen er und seine Frau Petra zunächst ein glückliches Paar gewesen zu sein. Er verdiente sich seine Brötchen als Kfz-Tuner in Nürnberg, machte schnelle Autos noch schicker und schneller. Seine Gattin arbeitete als Vermögensberaterin bei der HypoVereinsbank in Nürnberg. Auch für Freunde schien alles im Lot zu sein bei den beiden. An Rennstrecken, wo Mollaths Boliden ausprobiert wur-

den, übernachteten sie gemeinsam in einem Werkstattbus. Alte
Videos zeigen sie fröhlich beim gemeinsamen Essen. Aus Mollaths Homepage (www.gustl-for-help.de) geht hervor, dass die
Bankerin sich in den neunziger Jahren »einen eigenen Kundenkreis« aufgebaut hatte und anfing, Kundengelder in die Schweiz
zu transferieren. Immer wieder habe seine heutige Ex-Frau für
Bankkunden Schwarzgelder in die Schweiz verschoben. Wie es
aussieht, wandten sich damals Gutverdiener und Angehörige der
bayerischen Mittel- und Oberschicht an die umtriebige Frau Mollath von Bayerns zentralem Kreditinstitut, der HypoVereinsbank.
Mit Sicherheit waren darunter auch einflussreiche Persönlichkei-
ten aus Politik und Wirtschaft. Anfangs erfolgten die Bartransfers
in die Schweiz mit den Autos ihres Ehegatten Gustl.

Die Anzeigen des Gustl M.

Die Hintergründe schilderte Gustl Mollath in mehreren Strafan-
zeigen. Unter anderem an den Berliner Generalstaatsanwalt Die-
ter Neumann (9.12.2003). Anfang der neunziger Jahre übernahm
demnach die HypoVereinsbank die Zürcher Anlage und Kredit
Bank (AKB). »Was die Hintergründe zum Engagement in der
Schweiz waren, sei dahingestellt«, schrieb Mollath (Rechtschreibung teilweise korrigiert). »Manche behaupten, damit das Geschäft mit dem Schwarzgeld nicht verloren geht.« Mollath zufolge reisten in Zukunft Repräsentanten der beiden Banken hin
und her. »Vorher hatten Berater, wie meine Frau, auf Anweisung
der Firmenleitung ›geldverschiebungswillige‹ Kunden festgestellt und auf folgendes System aufmerksam gemacht: Unter Hilfe des Vermögensübertragungssystems der Hypo Bank und der
AKB Schweiz« könne problemlos, ohne das Zutun des Kunden,
Geld in die Schweiz transferiert werden. Seine Frau habe bei diesen Arrangements geholfen. »Der Anleger hat den großen Vorteil,
für ihn ist kein gefährlicher Grenzübertritt nötig. Er muss kein

einziges Mal in die Schweiz, sein Kontakt und weitere Anlagege-
schäfte werden problemlos von seiner Hypobank z. B. in Nürnberg durchgeführt.«

Laut der Mollath-Anzeige wurden Kunden im Verwandten- und
Bekanntenkreis geworben. Bei der Kundenwerbung der Nürnberger Bankangestellten und Vermögensberaterin spielten lokale
Aspekte also durchaus eine Rolle. Das »ganze Spektrum« sei dabei gewesen: Neben der »Haushaltshilfe« auch Ärzte, Apotheker
und sogar Beamte. »Ein Großteil ihrer Kunden bringt mich zum
Würgen«, schrieb Mollath: »keine Kultur, keine Moral (aber dop-
pelte), kein Gewissen, nur noch Geld, Geld. (…) Ich konnte keine
Nacht mehr schlafen, bin schweißgebadet aufgewacht.« Dann
habe er versucht, seine Frau und ihre Komplizen von ihrem Tun
abzubringen, woraufhin es zum Streit und zur Trennung gekommen sei (2002). Dem Generalstaatsanwalt in Berlin schrieb Mollath weiter, er habe das Gefühl gehabt, seine Schreiben an die
Nürnberger Justiz seien dort nicht willkommen gewesen: »Offenkundig war die Anzeige unbequem und unerwünscht.« Ein Richter namens Huber habe behauptet, »er wäre nicht zuständig«.
»Stattdessen beschloss Richter Huber, auf Betreiben meiner Frau
mit Unterstützung von Martin Maske von der HVB Group, ich
müsse auf meinen Geisteszustand überprüft werden.« Trotzdem
habe er weitere Anzeigen an die Nürnberger Justiz geschickt –
ohne Reaktion. »Wie soll ich mir das erklären?«, fragte Mollath
in seiner Anzeige an die Berliner Generalstaatsanwaltschaft.

Seine Angaben untermauerte Mollath mit einer umfangreichen
»Zeugen- und Täterliste«. Zwar hat er Namen und Wohnorte für
die Veröffentlichung auf seiner Website geschwärzt, nicht aber
alle Titel und Berufsbezeichnungen. So findet man gleich mehrere Doktoren (darunter auch einen Dr. jur.), Apotheker und Apo-
thekerinnen, einen Niederlassungsleiter, einen Vorstandsvorsitzenden und den (früheren) Inhaber einer Friseurkette.

Das Schwarzgeldkartell der Petra M.

Anfangs begleitete Mollath seine Frau gelegentlich auf ihren Kurierfahrten. Als jedoch immer mehr seltsame Aufträge und Umbuchungen aus dem heimischen Faxgerät quollen, dämmerte ihm um das Jahr 2000 herum, dass es so nicht weitergehen konnte: Für Mollath waren Geldverschiebungen in solchen Größenordnungen (viele 100 Millionen DM) »mit seinem politischen Weltbild unvereinbar, und er befürchtet außerdem rechtliche Konsequenzen, sowohl für seine Frau als auch für sich«, wie es in einer Chronologie auf seiner Website heißt. »Er verbietet seiner Frau, die Geldtransfers mit seinen Fahrzeugen zu erledigen.« Ab 2001 habe er sie und die beteiligten Banker ermahnt, »diese illegalen Praktiken einzustellen«.

Die Sache zog also Kreise: Mollath beschwerte sich nicht nur bei seiner Frau, sondern auch bei Dritten. Vermutlich beging er damit einen entscheidenden Fehler. Statt sich lediglich selbst aus den dubiosen Geschäften herauszuhalten, legte er sich mit dem Schwarzgeldkartell an. Er wollte diese Geschäfte generell unterbinden, also auch seiner Frau und den beteiligten Dritten untersagen. Damit hätte nicht nur die schöne »Schwarzgeld-Linie« in die Schweiz versiegen, sondern das ganze Kartell auffliegen können. Man kann sich vorstellen, dass Mollath allmählich nicht nur für die Bankangestellte Petra Mollath, sondern auch für jene (bayerischen) »Großkopferten« zum Problem wurde, die bis zum Hals »mit drin« hingen. Denn mit Petra Mollath würden nicht nur die Schwarzgeldtransfers auffliegen, sondern auch ihre geheimnisvollen Kunden. Schließlich ging es Mollath zufolge um »viele hundert Millionen D-Mark« und damit um Steuerhinterziehung im großen Stil. Des Weiteren handelte es sich bei dem Schwarzgeldkartell vermutlich um organisierte Kriminalität und um eine kriminelle Vereinigung.

Wohl deshalb setzte ihn nunmehr seine Frau Petra, die auch »hinter dem Rücken ihres Arbeitgebers HypoVereinsbank eigene

Vermögensanlagegeschäfte« betrieben habe, unter Druck, »damit er zu den illegalen Geschäften schweigt«. Und während in die Enge getriebene Männer manchmal gewalttätig werden, kämpfen Frauen eher mit List und Lügen. Die Gefängnisse und Psychiatrien sind voll von denunzierten Männern, die angeblich ihre Frauen vergewaltigt oder ihre Kinder missbraucht haben. Der Fall Kachelmann lässt grüßen. Der bekannte Wettermoderator war 2010 von einer enttäuschten Geliebten zu Unrecht der Körperverletzung und versuchten Vergewaltigung beschuldigt worden und entging nur knapp einer Verurteilung.

Mit den Standardwaffen einer Frau

Das heißt natürlich nicht, dass alle entsprechenden Beschuldigungen falsch sein müssen, sondern lediglich, dass falsche Anschuldigungen eine Standardwaffe von Frauen in der Auseinandersetzung mit Männern sind – so wie Gewalt eher eine männliche »Standardwaffe« in der Auseinandersetzung mit Frauen darstellt. Deshalb ist es umso erstaunlicher, wie Gerichte solche Beschuldigungen immer wieder für bare Münze nehmen können. Im Fall Mollath kam vermutlich noch ein weiterer Faktor hinzu, nämlich die Ungewissheit darüber, wer alles zum ausgedehnten Kundenkreis der umtriebigen Dame zählte – etwa auch Politiker, Minister, Ärzte, Richter und Staatsanwälte? Vielleicht auch psychiatrische Gutachter? Also im Prinzip genau jene gutsituierte und wohlhabende »feine Gesellschaft«, aus der sich Frau Mollaths Kunden rekrutierten? Das ist eigentlich die große, ungeklärte Frage in dem Fall, an die sich niemand herantraut. Wenn ja, dann mussten diese Personen nicht nur Strafverfolgung fürchten, sondern – anders als in der Privatwirtschaft Tätige – auch den totalen Verlust der beruflichen Existenz (durch Entlassung aus dem Staatsdienst).

Frau Mollath war in Nürnberg und Umgebung tätig, rekrutierte also dort ihre Kunden, wo Gustl Mollath später vor Gericht stand. Und tatsächlich brach der Nürnberger Justiz umgehend ein Gutachter weg, als sich der Gerichtspsychiater Dr. Michael Wörthmüller, in dessen Klinik sich Mollath Anfang August 2004 zur Begutachtung befand, wegen Freundschaft mit einem früheren Kunden von Petra Mollath und der HypoVereinsbank für befangen erklärte. So klein ist die Nürnberger Welt. Für solche Verknüpfungen sprechen aber auch Äußerungen von Frau Mollath selbst. So erklärte sie einem Freund von Gustl Mollath telefonisch: »Wenn Ferdl meine Bank und mich anzeigt, mache ich ihn fertig. Ich habe gute Beziehungen.« Was mit Sicherheit der Wahrheit entsprach. In demselben Telefonat kündigte Mollaths Frau an, ihren Gatten anzuzeigen. Und wo die Reise hingehen sollte, sagte sie auch: »Der ist doch irre, den lasse ich auf seinen Geisteszustand überprüfen, dann hänge ich ihm was an, ich weiß auch, wie.« Hatte sie damit ursprünglich sogar Wörthmüller gemeint? Später, so der Zeuge, der das Telefonat in einer eidesstattlichen Versicherung niederlegte, habe sie noch angeboten: »Wenn Ferdl die Klappe hält, kann er 500 000 Euro von seinem Vermögen behalten. Das ist mein letztes Wort.« Die Hybris der Ehefrau mit ihren geheimnisvollen »Beziehungen« ging also so weit, dass sie Mollath mit seinem eigenen Geld bestechen wollte.

Woher nahm eine Bankangestellte dieses unerschütterliche Selbstvertrauen, das weitere Schicksal ihres Gatten quasi gottähnlich bestimmen zu können? Normalerweise hätte sie zumindest damit rechnen müssen, mit ihren Falschbeschuldigungen schon bei der Staatsanwaltschaft zu scheitern. Und wenn nicht da, so doch bei der ersten Gerichtsverhandlung. Aber solche Zweifel plagten Frau Mollath offenbar nicht. Warum nicht? Wer also waren ihre Kunden?

Filz mit Nadelstreifen

Etwas weiter kommen wir vielleicht mit dem Protokoll einer Sitzung des Rotary Clubs München-Harlaching vom 27. November 2012. Natürlich interessieren sich die einzelnen Clubs durchaus auch mal für die Belange der anderen, wenn diese entsprechend Schlagzeilen machen. Und so berichtete auf dieser Sitzung ein »Freund Helgert« in den »aktuellen fünf Minuten« seinen Mitbrüdern, dass Mollath in seinen »zahlreichen Eingaben und Anzeigen« auch »die Rotarier aufs Korn« genommen habe, »von denen er auch einige der Schwarzgeldverschiebungen verdächtigte«. Sieh an, sieh an, das würde natürlich einiges erklären: Denn die Rotarier verfügen auf lokaler, aber auch globaler Ebene über eine enorme Macht. De facto handelt es sich um eine weltweite Geheimgesellschaft, die 1905 von einem deutsch-amerikanischen Freimaurer mitbegründet wurde und die auch in der Folgezeit viele Freimaurer zu ihren Mitgliedern zählte. In den lokalen Rotary Clubs treffen sich im Stillen die Spitzen der lokalen Gesellschaft. Einem Rotary Club kann man auch nicht beitreten, sondern man muss von Mitgliedern des Clubs zur Aufnahme vorgeschlagen werden. Das reicht aber noch nicht, sondern ist nur die Voraussetzung für den Beginn eines förmlichen Aufnahmeverfahrens.

Wie man sieht, sind die Rotarier, was ihre Mitglieder angeht, äußerst vorsichtig. »Wünsche nach einer Berufung müssen um ein paar Ecken lanciert und die Spuren sorgfältig verwischt werden – dann klappt's meistens«, schrieb der *Spiegel* 1983 in einem Artikel mit dem Titel »Filz in Nadelstreifen« (Nr. 21/1983). »Diese Art der Mitglieder-Rekrutierung (Kooptation) lässt unter den Mitgliedern ein starkes Zusammengehörigkeitsgefühl entstehen«, heißt es bei *Wikipedia.* »Nach Ansicht der Rotarier werden so die besten Kräfte einer Region für ihre Gemeinschaft gewonnen.« Und natürlich die kooperativsten Kräfte. Gleichzeitig schützt dieses Verfahren vor »Maulwürfen«, die sich in einen Club einschleichen wollen. Wohl deshalb gilt eine Eigenwerbung geradezu als Ausschlusskriterium.

Eine ehrenwerte Gesellschaft

Zu diesen »besten Kräften« zählt die Spitze der Gesellschaft. Mit dabei waren und sind laut *Wikipedia* Bundeskanzler (Adenauer), Bundespräsidenten (Herzog), Minister (Genscher), Geheimdienstbosse (Kinkel), Konzernchefs, Aufsichtsratsvorsitzende, Bischöfe und TV-Größen (Sandra Maischberger). Kurz und gut, bei den Rotariern sind sämtliche wichtigen Entscheidungsträger der Gesellschaft versammelt, was ihnen fast das Gewicht einer Gegenregierung oder eines »Staates im Staate« gibt.

Traditionell befinden sich unter den Rotariern auch viele Juristen, bis hinauf zum Bundesverfassungsgericht, denn auch Richter haben schließlich eine Menge zu sagen. Dem *Spiegel* von 1983 zufolge existierte schon damals ausgerechnet in der »Stadt der höchsten Gerichtsbarkeit« (Karlsruhe) ein unglaublicher Rotarier-Filz: »Den drei Karlsruher Rotary Clubs mit zusammen 144 Mitgliedern beispielsweise gehören nicht nur die Präsidenten des Bundesgerichtshofs und des Bundesverfassungsgerichts an, sondern zugleich deren Vorgänger und etliche höchste Richter.« Insgesamt ist »jeder achte Clubfreund (11,9 %) [ist] Mediziner, jeder elfte (8,9 %) erwarb sich Vermögen und Ansehen in Wissenschaft, Erziehung oder Forschung. Die juristische Zunft stellt noch stattliche sechs, die Banken bringen es auf immerhin knapp vier Prozent.«

Mit einem solchen Verein also legte sich Mollath an, als er gegen einige Mitglieder Anzeige erstattete oder sie in seinen Eingaben verewigte. Dem braven Rotarier-Freund Helgerth aus München-Harlaching zufolge verdächtigte Mollath »auch einige der Schwarzgeldverschiebungen« und behauptete, die Rotarier »würden in Nürnberg alle entscheidenden Stellen ›unterwandern‹«. Namentlich habe Mollath zum Beispiel Klaus Hubmann erwähnt. Hubmann war bis zum 30. Juni 2008 Leitender Oberstaatsanwalt in Nürnberg, danach (bis 30.9.2011) Generalstaatsanwalt.

Tatsächlich wird Ex-Generalstaatsanwalt Hubmann in der Mitgliederliste des Rotary Clubs Nürnberg geführt. War das der Grund, warum die Nürnberger Staatsanwaltschaft Mollath so gnadenlos verfolgte? Weil dieser in ihrem eigenen Rotarier-Filz herumgestochert hatte? Weil einige ihrer Rotarier-Freunde und vielleicht sogar die Staatsanwälte selbst Schwarzgelder in der Schweiz angelegt hatten? Sind die Nürnberger Richter »selber Steuerhinterzieher oder decken sie Steuerhinterzieher?«, wurde in einem Forum gefragt. Wer weiß. Aber das ist noch nicht alles. So verzeichnet die Mitgliederliste des Rotary Clubs Nürnberg auch den Vorsitzenden Richter am Oberlandesgericht Nürnberg, Roland Glass. Schlechte Karten für Mollaths Anzeigen bei der Nürnberger Justiz? Tatsächlich scheint diese eng mit den örtlichen Rotariern verbandelt zu sein. Laut *Nürnberger Nachrichten* vom 8. Oktober 2009 gehörte noch ein weiteres hohes Justiz-Tier zum lokalen Rotarier-Filz. So ließ sich der ehemalige Präsident des Oberlandesgerichts Wolfgang S. »von seinem Chauffeur regelmäßig im Dienstwagen zu privaten Terminen kutschieren. Beinahe wöchentlich fuhr er mit der Justiz-Limousine beim Rotarier-Club vor.« – »Nürnberg hat eine halbe Million Einwohner, tickt aber wie eine Kleinstadt«, hieß es am 3. Dezember 2012 in der *Süddeutschen Zeitung:* »Man muss sich nur die Mitgliederlisten der Rotarier-Klubs anschauen: führende Staatsanwälte und Richter in trauter Eintracht mit Bankern, hohen Tieren in Finanzbehörden und bekannten Nürnbergern.« Und – nicht zu fassen: »Verwaltet werden die Rotarier damals wie heute übrigens in der Nürnberger HVB-Filiale.« Also der Filiale der HypoVereinsbank, jener Bank, für die Petra Mollath als Vermögensberaterin arbeitete. Niemand hat bis heute eine schlüssige Erklärung dafür. Waren die Rotarier etwa direkt an die »Schwarzgeld verschiebende Bank« angebunden? »Rotarier könnten als Kunden der HVB dort ihre Geschäfte abgewickelt haben, vielleicht sogar mit Petra Mollath«, vermutet *Nürnberg Wiki,* ein Internet-Nachschlagewerk zu Nürnberg.

Mechanismen der horizontalen Vernetzung

Am 26. August 2011 schmetterte das Oberlandesgericht Nürnberg jedenfalls eine Beschwerde Mollaths gegen seine Unterbringung aus dem Jahr 2006 ab, obwohl sich das Ausmaß der Intrige bereits abzuzeichnen begann. Schließlich steht auch ein führender Nürnberger Psychiater auf der Mitgliederliste der Nürnberger Rotarier: Hat er selbst direkt oder indirekt Einfluss auf Mollaths Begutachtungen ausgeübt? Zu guter Letzt gibt es noch eine interessante Gruppe bei den Nürnberger Rotariern: Vermögensberater. Waren sie irgendwie in die Machenschaften Petra Mollaths verwickelt?

Im Gegensatz zu dem edlen Bild, das die Rotarier gerne von sich verbreiten, haben einige Zeitgenossen wohl eher schlechte Erfahrungen mit dem dubiosen Club gemacht. Ein kritischer Artikel, den ich im Internet über die Rotarier geschrieben hatte, stieß jedenfalls auf rege Zustimmung. So schrieb mir etwa ein deutscher Arzt im Ausland, der Artikel habe sein besonderes Interesse geweckt, »da ich hier leidvolle Erfahrung habe«. Er prozessiere zurzeit in Italien »gegen einen Rotarier, der mir dort ein Grundstück enteignen will«: »Mit Lügen und unwahren Behauptungen« versuche »der feine Herr« ihm das Grundstück wegzunehmen. Besonders interessant ist dabei (wenn die Schilderung stimmt) das Zusammenspiel der unterschiedlichen Branchen bei den Rotariern, zum Beispiel von Rechtsanwälten und Notaren. Im Jahr 2001 habe der besagte Herr »einfach ohne mein Wissen mit Hilfe seines Freundes und Notars (natürlich ebenfalls Rotarier) einen Kaufvertrag von sich auf seine Gesellschaft abgeschlossen, und mein Grundstück wurde beim Katasteramt auf seine Gesellschaft umgeschrieben«. Der Vorgang klingt unglaublich:

> »Während des nun 10 Jahre andauernden Prozesses hat die Richterin der 1. Instanz alles nur Mögliche unternommen, um die Sache zu verzögern, bis hin zum Verlust der Akten, die erst wieder aufgefunden wurden, als ich drohte, mich beim

Gerichtspräsidenten zu beschweren! Daraufhin hat sie dann aber ein haarsträubendes Urteil – natürlich gegen mich – gefällt, in dem sie die Zeugenaussagen völlig gegensinnig uminterpretiert hat. Nun sind wir in Berufung, und ich sehe auch beim nächsten Urteil ziemlich schwarz, denn die Herren Rotarier halten alle zusammen. Da zeigt sich, wie menschenfreundlich und großzügig sie sind!«

Könnte Gustl Mollath denselben Mechanismen der »horizontalen Vernetzung« innerhalb der Oberschichten zum Opfer gefallen sein?

Mollath ist frei: Wer hat's erfunden?

Wie bereits zu Beginn angedeutet, wurde Gustl Mollath im August 2013 schließlich freigelassen. Am 6. August ordnete das Oberlandesgericht Nürnberg die Wiederaufnahme seines Verfahrens an, womit seine umgehende Freilassung verbunden war. Und dann hieß es: Wer hat's erfunden? Na, Beate Merk natürlich! Ausgerechnet die oberste Chefin der korrupten bayerischen Justiz setzte sich zuletzt an die Spitze der Mollath-Freiheitsbewegung und freute sich ein Loch in den Bauch, dass das Justizopfer die psychiatrische Anstalt verlassen konnte: »Ich bin sehr zufrieden: Mein Ziel, das ich mit dem Wiederaufnahmeantrag und der sofortigen Beschwerde verfolgt habe, den Fall neu aufzurollen, ist erreicht«, freute sich Merk.

Das ist seltsam, denn noch vor einem Dreivierteljahr, im November 2012, war Merk ganz anderer Meinung gewesen. Damals gab sie dem TV-Magazin *Report* ein denkwürdiges Interview (Ausstrahlung: 13.11.2012).

Gleich die erste Frage, ob Gustl Mollath zu Recht in der Psychiatrie sitze, beantwortete sie damals mit einem eindeutigen »Ja, das tut er«. Auf die Frage nach dem Warum sagte sie: »Herr

Mollath ist gefährlich.« Er habe eine schwere Körperverletzung an seiner Ehefrau begangen, das habe ein Gericht aufgrund von Gutachten festgestellt. Zweifel »an den Gutachten der renommierten Gutachter« (die Mollath nicht einmal untersucht hatten) hielt sie für unangebracht. Der Gipfel des Gesprächs jedoch war die Frage nach dem internen Revisionsbericht der HypoVereinsbank aus dem Jahr 2003, in dem diese Mollaths Behauptungen über Schwarzgeldgeschäfte bestätigte. In dem Bericht mit der Nr. 20546 kam die Bank zu dem Ergebnis, dass »alle nachprüfbaren Behauptungen« Mollaths »sich als zutreffend herausgestellt« hätten.

---

2   ZUSAMMENFASSENDES ERGEBNIS

2.1   Vorwürfe des Herrn Mollath bezüglich der "schweizer Geschäfte"

- Die Anschuldigungen des Herrn Mollath klingen in Teilbereichen zwar etwas diffus, unzweifelhaft besitzt er jedoch "Insiderwissen". Alle nachprüfbaren Behauptungen haben sich als zutreffend herausgestellt. Die geleisteten Provisionszahlungen hat das Bankhaus Leu mehr oder weniger direkt bestätigt.

Interner Revisionsbericht der HypoVereinsbank:
Alle nachprüfbaren Behauptungen Mollaths haben sich
»als zutreffend herausgestellt«.
Quelle: Report Mainz

Die Wahrheit auf dem Kopf

In dem Interview mit *Report* vom November 2012 versuchte Merk, diese Ergebnisse auf den Kopf zu stellen:

Report: *Bestätigen diese Untersuchungen der HypoVereinsbank die Aussagen von Herrn Mollath?*

Merk: *Soweit Sachverhalte oder Vorwürfe noch verfolgbar waren, bestätigt das die Vorwürfe nicht.*

Merkwürdig, denn die Frage bezog sich auf die »nachprüfbaren Behauptungen« von Gustl Mollath. Daher konfrontiert die Reporterin Merk erneut mit dem Revisionsbericht und dem daraus entnommenen Zitat:

Report: *Alle nachprüfbaren Behauptungen haben sich als zutreffend herausgestellt.*

Merk: *... soweit sie verfolgbar waren, haben sie sich als nicht zutreffend herausgestellt.*

Report: *Alle nachprüfbaren Behauptungen haben sich als zutreffend herausgestellt.*

Merk: *... soweit sie verfolgbar waren, haben sie sich als nicht zutreffend herausgestellt.*

Report: *... das heißt?*

Merk: *... dass sie, soweit sie verfolgbar waren, nicht zutrafen.*

Kurz darauf verlangt Merk, die Kamera abzustellen. Weitere Fragen zu dem Bericht möchte sie nicht beantworten.
Aber auch früher hatte sich Merk eindeutig auf Mollaths Schuld bzw. geistige Unzurechnungsfähigkeit festgelegt:

Ich muss davon ausgehen, dass er zu Recht in der Psychiatrie sitzt.

Herr Mollath ist gefährlich. Man hat das auch unter anderem dadurch festgestellt, dass er schwere Körperverletzungen an seiner Ehefrau begangen hat. Das Gericht hat es festgestellt, aufgrund von Gutachten.

Er sitzt in der Psychiatrie, weil er gefährlich ist. (Quelle: *Süd-deutsche Zeitung,* 6.8.2013)

Sitzt Frau Merk zu Recht in der bayerischen Staatsregierung?

Versuchen wir es einmal umgekehrt: Sitzt Frau Merk zu Recht seit zehn Jahren in der bayerischen Staatsregierung? Antwort: nein. Warum nicht? Antwort: Frau Merk ist für die freiheitlich-demokratische Grundordnung und die Freiheit der Bürger gefähr-lich: Beschuldigungen einer wütenden Ehefrau, ein fragwürdiges Attest und Gutachter, die den Betreffenden nicht einmal unter-sucht haben, reichten, um Leben und Existenz eines Menschen zu zerstören und ihn auf unbestimmte Zeit in die Psychiatrie zu ste-cken.

Um das Maß vollzumachen, kam im August 2013 auch noch der Verdacht auf, der erwähnte psychiatrische Gutachter Dr. Klaus Leipziger könnte seinen Doktortitel erschwindelt haben: »Martin Heidingsfelder, Deutschlands bekanntester Plagiatsjäger«, hatte laut *Abendzeitung München* »bei der Universität Ulm eine ent-sprechende Anzeige gegen Leipziger erstattet. Nach Angaben Heidingsfelders seien er und seine Mitarbeiter bereits bei ›einer ersten kurzen Lektüre‹ der Doktorarbeit auf ein ›eindeutiges Pla-giat‹ gestoßen. Eine genauere Durchsicht der Arbeit habe dann weitere Plagiate zutage gefördert. (…) ›Aufgrund unserer Erfah-rung‹, schreibt Heidingsfelder in einer Erklärung, ›gehen wir da-von aus, dass diese Arbeit noch etliche weitere Fälle derart unred-licher wissenschaftlicher Arbeitsweise enthält.‹«

Wobei leicht vergessen wird, dass Gustl Mollath – ginge es nach der obersten Chefin der bayerischen Justiz – wohl auf Nimmer-wiedersehen in diesem unfassbaren Sumpf verschwunden wäre, hätte sich nicht eine breite Öffentlichkeit des Falles angenommen. Deshalb wäre eben auch ein Wiederaufnahmeverfahren über die politische Zurechnungsfähigkeit von Beate Merk dringend notwendig gewesen. Kurz vor der Landtagswahl am 15. September 2013 hatte der bayerische Ministerpräsident Horst Seehofer damit ein echtes Problemkind in seinem Kabinett bzw. eine »Problemministerin«. Nun müssen solche Minister ja nicht gleich erschossen werden, wie etwa bayerische »Problembären«. Aber gelöst werden sollte das Problem schon.

Der Fisch stinkt vom Kopfe her

Aber bekanntlich stinkt der Fisch ja auch vom Kopfe her, wie der Volksmund sagt. Nach den Recherchen der eingangs zitierten Sendung *Die Story* ignorierten bayerische Politik und Behörden Gustl Mollaths Beschwerdebriefe und Eingaben jahrelang – »allen voran die bayerische Justizministerin Beate Merk von der CSU. Selbst als ihr wichtige Interna des Falles bereits bekannt sind, verschleiert sie die Wahrheit vor den Medien und den Abgeordneten des bayerischen Landtags«, so *Die Story*. In demselben Film ignorierte sie auch die Feststellung des internen Revisionsberichts der HypoVereinsbank, wonach »alle nachprüfbaren Behauptungen (von Gustl Mollath)« sich »als zutreffend« erwiesen hätten. Ein Verhalten, das Fragen aufwirft. Hat Merk etwas zu verbergen? Steckt die Ministerin etwa selbst mit im Schwarzgeldsumpf? Oder schützt sie die Beteiligten aus falsch verstandener Loyalität? Immerhin ist die bayerische Justizministerin ebenfalls Mitglied bei den Rotariern, und zwar im Rotary Club Ulm/Neu-Ulm. Und wer sich nun bei Ministerpräsident Horst Seehofer beschweren will, der hat möglicherweise gleichfalls schlechte Karten. Denn der ist zusammen mit seiner Frau Karin Mitglied bei den Rotariern in Ingolstadt.

Serienkiller Deniz A.:
Von Müttern und Mördern

Wie ein Häufchen Elend sitzt der Angeklagte am 4. Juni 2013 im Gerichtssaal. Eine schlimme Kindheit habe er gehabt, hatte er dem Gerichtspsychiater zu Protokoll gegeben. Doch muss man deshalb gleich jemanden umbringen? Ende September 2012 hat der türkischstämmige Deniz A. in Hamburg-Marienwerder eine Rentnerin brutal ermordet – mit den bloßen Fäusten erschlagen. Eine Nachbarin fand die Frau am 30. September tot in der Badewanne ihrer Wohnung. Die Polizei vermutete zunächst einen Sturz. Doch dann ergab die Obduktion, dass die Frau »an den Folgen stumpfer Gewalteinwirkung« gestorben war.

Und die Polizei machte ihre Arbeit und sicherte zahlreiche Spuren in der Wohnung: »Ein Haar am Tatort brachte die entscheidende Wende in den Ermittlungen«, schrieb die *Hannoversche Allgemeine Zeitung* am 12. November 2012. »Es befand sich unter den rund 400 Spuren, die von den Ermittlern in der Wohnung der Rentnerin entdeckt worden waren.« Von da war es nur noch ein ganz kleiner Schritt zum Erfolg. Denn das Genprofil des Haares fand sich in der Datenbank des Bundeskriminalamtes. »Eine Genanalyse ergab, dass das Haar eindeutig von Deniz A. stammt«, so die *Hannoversche*. Am 11. Juni 2013 verurteilte das Landgericht Hannover Deniz A. zu lebenslanger Haft mit anschließender Sicherungsverwahrung. Zu guter Letzt hatte eine Unmenge von Indizien den Täter überführt: neben dem Haar »verschiedene DNA-Spuren, seine Internetrecherche mit Täterwissen oder ein Ohrabdruck an der Tür« (*HAZ*, 11.6.2013).

Aber was war das Motiv? Zwar raubte der Mann seinem Opfer 300 Euro. Doch reicht das wirklich als Beweggrund für einen Mord? »Das Motiv für die Tat bereitet den Ermittlern noch Kopfzerbrechen«, schrieb denn auch die *Hannoversche*. Die Wahrheit ist: Deniz A. ist offenbar ein Serienkiller. So tötete A. schon einmal wegen eines lächerlich geringen Betrages. 1997 hatte er sich mit einem Mann in einem Hotel zum Sex verabredet. Als dieser anschließend die vereinbarten 100 Euro nicht zahlen wollte, stach A. mindestens 14 Mal auf ihn ein und erdrosselte ihn mit einer Peitsche. Doch reichen solche geringen Beträge wirklich als Motiv für einen Mord? Oder deutet der hasserfüllte Gewaltausbruch nicht darauf hin, dass noch weit mehr hinter solchen Serienmorden stecken muss?

Merkmale eines Killers

Am 4. Juni 2013 versuchte der psychiatrische Sachverständige Dr. Andreas Tänzer vor dem Landgericht Hannover die Antwort zu liefern. Das heißt: Eigentlich war es Deniz A. selbst, der da sprach, denn der Gutachter gab nur wieder, was dieser ihm erzählt hatte. Wenn man nicht gewusst hätte, dass hier mit hoher Wahrscheinlichkeit ein brutaler Mörder vor einem saß, hätte einen das Schicksal von Deniz A. erschüttern können. Oder ist es nicht vielmehr so, dass einen beide Schicksale erschüttern müssten: das des Opfers *und* das des Täters? Deniz A. berichtete dem Gutachter von fast unvorstellbaren Qualen, die er gemeinsam mit seinem jüngeren Bruder in seiner Kindheit durchleben musste. Schläge mit Besen und Nudelhölzern seien an der Tagesordnung gewesen. Seine Mutter habe ihn ohne Wasser und Nahrung so lange im Kinderzimmer eingesperrt, dass er seine Notdurft zwischen dem Spielzeug verrichten musste. Bei anderen Gelegenheiten habe ihn die Mutter gezwungen, sein Erbrochenes zu essen, oder ihn mit heißem Wasser verbrüht. Kann das wirklich wahr sein? Dass Väter gewalttätig sein können, wissen wir zwar schon. Aber sind auch Mütter zu solchen Grausamkeiten fähig? Für den Wahrheitsgehalt der Aussagen spricht in diesem Fall, dass Deniz A. gestand, noch im Alter von 17 Jahren Bettnässer gewesen zu sein – häufig eine Folge extremer Traumen in der Kindheit. Und ein typisches Merkmal eines Serienkillers.

Vom Tier- zum Menschen-Ripper?

Das zweite typische Merkmal von Serienkillern ist Tierquälerei. Im Jahr 2013 wurde die Öffentlichkeit mit einem anderen schockierenden Fall konfrontiert. Dabei durchlebte jemand offenbar eine komplette Serienkiller-Karriere, allerdings waren die Opfer »nur« Tiere. Die Taten wiesen exakt jene Merkmale auf, die typisch für Serienkiller sind, nämlich:

- eine besondere Drastik oder Schockabsicht
- Kommunikation
- makabre Rituale

Am 24. Mai 2013 köpfte der »Tier-Ripper« *(Bild)* zunächst einen Schafbock in Krefeld (Drastik). Dazu schrieb er einen »Bekennerbrief«, den er in der Nähe deponierte (Kommunikation). In der Nacht vom 30. auf den 31. Mai wurden zwei Pferde mit Messerstichen verletzt, und vom 5. auf den 6. Juni 2013 köpfte der Täter ein Pony. Während er den Kopf an einen anderen Ort verbrachte, ließ der Unbekannte den Kadaver mitten auf der Straße liegen und klebte eines der Flugblätter auf den toten Körper, mit denen Anwohner nach den Taten von Ende Mai vor dem Tierquäler gewarnt hatten. Laut *Bild* legte er die abgezogene Kopfhaut »an der Garageneinfahrt des Weiden-Besitzers ab« (makabre Rituale). »Eine solche Persönlichkeit macht mir Angst«, sagte Wilfried Albishausen, Vorsitzender des Bundes der Kriminalbeamten in NRW, laut *RP Online:* »Wer sich ohne Mitgefühl auf diese Weise an Lebewesen vergeht, zeigt psychopathische Züge.« Ganz richtig merkt der Experte an, dass dem Tierquäler zuzutrauen sei, »dass er andere, auch

schwere Straftaten begehe«: »Ich halte den Täter für gemeinge-
fährlich«, wird Albishausen zitiert. »Es sei ratsam, den Täter nach
der Ergreifung zwangsweise in einer psychiatrischen Klinik unter-
zubringen.« Auch andere Fachleute waren der Meinung, dass diese
Art der Tierquälerei und -schlächterei äußerst ernst zu nehmen sei.
»Das sieht ganz so aus, dass da Menschen am Werk sind, die eine
tiefgreifende seelische Störung haben«, meinte beispielsweise der
Sexualpsychologe Ernst P. Meier im *Kölner Express* (Online-Ausgabe, 7.6.2013): »Sie suchen sich Tiere aus, um ihre krankhaften
Fantasien auszuleben, verbunden mit Qualen, an denen sie sich er-
freuen. (…) Man muss sich auch fragen, wie gefährlich ist so ein
Täter für Menschen?« Allerdings. Denn häufig spielen Serienkiller
ihre Taten erst einmal mit Tieren durch. Zum einen ist das risikolo-
ser, zum anderen werden dabei Hemmungen abgebaut. Sie gewöh-
nen sich auf diese Weise schon mal an das Leid hilfloser, verzwei-
felter Lebewesen. Psychologen warnten denn auch davor, »dass
der Tierquäler sich in einem Stadium der Eskalation auch an Menschen vergreifen könne«, so *RP Online* am 15. Juni 2013 nach der
Festnahme eines Verdächtigen. In der Tat waren diese Handlungen
schon sehr stark »ausgestaltet«. Der Täter hatte nicht heimlich irgendeine Katze in einem Schuppen gequält und sie dann wegge-
worfen. Das hatte er vermutlich schon längst hinter sich. Vielmehr
hatte er seine Taten auf eine besondere Schockwirkung angelegt
und war damit regelrecht »an die Öffentlichkeit gegangen«. Im
Prinzip musste er nun nur noch das Tier durch einen Menschen ersetzen. War er also wirklich gerade »auf dem Sprung«, ein Serienkiller zu werden? Sehr gut möglich. Ja sogar wahrscheinlich.

Die Könige der Killer

Doch der Reihe nach. Serienmörder gelten quasi als »Könige der
Killer«. Spätestens seit Jack the Ripper fasziniert und erschreckt
kein Verbrecher die Menschheit mehr als ein Mensch, der wieder

und wieder tötet. Kein Krimineller inspirierte so viele Autoren zu bedeutenden literarischen Werken, kein Gesetzesbrecher regte Regisseure zu derart faszinierenden Streifen an wie *Das Schweigen der Lämmer* oder *Psycho*. »Homo homini lupus est«, der Mensch ist des Menschen Wolf: Serienmörder jagen ein ganz besonderes Wild, nur sie machen den Menschen wieder zur Beute und die Straßen der Großstadt zur freien Wildbahn, wo der Beherrscher der Erde selbst wieder »gerissen« werden kann. Nur noch Serienmörder verschaffen uns den Schauer, wieder gejagt zu werden wie einst durch Raubtiere in der Savanne oder in den Wäldern. Dafür lieben wir sie, dichten Schlager über sie (Fritz Haarmann), plazieren ihr Konterfei auf Kaffeetassen (Jeffrey Dahmer) oder gründen gar einen Fanclub (Edward Gein). Nur in natura begegnen wollen wir ihnen natürlich nicht. Und gut finden können wir sie, rein rational betrachtet, natürlich auch nicht.

Wie Großwildjäger dies seit der Steinzeit tun, fertigte *Psycho*-Vorbild Edward Gein aus der Haut seiner Opfer Kleidungsstücke, Masken und Möbel. Sogar einen mit weiblichen Brustwarzen versehenen Gürtel fand man in seiner »Jagdhütte«. Manche ließen gar nichts umkommen, verarbeiteten ihre Beute zu Dosenwurst und ließen sie über den Tresen ihrer Metzgerei wandern. So wahrscheinlich der Deutsche Fritz Haarmann, der 1924 zum Tode verurteilt wurde, weil er mindestens 27 junge Männer getötet hatte, indem er ihnen die Kehle durchbiss. Wie eine Herde Schafe starrte das Publikum gebannt auf die Exzesse eines Jürgen Bartsch, der Ende der sechziger Jahre des vorigen Jahrhunderts vier Jungen sadistisch folterte und tötete, oder eines Thomas Holst, der drei Frauen vergewaltigte und ermordete, oder eines Thomas Rung. Der erwürgte am 13. Oktober 1983 seine 77-jährige Vermieterin, am 23. November vergewaltigte er auf einem Spielplatz in Berlin eine 22-jährige Studentin und würgte und erstickte sie. In der Nacht zum 1. Dezember 1983 beraubte er eine 85-Jährige und ließ sie anschließend in der Kälte erfrieren. Am 24. Dezember

241

1983 vergewaltigte er eine 62-jährige Putzfrau und ertränkte sie im Neuköllner Schifffahrtskanal. Im September 1990 vergewaltigte er eine 59-Jährige und ertränkte sie in der Badewanne, genauso wie im Februar 1995 einen Mann. Ende Februar 1995 vergewaltigte und erwürgte er eine 34-Jährige in ihrer Wohnung.

Die Skala der Grausamkeiten

Während der »normale Mörder« zu seinem Opfer in einer privaten oder geschäftlichen Beziehung steht, in deren Verlauf sich die mächtigen Mordmotive entfalten, greift sich der Serienkiller irgendein Exemplar aus der »Herde«, oft nach Gelegenheit und durch bloße Inaugenscheinnahme. Um seinen Hunger nach Sex und Gewalt zu stillen, wird er es wieder und wieder tun, so lange, bis man ihn verhaftet und einsperrt. Die Täter morden oft jahrelang, und zwar häufig in immer kürzeren Abständen. Bevor sie den Sprung zum Mord machen, haben sie meistens eine Karriere als Gewalttäter hinter sich. Manche (wie Thomas Rung) saßen jahrelang wegen Vergewaltigung im Gefängnis, ohne dass jemand etwas von ihrem »Nebenberuf« ahnte. Erst als sie nach der Entlassung ihre Mordserie fortsetzten, begriffen die Behörden, mit wem sie es da zu tun hatten. Die Dunkelziffer ist hoch, man kann davon ausgehen, dass noch viele Täter unerkannt unter uns leben und viele der 357 (2011) jährlichen Morde in der Bundesrepublik in Wirklichkeit auf das Konto von Serienmördern gehen.
Gerade unaufgeklärte Morde sind mit relativ hoher Wahrscheinlichkeit Serienmorde, weil (Beziehungs-)Mord normalerweise zu den am besten aufgeklärten Verbrechen zählt. Da der Täter mit seinem Opfer fast immer über ein starkes Motiv und eine intensive Beziehung verbunden ist, fällt seine Verhaftung vergleichsweise leicht, die Aufklärungsquote bei entdeckten Morden beträgt rund 95 Prozent. Wo ein solches Motiv nicht dingfest zu machen ist, hat man es möglicherweise mit einem Serientäter zu tun. Nur

242

sie haben zu ihren Opfern einen so lockeren Kontakt, dass oft kaum eine Verbindung herzustellen ist. Stattdessen hilft die Beziehung der einzelnen Mordtaten untereinander weiter. Außerdem addieren sich dann die Spuren der einzelnen Taten. Nur durch den Vergleich der einzelnen Verbrechen gelingt es, eine Handschrift zu entziffern und auf die dahinterstehende Persönlichkeit zu schließen. Wenn unaufgeklärte Morde besser untereinander verknüpft würden, könnten wahrscheinlich mehr Täter festgenommen werden. Im Fall des 1995 in München verurteilten Frauenmörders Horst David, der sieben Morde zugegeben hatte, beschäftigte die Frage, wie viele es wirklich waren, die Polizei noch geraume Zeit weiter. Unaufgeklärte Morde gab es genug.

Frauen morden auf leisen Sohlen

Bei Serienmorden durch Frauen soll die Dunkelziffer noch höher sein. Nur auf den ersten Blick ist das weibliche Geschlecht in der Tätergruppe der Serienkiller eher am Rande vertreten. Lediglich 15 Prozent der bekannten Serienmörder in den USA sollen Frauen gewesen sein *(Wikipedia)*. Ob das die ganze Wahrheit ist, darf allerdings bezweifelt werden, da Frauen ihre Morde eher im Stillen begehen. Während sich männliche Täter häufig in einen blutigen Gewaltexzess hineinsteigern und mit ihren Morden quasi »an die Öffentlichkeit gehen«, morden Frauen in der Regel auf leisen Sohlen, vor allem mit Gift. Während Morde von Männern meistens nicht zu übersehen sind, trifft das auf »weibliche Morde« weniger zu. Schon deshalb sind viele dieser Taten nicht so leicht zu entdecken, sondern firmieren unter »natürliche Todesursache«. Außerdem greifen weibliche Serienmörder für ihre Attacken häufig nicht wahllos Opfer heraus, sondern töten im Familien- und Bekanntenkreis, sprich: unter jenen Menschen, die mehr oder weniger direkt unter ihrer »Fuchtel« stehen. Die Opfer werden dann gern diskret im eigenen Garten »beigesetzt«, so dass es oft viele

Jahre dauert, bis man den Täterinnen auf die Schliche kommt, wenn überhaupt. Manche arbeiten auch im Krankenhaus oder Altenheim, wo das gehäufte Ableben ihrer Schutzbefohlenen nicht weiter auffällt. Es gebe »belegbare Gründe« dafür, schrieb 1989 der Gerichtsreporter Gerhard Mauz über den Fall der Krankenschwester Michaela R. (verurteilt wegen mehrfachen Totschlags), »dass die Tötung von Pflegebedürftigen und Patienten ohne ersichtliches, ›klassisches‹ Motiv« zu einem »neuen Delikt mit wahrscheinlich hoher Dunkelziffer geworden ist« (*Der Spiegel* 38/1989).

Killer werden in der Kindheit »gemacht«

Bleibt die eingangs gestellte Frage, warum Serienmörder tun, was sie tun. Während dies bei Frauen kaum untersucht wurde, gibt es bei männlichen Tätern einige Anhaltspunkte. Lange Zeit machte man für spektakuläre Sexualmorde vor allem einen abnormen Geschlechtstrieb der Täter verantwortlich. Diese Idee ist inzwischen überholt. »Die lange gültige Theorie vom übersteigerten Sexualtrieb ist heute kaum noch haltbar«, schreibt der deutsche Serienkiller-Experte und Erziehungswissenschaftler Dr. Christoph Paulus: »Stattdessen wird eine extrem aggressive Motivation angenommen« (Christoph Paulus: »Serienmörder. Ursachen und Entwicklung extremer Gewalt«[*]). Der Sex sei sozusagen nur noch Beiwerk, Ausdruck für äußerste Macht über einen anderen Menschen. Es gebe also, so Paulus, »nichtsexuelle Motive im Sexualverhalten". Für manche Forscher sei »die sexuelle Befriedigung im perversen Akt sekundär, oft sogar merkwürdig bedeutungslos«.

Was aber wollen die Täter dann? An dem Schluss, dass kein Mensch aus heiterem Himmel solche Taten begeht, kommt man

---

[*] http://bildungswissenschaften.uni-saarland.de/personal/paulus/murder.htm

schließlich nicht vorbei. Bei vielen Serienkillern ist man hin- und hergerissen zwischen ihren entsetzlichen Taten und ihrer entsetzlichen Kindheit. Auch Erziehungswissenschaftler Paulus glaubt, »dass die Ursachen für die deviante [abweichende] Entwicklung dieses Tätertyps in seiner Kindheit zu suchen sind«. Für Paulus spielt die Mutter-Sohn-Beziehung eine Schlüsselrolle bei der Ausbildung von extremer Aggression und Gewalt. Je einfühlsamer und »responsiver« (antwortbereiter) Mütter in ihrer Erziehung sind, »umso geringer ist die Aggressivitätsausprägung ihrer Kinder«, fanden Wissenschaftler heraus: »Mütter dagegen, die sich häufig frustriert oder ärgerlich über das Kind fühlen, das Kind insgesamt als stärker belastend empfinden, haben Kinder, die stärker aggressiv sind.« Eine Untersuchung des FBI über Serienmörder förderte zutage, dass das Verhältnis der Befragten zu ihrer Mutter »ausnahmslos von Kühle, Distanz, Lieblosigkeit, und Vernachlässigung geprägt war. Emotionale Wärme oder Körperkontakt erlebten sie kaum« (Paulus, a. a. O.).

Die unrühmliche Rolle der Mütter

Im Gerichtsverfahren gegen den Serienmörder Horst David zum Beispiel, der sieben Morde gestand, wurde seine entsetzliche Kindheitsgeschichte vollständig aufgeblättert, so dass am Schluss kaum noch ein Zweifel über seine Motive bestand. Vor allem die Mutter hatte bei der Karriere des Serienkillers eine unrühmliche Rolle gespielt. 1944 setzte sie den Sechsjährigen mit einem Schild um den Hals auf dem Bahnhof von Hof aus. 1948 wurde sie vom Suchdienst des Roten Kreuzes gefunden, weigerte sich aber, ihren Sohn aus dem Kinderheim zu holen oder ihn auch nur zu besuchen – eine Gleichgültigkeit, die ihr David nie verzeihen konnte. Ein Sachverständiger sah in seinen Taten einen »chiffrierten Muttermord« (zit. nach *Der Spiegel* 52/1995).

Wolfgang Schmidt, die »Bestie von Beelitz« (fünf Frauen und ein Baby), wurde von seiner »beherrschenden, gefühlskalten Mutter« (so ein Psychiater laut *B.Z. Berlin,* 27.9.2002) mit allem geschlagen, was sie in die Finger bekam: Schuhe, Besen, Frühstücksbrettchen. Thomas Rungs Mutter verließ die Familie, als er zwei Jahre alt war (*Berliner Zeitung,* 6.3.1996), der amerikanische Serienkiller David Berkowitz (»Son of Sam«) war von seiner leiblichen Mutter zur Adoption freigegeben worden. Als er sie viel später fand, wollte sie nichts mit ihm zu tun haben (David Berkowitz: serien-killer.com). David Carpenter, der »Trailside Killer« von San Francisco, war der Sohn einer dominanten Mutter, die ihn körperlich misshandelt hatte (David Carpenter: de. cyclopedia.net). »Eine Frau steckte ihren Sohn, als er noch ein Säugling war, in einen Pappkarton, schaltete ihm den Fernseher ein und ging zur Arbeit«, berichtet der amerikanische FBI-Mann Bob Ressler in seinem Buch *Ich jagte Hannibal Lecter*[*] über einen Serienkiller (zit. nach Paulus, a. a. O.). »Später stellte sie ihn in einen Laufstall, warf ihm etwas zu essen hinein und ließ ihn wieder mit dem Fernseher allein, bis sie irgendwann heimkam (zit. nach ebda.). Der Kolumbianer Lopez (»Das Monster der Anden«) wurde von seiner Mutter, einer Prostituierten, im Alter von acht Jahren aus dem Haus geworfen, nachdem er seine Schwester befummelt hatte (David Lohr: »Pedro Lopez: The Monster of the Andes«, crimelibrary, trutv.com). Als sich der spätere Serienmörder Henry Lee Lucas mit einem Messer am Auge verletzte, ließ ihn seine Mutter tagelang ohne ärztliche Hilfe. Ein andermal vegetierte Lucas, »ein Opfer unaussprechlicher Horrortaten seiner missbrauchenden Mutter« (Schechter/Everitt: *Encyclopedia of Serial Killers,* New York, 1996, S. 169), nach

---

[*] Robert K. Ressler: Ich jagte Hannibal Lecter. Die Geschichte des Agenten, der 20 Jahre lang Serientäter zur Strecke brachte. Aus dem Engl. übers., München 1993

Schlägen mit einem Holzscheit halb bewusstlos vor sich hin, bis ihn der Freund der Mutter ins Krankenhaus brachte.

Kein Sex, keine Berührung, kein Kontakt

»Jetzt kann ich zurückschlagen, jetzt kann ich euch fertigmachen«, dachte Wolfgang Schmidt, als er im Erwachsenenalter über seine Opfer herfiel. Nach Einschätzung des FBI-Beamten John Douglas, einem der Väter des amerikanischen Täter-Profilings, richteten sich auch der Hass und die Wut von David Berkowitz, der schmusende Pärchen in ihren Autos erschoss, vor allem gegen die Frau. Die zahlreichen Schüsse deuteten, ebenso wie die vielen Stichwunden, das Ausmaß seiner Wut an. Der männliche Begleiter war »schlicht zur falschen Zeit am falschen Ort«, meint Douglas. Berkowitz wollte keinen Sex von seinen Opfern, keine Berührung, ja nicht einmal Blickkontakt. Er wollte nur seine wahnsinnige Wut loswerden. »Die simple Tatsache ist«, so John Douglas in seinem Buch *Mindhunters* (New York 1996), »dass David Berkowitz nicht ertragen konnte, wie seine Mutter und andere Frauen in seinem Leben ihn behandelt hatten« (S. 144).

Die mörderische Suche nach Liebe

Der große Wunsch der Mörder nach Zärtlichkeit ist die andere Seite ihrer Taten. Viele Aussagen deuteten »auf eine Suche nach Geborgenheit, nach Liebe, nach unverletzlichem Vertrauen hin, das diese Menschen in ihrer Kindheit nie erlebt haben«, meint Killer-Experte Paulus (Christoph Paulus, »Dr. C. – Zum Mörder erzogen? Die mörderische Suche nach Liebe«[*]). »Die Morde geschehen dann oft aus der Angst, das ›Bindungsziel‹ könne sie frustrieren, indem es wegläuft, sie verhöhnt oder verletzt. Der

---

[*] http://bildungswissenschaften.uni-saarland.de/personal/paulus/HH.htm

Wunsch nach Geborgenheit ist so stark, dass er mit den Mitteln zu erlangen versucht wird, die sich in der Phantasie des Täters festgesetzt haben, und das ist die Gewalt« (ebda.). Das Problem ist also, dass viele Serienmörder extrem gekränkte und verletzte Kinder im Körper eines erwachsenen Menschen sind – oftmals mit einer gefährlichen Waffe in der Hand. Sie sind in ihrer Entwicklung im Alter von zwei oder drei Jahren stehengeblieben, als ihre Mutter sie verließ, misshandelte oder sonst wie verriet. Sie sind zu allem entschlossen, um sich zu holen, worum sie sich betrogen fühlen. Ihre Taten, so Paulus, sind oft nichts anderes als »die mörderische Suche nach Liebe«.

»Kann eine Mutter schuld sein, dass aus einem Sohn ein brutaler Mörder wird?«, fragte die *Bild*-Zeitung anlässlich des Verfahrens gegen den eingangs erwähnten Rentnerinnen-Mörder Deniz A. (5.6.2013). Antwort: Ja, sie kann. Der berüchtigte Serienkiller Ed Kemper war von Kindesbeinen an von seiner Mutter gehasst worden, weil er seinem Vater, ihrem ersten Mann, so ähnlich sah. Abends sperrte sie den jungen Kemper zum Schlafen in den dunklen Keller, wo er vor Angst und Hass fast wahnsinnig wurde. Mutter und Schwester legten sich derweil in ihren Zimmern schlafen. Später vollzog Kemper die Synthese zwischen chiffriertem und realem Muttermord. Als 22-Jähriger ermordete er mehrere Anhalterinnen, schleppte sie ins Haus seiner Mutter und verging sich in deren Bett an den Leichen. Eines Nachts schlich er sich ins Schlafzimmer seiner Mutter, schlug mit einem Hammer auf sie ein, enthauptete sie und vergewaltigte ihre kopflose Leiche. Anschließend schnitt er ihr den Kehlkopf heraus und warf ihn in den Müllschlucker. »Das schien mir nur angemessen«, sagte er später, »nachdem sie mich all die Jahre so gegängelt und genervt und angeschrien hatte« (Douglas, a.a.O., S. 102).

Im oben geschilderten Fall des »Tier-Rippers« von Krefeld gab es übrigens noch eine handfeste Überraschung. Am 21. Juni 2013 meldeten die Medien, der unheimliche Tierquäler und -killer sei gefasst worden. Aber: Es handle sich um ein 17-jähriges Mädchen, das zuvor bereits als Zeugin befragt worden sei. »Ihre eigenen Eltern brachten die Ermittler auf ihre Spur!«, meldete *Bild.de* am 26. Juni 2013: »Sie glaubten offenbar nicht, dass ihre Tochter NUR Zeugin war, gaben der Polizei das Handy des Mädchens. Darauf fanden die Ermittler den entscheidenden Beweis: Ein Foto, das sie bereits kannten.« Es sei in einem Bekennerschreiben zu einem der Tiermorde verwendet worden.

Aber dachten wir nicht, derartige Taten seien auf eine gestörte Mutter-Sohn-Beziehung zurückzuführen? Oder ist die Emanzipation auch auf dem Gebiet der Gewalt und der Tierquälerei schon so weit fortgeschritten, dass nun auch Mädchen »männliche Taten« begehen? Wer weiß: Polizeiintern werde angezweifelt, dass das Mädchen ohne fremde Hilfe gehandelt habe, zitierte *RP Online* die Behörden. Unter anderem deshalb, weil sie eines der Tiere, ein schweres Pony, wohl kaum allein auf die Straße geschleift haben konnte. Auch »das Abtrennen des Kopfes kann nur unter großer Kraftanstrengung vollbracht worden sein«, so *RP Online*. Gut möglich also, dass der eigentliche »Ripper« doch männlich ist und noch frei herumläuft …

Lynchjustiz: Die Stadt
der Scheiterhaufen

»Diario de Chiapas«, sagt eine sonore Männerstimme zu Beginn eines Nachrichtenvideos, das man auf YouTube abrufen kann. »Tagebuch von Chiapas« ist eine mexikanische Nachrichtensendung aus dem gleichnamigen Bundesstaat im Südosten Mexikos. Der Männerstimme folgt die junge Stimme einer Nachrichtensprecherin, die anscheinend so etwas wie die neuesten Inflationszahlen oder den Wetterbericht vorliest. Doch der fast fröhlich plappernde Tonfall täuscht. Denn die Zuschauer werden gleich etwas unvorstellbar Grauenvolles sehen. Während die Frau ungerührt ihren Kommentar abliest, sieht man in dem Video zwei gefesselte Männer an einer Straßenböschung liegen. Neben ihnen steht ein weißer Ford – offenbar ihr Auto, das von der Straße abkam. Es ist Dienstagabend, der 11. Juni 2013. Die beiden Männer sind verzweifelt. Einer blutet. Ihm wurde der Unterkiefer eingeschlagen. Während sich die beiden in ihren Fesseln winden, werden sie von einer Menschenmenge begafft. Und natürlich gefilmt. Denn auch in Mexiko haben heute viele Menschen ein Handy mit Videofunktion. Die Männer sollen gefangen genommen worden sein, weil sie zusammen mit einem dritten eine Frau vergewaltigt und ermordet und hier am Straßenrand abgeladen haben sollen. Auf so etwas steht in Mexiko der Tod. Nicht laut Strafgesetzbuch oder nach einem Gerichtsverfahren. Sondern gleich hier – an der Straße. Ob die Männer wirklich getan haben, was man ihnen vorwirft? Vielleicht. Vielleicht aber auch nicht. Doch eine Beweisaufnahme findet nicht statt. Das Urteil wird per Akklamation gefällt und sogleich vollstreckt. Wenig später windet sich einer der drei an einem Baum. Über ihm schlagen die Flammen zusammen. Er brennt. Die anderen ereilt dasselbe grausame Schicksal. Einer wird noch in ein Krankenhaus gebracht, vom wem, wird nicht berichtet. Die beiden anderen sterben an Ort und Stelle. Die Videos der Hinrichtungen werden später an der Straße verkauft – für 15 Pesos das Stück (ca. ein Euro).

Eine Explosion des Verbrechens

Genau wie die brutale Vergewaltigung in Indien (siehe »Der Bus des Schreckens: Massenvergewaltigung in Indien«) ist diese Verbrennung ein Fall, der unser Vorstellungsvermögen übersteigt. Menschen bei lebendigem Leibe anzuzünden scheint trotz der auch hierzulande zunehmenden Verrohung sämtliche Maßstäbe zu sprengen. Es Brutalität zu nennen wäre eine unzulässige Verharmlosung. Denn während Brutalität eher etwas Spontanes und Affektives ist, haben wir es bei der Verbrennung eines lebendigen Menschen mit etwas Kaltem, Geplantem und unvorstellbar Grausamem zu tun. Einen Menschen bei lebendigem Leib anzuzünden bedeutet die maximale Aggression, es ist ein Ausbruch von Hass, gegen den ein Schuss in den Kopf schon fast einer freundlichen Behandlung gleichkommt.

Dabei sage niemand, die Menschen seien eben verzweifelt und müssten angesichts einer versagenden Justiz das Recht in die eigenen Hände nehmen. Denn mit »Justiz« (Justitia = Gerechtigkeit) hat »Lynchjustiz« überhaupt nichts zu tun. Lynchjustiz ist keine Bekämpfung des Verbrechens, sondern eine Explosion des Verbrechens. Wenn, dann bekämpft hier Verbrechen das Verbrechen. Damit handelt es sich nicht um eine – wenn auch brutale – Form der Gerechtigkeit oder der Sühne, sondern um eine Form der Blutrache. Aber während im Fall der Blutrache der Mord an Verwandten gerächt wird (daher auch »Blutrache«), kann Lynchjustiz sich gegen jeden richten.

Der Übergang von der Lynchjustiz als einem Bemühen um Rache, Wiedergutmachung oder »Gerechtigkeit« zum profanen Verbrechen ist fließend. Oft gibt es nicht einmal eine – wie auch immer fundierte – »Anklage« oder einen Vorwurf. Häufig tobt sich hier pure Mordlust aus. Wobei auch da, wo es eine Anklage gibt, diese nicht als Anklage, sondern oft nur als Vorwand erscheint. Und nicht immer geht dem Lynchen irgendein Vergehen des Opfers voraus. Manche betrachten das Ganze als eine Art Sport, für andere ist es eine Möglichkeit, unliebsame Zeitgenossen, wie etwa Obdachlose, loszuwerden. Nur in einem Teil der Fälle geht es um wirkliche Vergehen des Betroffenen. Am besten zu vergleichen ist das Lynchen vielleicht mit der mittelalterlichen Hexenverbrennung.

Die wenigsten Fälle landen in der Statistik

Aber woher kommt diese Brutalität? Lynchjustiz sei in Lateinamerika außer in Brasilien auch in Ecuador, Mexiko, Venezuela und Guatemala zu finden, heißt es in dem Buch *Krisenregionen in Lateinamerika**. »Bei Lynchjustiz werden vermeintliche Kriminelle – meist geht es um geringfügige Eigentumsdelikte – öffentlich, und zwar in mobartigen Szenen, zumeist durch den Tod bestraft« (S. 144). Meist werde das Opfer zunächst gefoltert »und/oder mit Benzin übergossen und verbrannt. Der Kadaver wird nicht selten zur Abschreckung ausgestellt. Als Mitglieder des ›Tribunal Popular‹ – wie der Mob sich nennt – können tausend Personen anwesend sein« (ebda.). Auch Touristen würden nicht verschont. So sei schon mal ein Japaner gelyncht worden, der angeblich ein Baby gestohlen hatte. Ja, manch rasender Mob scheint selbst wie ein Flächenbrand über das Land zu ziehen: »Der Mob zerstört auch oft Polizeistationen, Stadtverwaltungen, Gefängnisse (…) nicht selten werden auch Polizisten gelyncht, d.h. Kriminelle werden gemeinsam mit ihren Strafverfolgern von einer dritten Instanz be-

---

* Andreas Boeckh/Rainer Öhlschläger (Hrsg.): *Krisenregionen in Lateinamerika*, Hamburg 2006 (Weingartener Lateinamerika-Gespräche 2005)

straft« (ebda.). Die Zahl der Fälle von Lynchjustiz steht in einem umgekehrt proportionalen Verhältnis zur allgemeinen Gewalt: Die Lynchmord-Fälle nehmen ab, wenn die gewöhnliche Gewalt zunimmt und umgekehrt. 1999 habe es allein in Guatemala 236 Fälle von Lynchjustiz gegeben, 2001 75 Fälle (Matthias Basedau u. a. [Hrsg.]: *Multiple Unsicherheit. Befunde aus Asien, Nahost, Afrika und Lateinamerika,* Hamburg 2005, S. 232). Und bei weitem nicht alle *linchiamentos* landen in der Statistik.

Was sind die Ursachen für die grausame Lynchjustiz in Lateinamerika? Das erfährt man in unseren Medien natürlich nicht. Wenn, dann geht es nur um Schlagzeilen. In der globalen Presse wird das Phänomen vermarktet, aber nicht analysiert. Auch nicht in den betreffenden Ländern selbst. »Indigene [Eingeborene] lynchen drei vermeintliche Straftäter und verbrennen sie bei lebendigem Leibe!« […] Genauso reißerisch wie dieser Satz lässt sich auch die dazugehörigen Berichte. Solche oder ähnliche Nachrichten ließen sich auch immer wieder »in der guatemaltekischen Presse finden«, heißt es in der ethnologischen Radiosendung *Weltempfänger* (8.7.2012): »Unter den Titeln prangen Fotos der Menschen, die sich im Todeskampf winden, verschluckt von den Flammen am eigenen Körper.« In den Berichten werde die Lynchjustiz angeprangert, welche in ländlichen Gemeinden Guatemalas »immer wieder« praktiziert werde: »Aus der Perspektive der nicht-indigenen Bevölkerung [also aus der Perspektive der »Weißen« oder Europäer/Amerikaner] sind diese Strafmaßnahmen menschenverachtend und verstoßen gegen die Menschenrechte sowie gegen guatemaltekisches Recht.«

Die Stadt der Scheiterhaufen

Beispiel Rio de Janeiro. Für den Journalisten und freien Brasilien-Korrespondenten Klaus Hart ist die Metropole unter dem Zuckerhut nicht nur die Stadt von Copacabana und Karneval, sondern auch die »Stadt der Scheiterhaufen«. Laut eigener Website ist Hart bereits seit über 25 Jahren als Medienschaffender in Brasilien tätig und »Autor bzw. Co-Autor von über dreißig Reportagebänden, Reisebüchern, Bildbänden und Reiseführern über Brasilien«. Er produziert demnach regelmäßig Radiobeiträge für die ARD, ist Korrespondent für das Schweizer Radio 1 und Autor mehrerer Bücher über »brasilianische Abgründe« (so ein Untertitel).

Harts Website (www.hart-brasilientexte.de) erscheint weniger als journalistisches Produkt denn als ein Hilfeschrei. Das Durcheinander der Links und Berichte wirkt atemlos und chaotisch, wie gehetzt durch die täglichen Greuel. Hektisch bohrt Hart ein dickes Brett – oder eine dicke Mauer. Nämlich die stabile Mauer des Schweigens, die hierzulande das Lynchen in Lateinamerika umgibt. Während einzelne Fälle zwar gerne mal medial vermarktet werden, herrscht hinsichtlich der weiten Verbreitung der Lynchjustiz eisernes Schweigen. Ob »Lynchjustiz-Medienberichte aus Lateinamerika« wirklich eine »Lockerung der scharfen Vorschriften politischer Korrektheit in Europa« darstellen, ist für Hart deshalb die Frage. »Zahllose Themen« seien »noch tabu«. Es gebe »Scheiterhaufen in Brasilien«; »uralte Lynchjustiz-Praktiken« würden »bisher fast stets systematisch unterschlagen«. Hinsichtlich brasilianischer Scheiterhaufen-Opfer herrsche »Desinteresse in Europa«, klagt Hart. Das Schweigen betrifft demnach selbst die hierzulande hochgelobten Menschenrechts- und »Nichtregierungsorganisationen« (NGO). »Im NGO-Business« gebe es eine »scharfe Zensur«, so Hart.

Die Wahrheit ist: Während sich Menschenrechtsorganisationen hierzulande über Steinigungen in Iran oder brutale Polizeipraktiken in Russland und China erregen, redet von dem Phänomen der grausamen Verbrennungen und Lynchmorde in Lateinamerika kein Mensch. Nehmen wir zum Beispiel den Fall einer 48-jährigen Frau, die in Brasilien von ihren Enkeln aus ihrem Haus gezerrt, gefoltert und bei lebendigem Leibe verbrannt wurde: »Den Angaben zufolge wurde die Frau von einem Banditen-Sondergericht vor der grausamen Hinrichtung auch sadistisch gefoltert, wie entsprechende Wunden am Körper zeigten. Die Frau befand sich mit ihren fünf kleinen Enkeln in der Kate [Haus], als sie von den Banditen herausgezerrt und zur ›microondas‹-Stelle [*microondas* = Mikrowelle/Spitzname für Scheiterhaufen] gestoßen wurde. Der Fall erregte bei sogenannten Dritt-Welt-NGO keinerlei Aufmerksamkeit« (Hart, a. a. O.).

Zuschauen, wie jemand verbrennt ...

»Zuschauen, wie jemand in Rio de Janeiro lebendig verbrennt ... Könnten Sie's?«, fragt Hart. Eine gute Frage. Wahrscheinlich nicht. Denn man kann sich schon kaum durch seine Website klicken. Immer wieder bleibt man an Zeitungsberichten mit Fotos von verbrannten oder noch brennenden Menschen hängen. Aber nicht aus perverser Faszination, sondern weil man dabei in eine Art Trance fällt. Irgendwann sieht man die Berichte gar nicht mehr, sondern starrt vor sich hin wie ein Kind, das etwas Schreckliches mit ansehen muss. Völlig oder halb verkohlte Leichen liegen da im Gras, oft mit den Resten von Autoreifen, die anscheinend besonders gut brennen. Manchmal scheint sich das Opfer auch noch zu bewegen, wie erhobene Gliedmaßen andeuten. Dennoch stehen ungerührt Menschen drum herum, auch Kinder und Jugendliche. Was Hart auf *brasilientexte.de* publik macht, kann »Menschenrechtsgruppen« und »politisch Korrekten« überhaupt nicht schmecken. So würden Frauen zwar »sehr selten gelyncht«, seien aber zusammen mit Kindern – sehr oft unter den »Lynchern«.

Der renommierte brasilianische Soziologe, Philosophieprofessor und Kolumnist José de Souza Martins aus São Paulo habe »das Ausmaß der Lynchjustiz in Lateinamerikas größter Demokratie angeprangert«, so Hart. »In den meisten Fällen würden die Opfer lebendig verbrannt, Menschen würden vor allem in São Paulo, Salvador da Bahia und Rio de Janeiro gelyncht.« Martins, der an Brasiliens wichtigster Bundesuniversität in São Paulo unterrichtet, forsche bereits seit rund 30 Jahren über das Phänomen des *linchamento*. Dabei habe er allein aus Zeitungsmeldungen etwa 2000 Fälle dokumentiert. Das sei aber nur »ein Bruchteil der tatsächlichen Zahl: Brasilien, zehntgrößte Wirtschaftsnation, ist laut Martins möglicherweise jene Nation der Erde, in der dieser Horror am meisten praktiziert werde«.

> »Gewöhnlich werden die Opfer, welche nachts in großer Zahl in der City auf den Bürgersteigen schlafen, mit Benzin oder anderen brennbaren Flüssigkeiten überschüttet und dann angezündet. Schlafende Obdachlose werden zudem erschossen oder mit Knüppeln und Eisenstangen erschlagen. Als Täter werden häufig Todesschwadronen sowie Geschäftsleute und Ladenbesitzer vermutet, welche die Bettler und Obdachlosen als störend empfinden.«

Die »in diesem Miserestadium« ebenfalls völlig verrohten und »animalisierten« Straßenbewohner verübten auch untereinander Gewalttaten, »etwa im Streit um Essen oder einen Schlafplatz«. Ein nennenswertes Interesse an derartigen Menschenrechtsverletzungen existiere in Deutschland, Österreich und der Schweiz sowie in anderen Ländern der Ersten Welt nicht.

Scheiterhaufen im Stadion

Dabei ist Brasilien keine Ausnahme unter den lateinamerikanischen Staaten. Es ist nur besonders groß, besonders arm und besonders bevölkerungsreich – ein idealer Nährboden für Verbrechen aller Art. Laut offizieller Statistik werden in Brasilien etwa 100 Menschen pro Tag ermordet (Deutschland: 1). Doch das sind natürlich nur die entdeckten und dokumentierten Morde. Die Dunkelziffer ist schon in Deutschland hoch, in armen bzw. sozial gespaltenen Ländern wie Brasilien dürfte sie gewaltig sein. Wer kümmert sich schon um irgendwelche Leichen in den Slums oder auf den Müllhalden von São Paulo? Auch in Bolivien vergehe »kaum eine Woche (…), in der nicht vermeintliche Diebe von einem aufgebrachten Mob gepeinigt und aufgehängt werden«, heißt es auf der Reiseseite »Lateinamerika Spezialist«. »Es vergeht kaum eine Woche, in der nicht vermeintliche Diebe von einer aufgebrachten Menge gefoltert und gehenkt werden«, war auch in einem der raren Zeitungsberichte hierzulande zu lesen (*Die Welt*, 3.1.2010): »So wie in Achacachi, etwa 80 Kilometer nördlich der Hauptstadt La Paz. Die Stadt geriet in die Schlagzeilen, als auf einem Fest elf Taschendiebe erwischt wurden. Die Meute führte sie in das Stadion, übergoss sie mit Benzin und zündete sie an.« Und eine Reiseseite mit Mexikotipps warnt: Nachtfahrten in ländlichen Gebieten sollte man »unbedingt vermeiden«: »Diese Gefahr ist nicht zu unterschätzen. Betrunkene Mexikaner sind erst sehr spät zu sehen, und Unfälle sind möglich. Wer hier jemanden überfährt, ist der Gefahr der Lynchjustiz einheimischer Dorfbewohner ausgesetzt.« Und wohlgemerkt: »Die Polizei wird nichts dagegen unternehmen« (Mexikotipps, mayamex.de).

Bete, mein Sohn …

Denn wenn der Volkszorn im wahrsten Sinne des Wortes einmal entbrannt ist, kann sich dem niemand entgegenstellen. Dann will das Volk Blut sehen. Wie etwa am 1. Dezember 2009 in San Juan Cotzal, einem Städtchen in Guatemala. Dort wurde an diesem Tag der Polizist Pedro Rodríguez Tomá öffentlich verbrannt. Sein Verbrechen: Er hatte seinen 16-jährigen Sohn aus dem Gefängnis holen wollen, der dort durch Behördenwillkür gelandet war. Es gab ein Handgemenge, ein Schuss löste sich und verletzte einen der Leibwächter des Bürgermeisters am Bein. Wer warum geschossen hatte und aus welcher Waffe, wurde nicht geklärt. Um Klärung ging es schließlich auch gar nicht. Der Polizist wurde beschuldigt, er habe den Bürgermeister ermorden wollen. Und einen Unterschied zwischen Beschuldigung, Schuld und Urteil gibt es bei Lynchjustiz praktisch nicht. Der Bürgermeister verbrannte den Mann im Beisein einer Menschenmenge auf dem Hauptplatz vor dem Rathaus. »Nur die Mutter von Rodríguez Tomá habe sich getraut, noch einmal zu ihrem Sohn zu gehen«, konnte man in verschiedenen Medien lesen, die den Fall schilderten. »Sie habe ihm die Hand auf den Arm gelegt und ihm zugeflüstert: ›Bete, mein Sohn. Mehr kannst du nicht mehr tun‹« Auch dieser Lynchmord wurde gefilmt, und in diesem Fall führte das Video zur Verhaftung des Bürgermeisters (*sonntaz*, 28.2.2012).

Lynchen ist legal

Dass Lynchmörder zur Rechenschaft gezogen werden, ist jedoch die Ausnahme. So verbreitet Lynchmorde in Lateinamerika sind, so selten werden die Täter dingfest gemacht und bestraft. Denn in Lateinamerika ist Lynchen legal bzw. wird zumindest geduldet. Ursache dafür sind die chaotischen Rechtssysteme vieler lateinamerikanischer Länder, in denen es häufig kein staatliches Justiz- und Gewaltmonopol gibt. In Bolivien zum Beispiel gilt neben dem allgemeinen Strafrecht auch die traditionelle eingeborene Rechtsprechung. Die neue Verfassung von 2009 lasse ein Vorgehen gegen mutmaßliche Verbrecher »gemäß lokaler Tradition« nicht nur zu, sondern setze die indianische Rechtsprechung »ausdrücklich mit dem allgemeinen Strafrecht und den Menschenrechten gleich«, so der Blog »Lateinamerika Spezialist«. Diese »indigene Rechtsprechung« wiederum kenne keine Freiheitsstrafe:

»Leichte Vergehen werden mit öffentlicher Bloßstellung, Geldstrafen oder Peitschenhieben geahndet. Schwere Verbrechen wie zum Beispiel Viehdiebstahl oder Befehlsverweigerung ziehen meistens die Todesstrafe nach sich. Die Kritiker der neuen Justiz machen sich auch vor allem um die Frauen Sorgen. Bei Ehebruch werden sie in einigen Gegenden Boliviens gesteinigt.«

»Legale Lynchjustiz« nennt das der Lateinamerika-Blog (»Legale Lynchjustiz in Bolivien«, http://blog.lateinamerikaspezialist.de, 5.1.2010).

Auf Eigentor steht Tod

Laut der Radiosendung *Weltempfänger* treffen auch in Guatemala zwei Rechtssysteme aufeinander, »das aus der westlichen Rechts- und Wertetradition und ein Rechtssystem, welches indigenen Gemeinden zugeschrieben wird«. Allerdings zu Unrecht. Denn in Wirklichkeit ist Lynchjustiz eine Form von Barbarei und Krieg. Und zwar jenes Krieges, der mehr oder weniger in jedem lateinamerikanischen Land tobt: von Drogenkartellen gegen Drogenkartelle, von Todesschwadronen gegen die Bevölkerung, von Guerilleros gegen Staat und Polizei, von Ladenbesitzern gegen Obdachlose, von Jugendlichen gegen Alte.

An einen weiteren spektakulären Fall erinnerte *Spiegel Online* am 1. Juli 2013: Nachdem die kolumbianische Nationalmannschaft in der Vorrunde der Fußball-WM in den USA am 19. Juni 1994 gegen Rumänien verloren hatte, erhielt das gesamte Team Morddrohungen, und der Bruder des Torwarts wurde ermordet. Während sich bei den anderen Mannschaften alles um Ruhm, Ehre und Karriere drehte, spielten die kolumbianischen Kicker fortan um ihr Leben. Am 22. Juni 1994 trat die Mannschaft gegen die USA an. In der 13. Minute prallte der Ball im kolumbianischen

Strafraum von Verteidiger Andrés Escobar ab und flog am eigenen Torwart vorbei ins Netz – das Todesurteil für den Spieler: »Sein eigener Neffe, der zusah, sagte intuitiv: ›Sie werden ihn töten!‹« Auch Torwart Oscar Córdoba habe nach dem Eigentor bestürzt reagiert. Das kolumbianische Drogenkartell »drohte den Spielern und ihren Familien mit Mord, sollte die Mannschaft das Spiel verlieren«. Und Kolumbien verlor tatsächlich mit 1:2 und flog trotz eines abschließenden 2:0-Sieges über den dritten Gruppengegner Schweiz aus dem Wettbewerb. Wenige Tage nach der Heimreise wurde Verteidiger Escobar abends auf dem Heimweg von einer Bar erschossen: »›Goooool‹, Tor, soll der Mörder dabei höhnisch gerufen haben – eine Anspielung auf Escobars unglückliches Eigentor.«

Solche Greueltaten sind nicht selten im lateinamerikanischen Fußball. So kam es Anfang Juli 2013 im brasilianischen Bundesstaat Maranhão bei einem Amateurspiel zum Streit zwischen dem Schiedsrichter und einem Spieler. Als der Unparteiische den Kicker Josenir dos Santos vom Platz stellen wollte, trat dieser auf den »Schiri« ein. Der zog daraufhin ein Messer und rammte es dem Spieler zielsicher in die Brust, so dass er auf dem Weg ins Krankenhaus verstarb. Der Schiedsrichter hatte allerdings auch keine rechte Freude an dem Sieg, wurde er doch nun von der Menge angegriffen, »gefesselt, geschlagen und gesteinigt. Anschließend wurde der Körper des Schiedsrichters zerstückelt, der Kopf, einem Mahnmal gleich, auf einen Pfosten gesteckt« (*Hamburger Morgenpost,* Online-Ausgabe, 6.7.2013).

Im Fall Escobar war mit Sicherheit die Drogenmafia im Spiel. Aber trotzdem ist der Drogenkrieg nur ein Teil des allgemeinen Krieges und der Anarchie in Lateinamerika. Aber wo liegen die Ursachen für diesen Krieg? Die Meinungen darüber gehen auseinander. Während manche das Lynchen für eine Eigenart der eingeborenen Bevölkerung halten, vertreten unter anderem die Herausgeber des Buches *Krisenregionen in Lateinamerika* die

These, die Einheimischen hätten die Gewalt während der jahr-
zehntelangen Militärdiktaturen gelernt. Weder kenne das Ge-
wohnheitsrecht der *indígenas* (Eingeborenen) die Todesstrafe,
»noch kommt Lynchjustiz vornehmlich in den Regionen vor, in
denen der indigena-Anteil besonders hoch ist« (S. 145). Während
die Ureinwohner ihre traditionelle Justiz über 500 Jahre hinweg
angewandt hätten, sei die Lynchjustiz ein sehr neues Phänomen
und existiere »erst seit den 90er Jahren des 20. Jahrhunderts«
(ebda.). Die Bevölkerungen Südamerikas hätten das Lynchen von
den Militärs gelernt, sprich: während der Militärdiktaturen und
Bürgerkriege des 20. Jahrhunderts. Laut der Guatemala-Expertin
Nadine Janssens wurden die eingeborenen Gemeinschaften 20
Jahre lang militarisiert, was zu ihrer Verrohung geführt habe. Statt
ziviler Autoritäten herrschte das Militär, das gegen jedermann äußerst brutal vorgegangen sei und diese Brutalität auch verbreitet
habe. Die Bevölkerung sei vom Militär bewaffnet und im Töten
ausgebildet worden (*Weltempfänger:* »Lynchjustiz in Guatemala«, Interview mit Nadine Janssens, Juli 2012).

Lernen von den Todesschwadronen

In Guatemala schufen die Militärs 1981 zur Aufstandsbekämp-
fung sogenannte »zivile Selbstverteidigungs-Patrouillen« (*Pa-
trullas de Autodefensas Civiles,* PAC) – ein Euphemismus. In
Wirklichkeit handelte es sich um paramilitärische Milizen, die in
die ländliche Bevölkerung eingeschleust wurden. Genauer gesagt, wurde die Landbevölkerung selbst für diese Milizen rekrutiert und gegen die eigenen Leute gehetzt. Daher erscheint die
Lynchjustiz oft auch geradezu als ein Mechanismus des Bürger-
krieges und der Selbstzerfleischung, bei dem die Ärmsten der Armen sich gegenseitig umbringen. Denn wer heute lyncht, kann
morgen schon selbst gelyncht werden. »Die Militärs verteilten
Waffen an alle Männer, die älter als 16 waren«, so Janssens.

»Und sie brachten ihnen bei, zu töten. (…) In vielen Fällen folterte die Armee die vermeintlichen Guerilleros und verbrannte sie. Wenn die Armee in ein Dorf kam, das vermeintlich die Guerilla unterstützte, töteten sie alle Personen, die sie töten konnten, und verbrannten alles, sie verbrannten die Häuser, die Tiere, die Ernten und ließen die Überlebenden vor dem Nichts stehen. Feuer wurde oft verwendet.«

Als die Länder schließlich wieder zu zivilen Regierungsformen zurückkehrten, entstanden nicht etwa legale zivile Strukturen, vielmehr blieb das barbarische Strafsystem erhalten. Die Lynchjustiz sei »aus dieser gewaltvollen Sozialisation« heraus entstanden. Die Menschen versuchten lediglich,

»sich zu schützen, wie sie es bei den Militärs während des bewaffneten Konflikts gesehen hatten: Sie übten Lynchjustiz. (…) Sie übten Gewalt gegen ihre eigenen Leute aus. Man kann viel darüber erzählen, zum Beispiel auch über die Delikte, die die Lynchjustiz hervorrufen. Das sind ganz unerhebliche Delikte. Aber weil es kein Normensystem und [keine] Gerechtigkeit gab, weil das staatliche Rechtssystem nicht eingriff, sprach die Gewalt.«

So wurde das Lynchen zum Mittel der Bewältigung sozialer und rechtlicher Konflikte.

Schreckensherrschaft à la USA

Bleibt zum Schluss die Frage, wo all die grausamen Militärregime in Lateinamerika im letzten Jahrhundert eigentlich plötzlich herkamen. Fielen sie etwa vom Himmel? Oder entsprachen sie einfach der südamerikanischen Mentalität? Keineswegs. Vielmehr wurden diese Schreckenssysteme im Kontext des Ost-West-

Konfliktes und im allgegenwärtigen Kampf gegen den Kommunismus von den USA eingerichtet. Dafür wurden demokratische Regierungen gestürzt und autoritäre Regime installiert, die sich oft nur mit purem Terror an der Macht halten konnten. In Guatemala zum Beispiel veranstaltete die CIA Anfang der fünfziger Jahre des letzten Jahrhunderts eine Hetzkampagne gegen die demokratische Regierung und die von ihr eingeführten Landreformen und installierte 1954 den Diktator Carlos Castillo Armas. Aus Terrorherrschaft und Gegenwehr (Guerilla) entwickelte sich ein Bürgerkrieg, der bis 1996 andauerte und rund 200 000 Todesopfer forderte.

Eine Welle der Gewalt

In Brasilien wurde die gewählte zivile Regierung 1964 mit Hilfe der CIA gestürzt. Bis dahin waren Machtwechsel in dem südamerikanischen Land »meist ohne blutige Konflikte« über die Bühne gegangen, so die Historikerin Ursula Prutsch von der Universität Wien. Aber mit dem Machtwechsel von 1964, »der zunächst erstmals von einer breiteren Bevölkerungsschicht befürwortet worden war, entfaltete sich die institutionalisierte Gewalt *(violencia institucional)* in Brasilien in besonderem Maße; staatlicher Terrorismus, die Verfolgung Oppositioneller nahmen rapid zu.« Wie immer erklärten die Militärs im Sinne ihrer US-Auftraggeber die Kommunisten »zum Hauptfeind und Verantwortlichen eines ›revolutionären, subversiven Krieges‹ gegen die innere und äußere Sicherheit« Einige Tage nach der Machtübernahme sei bereits »eine Welle der Gewalt durch das Land« gerollt: »Circa 50 000 Oppositionelle bzw. Verdächtige, unter ihnen Gewerkschaftsführer, oppositionelle Politiker, Führer katholischer und kommunistischer Organisationen, studentischer Gruppen, wurden bis 1979 interniert, 300 fanden den Tod; zahlreiche gingen ins Exil«, so Prutsch (www.lateinamerika-studien.at). »Terror und Gewalt«

waren »ein zentraler Bestandteil der Regime bis 1985«: »Um Folterungen zu verschleiern, legten die Geheimdienste ihre Opfer nicht selten auf die Straße, um Schießereien und einen Tod im Kampf vorzutäuschen.«

Die Schule der Killer

Mitte der siebziger Jahre begannen die südamerikanischen Staaten unter Führung der USA, ihren Terror mit Hilfe der »Operation Condor« zu zentralisieren und zu koordinieren. Pünktlich zum 60. Geburtstag (25.11.1975) des chilenischen Diktators Augusto Pinochet (mit Hilfe der CIA am 11.9.1973 ins Amt geputscht) vereinbarten ein halbes Dutzend Staaten eine grenzüberschreitende Zusammenarbeit bei der Bekämpfung von »Staatsfeinden«. Dabei wurden die Terrorpraktiken zentralisiert und standardisiert. Der Kampf gegen die »Subversion« wurde nationenübergreifend geführt.

Auch das amerikanische FBI war mit von der Partie: »Dokumenten zufolge arbeitete das FBI mit den Militärregierungen zusammen und stellte ihnen technische Hilfsmittel für den Informationsaustausch zur Verfügung. Es gab Trainingskurse für Spionage und Spionageabwehr, Subversion und Terrorismus« (*tagesschau. de,* 4.12.2006). Das FBI verfügt also über jede Menge Erfahrung in Sachen Staatsterrorismus. Mehr noch: In der Kanalzone Panamas betrieben die USA in jener Zeit eine regelrechte Folter- und Killerschule, die berüchtigte »School of the Americas« (SOA). Dem Plural kann man bereits entnehmen, dass dieses Ausbildungszentrum für eine Vielzahl (süd)amerikanischer Staaten gedacht war. »Der frühere panamaische Präsident Jorge Illueca sagte, die School of the Americas war die ›größte Basis für Destabilisierung in Lateinamerika‹«, heißt es auf der Website SOA Watch, welche die Aktivitäten der Folterschule beobachtet. »Die SOA hinterließ eine Spur aus Blut und Leid in jedem Land, in das ihre Absolventen zurückkehrten. Aus diesem Grund erhielt die School of the Americas auch den historischen Spitznamen ›Schule der Killer‹.«

Tatsächlich gingen aus diesem Folterzentrum zahlreiche südamerikanische Schreckensherrscher hervor, beispielsweise die argentinischen Generäle Galtieri und Viola, die bolivianischen Diktatoren bzw. Putschisten Suarez und Gomez, die chilenischen Militärs Iturriaga und Contreras, der »Schlächter der Anden« Hurtado, der ecuadorianische Herrscher Rodriguez, die guatemaltekischen Diktatoren bzw. Präsidenten Montt und Molina und sogar der panamaische Machthaber und Rauschgifthändler Manuel Noriega. Insgesamt sollen über 60 000 Folterknechte die Schule durchlaufen haben. Bei Noriegas Sturz durch die USA 1989 spielte vielleicht sogar eine Rolle, dass ausgerechnet Noriega den weiteren Betrieb der SOA abgelehnt hatte. Die »Schule« musste daraufhin nach Fort Benning, USA, umziehen, wo sie noch heute existiert – allerdings unter neuem Namen: Western Hemisphere Institute for Security Cooperation (WHISC).

Ein unendliches Trauma

Man kann sich vorstellen, dass die schrecklichen Ereignisse während der Militärdiktaturen eine kollektive Traumatisierung ganz Lateinamerikas bewirkt haben. Das gilt vor allem für die Brandmassaker, die schlimmste und spektakulärste Form der Tötung, die man sich vorstellen kann. Und natürlich verschwanden die Traumen mit dem Ende der jeweiligen Schreckensherrschaft nicht einfach aus dem Bewusstsein. Vielmehr pflanzten sie sich immer weiter fort – einerseits durch den Zwang, das Trauma ständig zu wiederholen und nachzuleben (sozusagen »intra-individuell«), andererseits durch fortwährende Gewalt und Gegengewalt (also »inter-individuell«). Das heißt, die Traumen sind längst zu Selbstläufern geworden. Der Schrecken ist in Gang gekommen wie ein Motor, der nach dem Anlassen irgendwann von selbst »zündet« und läuft. Man kann dieselben Mechanismen heute in anderen US-amerikanischen Einflussgebieten beobachten, beispielsweise in Irak, wohin einige der US-Folter- und »Anti-Terror-Experten« ihre Wirkungsstätte verlagert haben. Dort tobt ein schmutziger Bombenkrieg, wobei die Attentate so lange den verschiedenen religiösen Gruppen in die Schuhe geschoben werden, bis diese von selbst aufeinander losgehen und sich die Spirale der Gewalt ohne äußere Beeinflussung zu drehen beginnt. Verantwortlich für die US-Außenpolitik in jener Zeit war übrigens der Nationale Sicherheitsberater (1969–1973) und Außenminister (1973–1977) Henry Kissinger. Er zählte zu den zentralen Figuren des US-Geheimdienstapparates und der US-amerikanischen Außenpolitik. Kissinger wird für die Steuerung zahlreicher Putsche und Schreckensregime in Lateinamerika verantwortlich gemacht, etwa für den Putsch gegen den chilenischen Staatspräsidenten Salvador Allende 1973 und das nachfolgende Terror-Regime des Generals Augusto Pinochet. Im selben Jahr (1973) erhielt Kissinger den Friedensnobelpreis – für Verdienste um die Beendigung des von den USA angezettelten Krieges in Vietnam.

Gewaltspiralen:
Ein Penis im Müll

Es mag eine Binsenweisheit sein, doch niemand wird zufällig zum Killer. Ob Serienmörder oder Lynchmob – fast immer stecken tiefe Traumatisierungen hinter solchen Taten. Fast immer dreht sich eine Spirale der Gewalt, manchmal schon seit Generationen. Wurden in irgendeiner Familie einmal Kinder missbraucht, kann es sein, dass auch diese Kinder später Kinder missbrauchen. Gab es in einer Familie exzessive Gewalt, ist es wahrscheinlich, dass die Kinder später gegen andere exzessive Gewalt anwenden – zum Beispiel gegen die eigenen Kinder und/oder gegen Freunde, Partner oder Kollegen. Und ist Lateinamerika nicht das beste Beispiel dafür, wie sich die Spirale der Gewalt in einer ganzen Gesellschaft, ja, sogar auf einem ganzen Kontinent drehen kann? Einmal in Gang gekommen, dreht sie sich immer weiter und ist kaum zu stoppen. Dafür bräuchte es intelligente Politiker mit einer wirksamen Strategie und sehr viel Zeit.

Wenn überhaupt, lässt sich eine derartige Gewaltspirale nur über mehrere Generationen hinweg langsam abbauen, bis all die Greuel allmählich aus dem kollektiven Bewusstsein verschwinden. Aber wo finden sich solche Politiker und Strategien? Der politische Wind dreht sich schließlich ständig, so dass Maßnahmen kaum über Jahrzehnte hinweg verfolgt werden können. Und dann sind da noch jene Kräfte, die das Chaos einst angestoßen haben und an seiner Fortsetzung interessiert sind. Die also den Menschen in einem Land oder auf einem Kontinent das Leben zur Hölle machen wollten. Gehen von ihnen neue Greuel aus, stehen die Chancen für Versöhnung, Heilung und Vergessen in der betreffenden Gesellschaft natürlich schlecht. Man denke an andere Weltgegenden, wie Irak oder Palästina, wo sich ebenfalls Gewaltspiralen drehen: Verschiedene politische oder militärische Kräfte haben hier immer wieder Interesse an Gewalt gezeigt, zum Beispiel um Friedensprozesse zu verhindern. Gewalt und Greuel sind so mächtige politische Werkzeuge, dass sie wohl kaum aus unserem Leben verschwinden werden.

Der Lynchmord von Marianne B.

Und deshalb stoßen Gerichte und Rechtsprechung auch an ihre Grenzen. Weil sie nur zum Teil ein freies Individuum vor sich haben, zum anderen Teil handelt es sich um ein Glied in einer ganzen Kette von Gewalt. Wenn man sich Gewaltspiralen als Wirbelstürme oder Tornados vorstellt, dann können sie ganze Gesellschaften, Staaten oder Kontinente erfassen und durcheinanderwirbeln – aber auch Familien und Ehen.

Man denke an den Fall Marianne Bachmeier, der 1981 Schlagzeilen machte. Auch da ging es um einen Lynchmord. Ihr Vater, wahrscheinlich kriegstraumatisiert, misshandelte sie. Ein Nachbar verging sich an ihr. Mit 16 wurde sie das erste Mal schwanger, mit 18 wurde sie vergewaltigt – kurz vor der Geburt ihres zweiten Kindes. Die beiden ersten Kinder gab sie zur Adoption frei. Das dritte Kind, die Tochter Anna, bekam sie mit 23 und behielt es. Doch ein gewisser Klaus Grabowski hatte etwas dagegen. Wie schon Mutter Marianne, wurde auch ihre Tochter Anna Opfer eines Gewaltverbrechens. Am 5. Mai 1980 entführte Grabowski das siebenjährige Mädchen und erdrosselte es in seiner Wohnung. Es war ein Rückfall. Schon früher hatte der Mann Mädchen missbraucht und war dafür verurteilt worden. Zwar hatte er sich während seiner Haftzeit kastrieren lassen, die Entscheidung aber bald darauf anscheinend bereut. Zwei Jahre später (etwa 1978) hatte er sich einer Hormonbehandlung unterzogen, um die durch die Kastration verlorenen Sexualhormone zu ersetzen – offenbar mit fatalen Folgen. Im März 1981 stand Grabowski schließlich wegen des Mordes an Anna Bachmeier vor Gericht, als Marianne Bachmeier den Gerichtssaal betrat, eine Pistole zog und schoss. Es war eine Explosion der Gewalt. Grabowski wurde von acht Schüssen in den Rücken getroffen, wovon sechs tödlich waren. Zwar wurde Marianne Bachmeier von der Justiz äußerst milde behandelt. Statt wegen Mordes, worum es sich offensichtlich handelte, wurde sie 1983 nur wegen Totschlags und unerlaubten Waffenbesitzes verurteilt. Drei Jahre später war sie schon wieder frei – rekordverdächtig nach einem Mord. Doch viel hatte sie nicht mehr von ihrem Leben. 1996 starb sie im Alter von 46 Jahren an Krebs.

Ein Penis im Müll

Kurz: Manche Menschen sind wandelnde Bomben. Irgendwann explodieren sie und zerstören sich und andere. Und oft kann man sogar nachvollziehen – nicht billigen –, warum. Auch 2013 gab es dafür wieder eindrucksvolle Beispiele. Nehmen wir etwa die Amerikanerin Catherine Kieu Becker. Auf dem Polizeifoto hat die gebürtige Vietnamesin einen wütenden, entschlossenen Blick. Um ihren Mund spielt ein leicht ironisches Lächeln. 2013 stand sie vor Gericht, weil sie ihrem Ehemann den Penis abgeschnitten hatte. Laut Anklage vergiftete sie das Abendessen mit Schlaftabletten und fesselte ihren Gatten, nachdem er eingeschlafen war, mit Händen und Füßen ans Bett. Dann nahm sie ein 25 Zentimeter langes Küchenmesser, rief: »Du verdienst es!«, schnitt dem Mann das Glied ab und warf es in den Müll. So geschehen am 11. Juli 2011.

Ein grauenhaftes und unmenschliches Verbrechen – und ein unglaublich symbolisches. Denn seit Jahrzehnten tobt nun schon der globale Kampf gegen den Mann. Jungen werden in den Schulen benachteiligt und entwickeln sich zu »Bildungsverlierern«. Während Frauen Karriere machen sollen und in verantwortungsvolle Positionen gehievt werden, sollen Männer Kindergärtner, Altenpfleger und Bäckereifachverkäufer werden. Während Frauen arbeiten gehen, werden Männer zu »Kinderwagenschubsern« umerzogen. Männer werden zunehmend für alles Mögliche verantwortlich gemacht, die Klimakatastrophe inbegriffen: Sie essen zu viel Fleisch, fahren zu dicke Autos und verbrauchen zu viel Energie. Männer sind (angeblich) zu dumm, zu brutal und zu archaisch. Und in diesem aktuellen Kontext hat Catherine Kieus abscheuliches Verbrechen – ohne dass sie dies beabsichtigt hätte – einen enormen Symbolwert.

Die entmannte Welt

Denn tatsächlich wird die Welt ja laufend »entmannt« – entweder durch Zurückdrängung männlicher Individuen oder durch Zurückdrängung des Männlichen an sich. Und daher hat dieses Verbrechen auch einen politischen und psychologischen Aspekt. Schon einmal hatte eine »Emanze« ein derart abscheuliches Verbrechen verherrlicht, und zwar die allseits gerühmte Alice Schwarzer. Als 1994 die (1970 in Ecuador geborene) Amerikanerin Lorena Bobbitt ihrem schlafenden Mann den Penis abschnitt, schrieb Schwarzer in *Focus Online* (31.1.1994): »Sie hat ihren Mann entwaffnet. (…) Eine hat es getan. Jetzt könnte es jede tun. Der Damm ist gebrochen, Gewalt ist für Frauen kein Tabu mehr. Es kann zurückgeschlagen werden. Oder gestochen. Amerikanische Hausfrauen denken beim Anblick eines Küchenmessers nicht mehr nur ans Petersilie-Hacken.« Schwarzer bezeichnete das Verbrechen als »nackte Notwehr« gegen den angeblich brutalen Ehemann.

Nichts hätte falscher sein können, denn Notwehr dient lediglich der Abwehr einer unmittelbar gegenwärtigen Gefahr, also zum Beispiel einer gerade ablaufenden Vergewaltigung. Einem schlafenden Mann den Penis abzuschneiden ist hingegen eine mit Planung und äußerster Hinterlist durchgeführte Tat gegenüber einem wehr- und arglosen Opfer. Eine Tat, die nichts Heroisches, sondern nur Verachtenswertes beinhaltet. In Wirklichkeit stand Bobbitt jenen sexuell abartigen Irren in nichts nach, die Frauen genital verstümmeln. Aber Schwarzer rief ihre Geschlechtsgenossinnen auf: »Es bleibt den Opfern gar nichts anderes übrig, als selbst zu handeln. Und da muss ja Frauenfreude aufkommen, wenn eine zurückschlägt. Endlich!« Als müsste sie selbst von irgendeinem bedrohlichen Penis in ihrer Psyche befreit werden.

Erstaunlicherweise hatte dieser implizite Aufruf zu rohester Gewalt keinerlei strafrechtliche Konsequenzen. Und was die Täterin Lorena Bobbitt in den USA betraf, so wurde sie freigesprochen – ein ungeheures Signal an die Weltöffentlichkeit: »Als Folge des Verbrechens gab es viele Nachahmungstäterinnen; bis Anfang 1995 wurden mindestens 34 Männer zu Opfern«, heißt es in der Männer-Enzyklopädie *Wikimannia*. Was gern übersehen wird, ist, dass Bobbitt freigesprochen wurde, weil sie zur Tatzeit »vorübergehend unzurechnungsfähig« war. Schwarzer hat also die Tat einer Unzurechnungsfähigen verherrlicht.

Zurück zu Catherine Kieu und ihrem Prozess im Jahr 2013. Ihr Gatte erinnerte sich vor Gericht, wie er gefesselt erwachte und plötzlich einen stechenden Schmerz fühlte. Nachdem Kieu selbst die Polizei gerufen hatte, konnte das Opfer zwar gerettet werden – allerdings ohne jede Aussicht auf ein normales Leben. Als Zeuge vor Gericht erklärte der Mann, er habe das Gefühl, an diesem Abend ermordet worden zu sein, was ja auch nicht ganz falsch ist. Denn zum einen hätte die Verletzung leicht tödliche Folgen haben können. Zum anderen wird er nie mehr als normaler Mann leben können. Die Tat geschah angeblich, weil er ein Verhältnis mit einer früheren Freundin wieder aufgenommen und die Scheidung eingereicht hatte. Aber reicht das als Motiv für eine derartig brutale Gewalttat aus? Zweifel sind erlaubt. Also nochmals die Frage: Wo liegen die Ursachen für diese brutale Gewalttat?

Eine Kindheit im Krieg

Einen Teil der Erklärung lieferte wohl Catherine Kieus Anwalt: »Sie hatte einen Aussetzer. Sie ist eine gebrochene Frau, die zu leben versuchte, so gut sie konnte.« Erstaunlicherweise landen wir mit dieser Aussage wieder bei der globalen Kriegspolitik der USA im letzten Jahrhundert. Denn Catherine Kieu wurde 1963 in Vietnam geboren. Zwei Jahre später begannen die regelmäßigen US-Luftangriffe auf Nordvietnam. 1968, als Kieu fünf Jahre alt war, geschah das Massaker von My Lai, bei dem ein ganzes Dorf von US-Soldaten niedergemetzelt wurde. Nach ihrer Geburt in den Kriegswirren sei Kieu zahlreichen Traumatisierungen ausgesetzt gewesen, erklärte ihr Anwalt, ausgelöst unter anderem durch den frühen Tod der Mutter und die Vergewaltigung durch den älteren Bruder. Kieus gebrochene Biographie ist kein Einzelfall. In den USA nennt man Nachkommen amerikanischer Soldaten und vietnamesischer Mütter »amerasiatische Kinder des Vietnamkrieges«, so ein Buchtitel *(Amerasian Children of the Vietnam War)*. Ob Kieu wirklich das Kind eines US-Soldaten war oder nicht – in jedem Fall war sie ein Kind des US-Krieges in Vietnam mit all seinen Greueln. Am 29. April 2013 wurde Catherine Kieu der Folter und schweren Körperverletzung schuldig gesprochen. Am 29. Juni 2013 wurde sie zu einer lebenslangen Haftstrafe mit der Möglichkeit bedingter Haftentlassung nach sieben Jahren verurteilt.

Tod durch dreißig Messerstiche

Das Opfer eines anderen Täters kam nicht mit dem Leben davon. Der Fall begann skurril: Am 28. Juni 2013 raste nachts gegen 1.50 Uhr ein Mercedes in die Leitplanke der Autobahn A 7 zwischen Hildesheim-Drispenstedt und dem Kreuz Hannover-Süd. Was aussah wie ein ziemlich gewöhnlicher Autobahnunfall, entwickelte sich überraschenderweise zum Mordfall. Denn als Rettungskräfte und Polizei eintrafen, stellte sich heraus, dass der Fahrer nur leicht verletzt war. Aber er gestand den Beamten, dass er Selbstmord begehen wollte, weil er zuvor in Hannover-List seine Freundin umgebracht habe. »Ich habe meine Freundin erstochen, sie liegt zu Hause«, sagte er laut Medienberichten. Nachts um halb drei klingelte die Polizei in der Lister Waldstraße einen Nachbarn des mutmaßlichen Opfers aus dem Bett. Zu spät. Die 46-jährige Kaufhausmanagerin Carola H. lag mit dreißig Messerstichen in ihrem Blut. »Als die Einsatzkräfte die Wohnung im vierten Obergeschoss eines Mehrfamilienhauses betraten, kam für Carola H. aber schon jede Hilfe zu spät«, schrieb die *Hannoversche Allgemeine Zeitung* (Online-Ausgabe, 28.6.2013). »Der Notarzt konnte nur noch ihren Tod feststellen. Kripo und Kriminaltechniker sicherten daraufhin den Tatort.«

»Alle hatten Angst vor ihm!«

Eine Gewalttat mit Vorgeschichte. Denn laut *Bild.de* Hannover vom 1.7.2013 war ihr Lebensgefährte Ronald K. bereits seinen früheren Nachbarn in Kleefeld äußerst unangenehm aufgefallen. »Alle im Haus hatten Angst vor ihm!«, zitierte das Blatt einen damaligen Nachbarn.

> »Er habe Hausbewohner im Treppenhaus geschubst, mit Fußmatten nach der Nachbarin geworfen. Eine andere Frau sagt: ›Als er sich über einen Kinderwagen im Hof aufregte, hat er Hundekot hineingelegt. Mich hat er aus Wut mal ins Müllhäuschen gesperrt.‹ (…) Das ganze Haus sei froh gewesen, als K. im Oktober 2012 endlich auszog – zu seiner Freundin in die List.«

Angeblich wollte die Frau ihren rabiaten Freund aber verlassen. »In seiner Vernehmung habe Ronald K., der erst vor wenigen Monaten in die Wohnung eingezogen war, angegeben, dass seine

Lebensgefährtin sich von ihm trennen wollte«, zitierten die *Lübecker Nachrichten* die Polizei: »Ein Streit zwischen beiden war am späten Donnerstagabend offenbar eskaliert.« Laut *Bild* würgte Ronald K. sein Opfer zuerst, stach dann mit dem Messer auf die Frau ein und holte sogar ein neues, als die Klinge des ersten abbrach. Offenbar war Ronald K. eine wandelnde Bombe. Die früheren Nachbarn des Opfers hatten die »Ausraster« von Ronald K. sogar in einem Video dokumentiert. Auf der unscharfen Aufnahme sieht man einen Mann mittleren Alters mit blauer Schirmmütze und blassem Gesicht wütend in die Kamera schauen. Das war wohl auch das Letzte, was Carola H. sah, bevor sie starb.

Plötzlicher Kindstod:
Der heimliche Mord

Ein Kind zu ermorden geht in Deutschland ganz einfach. Das stellte sich bei einem Prozess Ende Juni 2013 vor dem Landgericht Limburg heraus. Dort stand eine Mutter vor Gericht, die 2004, 2006 und 2009 ihre drei Säuglinge umgebracht hatte. Die Sache fiel jahrelang nicht auf. Denn die ersten beiden Todesfälle hatte die Frau mit dem »plötzlichen Kindstod« erklärt. Weil alle Welt an einen natürlichen Tod der Kinder glaubte, wurde der dritte Säugling zwar mit einem Monitor überwacht. Das nützte jedoch nichts, weil die Mutter das Baby genau wie seine Geschwister beseitigte. Eines Nachts war der kleine Junge gegen fünf Uhr morgens wach geworden und schrie. »Sein Vater, der über das Kind gewacht hatte, weckte die Mutter, die das Kind mit einem Fläschchen versorgte«, beschrieb das Nachrichtenportal *mittelhessen.de* den Vorgang. »Dazu stöpselte sie den Überwachungsmonitor ab, der ihnen von der Klinik zur Vermeidung eines plötzlichen Kindstodes verordnet worden war. Als sich der Vater schlafen gelegt hatte und das Kind nach dem Fläschchen erneut schrie, griff die Mutter zu ihrer ›bewährten‹ Tötungsmethode«, indem sie dem Kind die Nasenflügel zudrückte, ihm ein Spucktuch in den Hals stopfte und später wieder herauszog. Zehn bis 15 Minuten soll der Todeskampf des Kindes gedauert haben.

Plötzlicher Kindstod = ungeklärter Todesfall

Tja, der »plötzliche Kindstod«. Kaum fällt dieser Begriff, können sich die Hinterbliebenen auf das Mitleid und die Rücksichtnahme ihrer Umgebung verlassen. Dabei ist es schon eine seltsame Krankheit, die da immer wieder gesunde Säuglinge dahinrafft. Das heißt, eigentlich ist es gar keine Krankheit, sondern, wenn überhaupt, nur eine Todesursache. Als Krankheit kann man den plötzlichen Säuglingstod (SIDS; *Sudden Infant Death Syndrome*) an einem lebendigen Kind nicht diagnostizieren. Kein Arzt ist in der Lage, bei einem Säugling klinische Symptome oder eindeutige klinische Warnzeichen eines späteren plötzlichen Säuglingstodes festzustellen. Der »plötzliche Säuglingstod« komme in Deutschland »etwa einmal auf 2000 Geburten vor, der Altersgipfel liegt zwischen 2 und 4 Monaten«, schreibt die Medizinerin Sophia Hömberg in ihrer Doktorarbeit »Er ist in Europa die häufigste Todesursache im Säuglingsalter nach dem 6. Lebenstag.«

Am Tod kann man nicht sterben

Eine Todesursache ohne vorherige Krankheitsgeschichte ist jedoch eine seltsame Angelegenheit, vor allem bei einem Säugling. Und eigentlich ist auch der Ausdruck »Todesursache« nicht korrekt. Die Redewendung, ein Kind sei »*am* plötzlichen Kindstod« gestorben, ist widersinnig und zählt wohl zu den großen Lebenslügen unserer Gesellschaft. Denn am Tod kann bekanntlich niemand sterben. Der Tod selbst ist auch keine Krankheit, sondern höchstens das Ergebnis einer Krankheit. Er ist deshalb auch keine Ursache, sondern eine Wirkung. Eine medizinische Ursache lässt sich für den plötzlichen Kindstod nicht ausmachen. Mit anderen Worten, der sogenannte plötzliche Kindstod ist weder eine Krankheit noch eine Todesursache, sondern ein Phänomen. »Die Ursache für den plötzlichen Tod der Säuglinge ist nicht geklärt, der Begriff ›Plötzlicher Säuglingstod‹ beschreibt nur das Phänomen, dass ein Säugling überraschend plötzlich tot aufgefunden wird«, heißt es in der oben erwähnten Dissertation (S. 44). SIDS ist demnach auch keine Diagnose, sondern lediglich die Feststellung, dass das Kind plötzlich tot war – warum auch immer. Kurz: Jeder SIDS-Fall ist nichts weiter als ein ungeklärter Todesfall.

Der Tod ist kein Symptom

Tatsächlich wird der Begriff SIDS oder »plötzlicher Kindstod« in der Fachliteratur auch längst kritisiert, was nur in unseren Medien noch nicht angekommen ist:

> »Letztlich ist die Verwendung des Begriffs ›Sudden Infant Death Syndrome‹ für den plötzlichen Säuglingstod völlig unzutreffend schon deswegen, weil sich ein Syndrom definitionsgemäß aus mehreren Symptomen zusammensetzt. Beim plötzlichen Säuglingstod handelt es sich aber lediglich um ein Symptom, nämlich dass das Kind plötzlich und unerwartet verstorben ist«,

heißt es in einer Studie des Münchner Instituts für Rechtsmedizin aus dem Jahr 2004. »SIDS ist ein Syndrom, dessen erstes und einziges Symptom der Tod ist!«, wird dort ein Mediziner zitiert. Bei plötzlich und unerwartet verstorbenen Kindern handele es sich weit eher um »SUD«-Fälle (*Sudden Unexplained Death*/»plötzlicher ungeklärter Tod«). Die Untersuchung schlägt für das Phänomen daher den Begriff SUID vor (*Sudden Unexplained Infant Deaths*/»plötzliche ungeklärte kindliche Todesfälle«).

Und das lässt jede Menge Raum für ganz andere Ursachen: »Der plötzliche Säuglingstod ist unter Umständen nicht von einer Kindstötung zu unterscheiden«, heißt es in der zitierten Dissertation. Deren Titel denn auch lautet: »Die Tötung von Kindern durch die eigenen Eltern (Infantizid)«. Die äußeren Anzeichen von tödlicher Gewalteinwirkung seien bei Säuglingen und Kleinkindern nämlich »oft nur schwach ausgeprägt oder können ganz fehlen. Zum Beispiel kann ein Ersticken unter einer weichen Bedeckung unentdeckt bleiben. Mit einer gewissen Dunkelziffer an Kindstötungen unter den vermeintlichen SIDS-Fällen ist also zu rechnen« (S. 44). Laut der Rechtsmedizinerin Mechthild Vennemann wiesen obduzierte SIDS-Kinder in fünf Prozent der Fälle

»unerwartete tödliche Misshandlungen« auf. Unter der erwähnten weichen Bedeckung sei zum Beispiel ein Ersticken »meist ohne Erstickungsblutungen« möglich. Auch bei einem Schütteltrauma gebe es meist keine äußeren Verletzungen, genauso wenig wie bei einem stumpfen Bauchtrauma. Mit anderen Worten, es liegen immer wieder misshandelte oder ermordete Babys ohne Anzeichen von äußerer Gewalteinwirkung in ihren Betten. Vennemanns Forderung lautet deshalb: Jedes tote Kind bis zum Alter von 24 Monaten »muss obduziert werden« (Mechtild Vennemann: »Der plötzliche Kindstod – Schnittstelle zwischen Rechtsmedizin und Epidemiologie«, Vortrag, ohne Ortsangabe, 19.1.2012). Die Doktorandin Bettina Zinka kam in der genannten Studie des Münchner Instituts für Rechtsmedizin sogar zu dem Schluss, »dass der plötzliche Säuglingstod in der bisher diskutierten Form vermutlich nicht existiert« (»Der Plötzliche Säuglingstod«, S. 147).

Zwischen SIDS und Ersticken gibt es keinen Unterschied ...

Durch die Obduktion von 91 Kindern, »die alle mit der Verdachtsdiagnose ›plötzlicher Säuglingstod‹ obduziert wurden, konnten auch vier Tötungsdelikte aufgedeckt werden« (ebda., S. 149). Das heißt, die Frage nach einer Tötung konnte in vier Fällen definitiv mit Ja beantwortet werden. Es heißt aber nicht, dass sich nicht noch mehr Tötungsfälle unter den untersuchten Kindern befanden, zumal die Eltern von elf Kindern bestimmten Untersuchungen nicht zustimmten. Der Befund bedeutet nur, dass sonst keine Tötungen *nachgewiesen* werden konnten. »Differentialdiagnostisch besteht bei der Obduktion die Schwierigkeit bzw. nahezu Unmöglichkeit, gewaltsame Todesfälle durch weiche Bedeckung, also Aufdrücken eines Kissens, feuchten Tuches o. Ä. sicher abzugrenzen«, äußerte der bekannte Gerichtsmediziner Professor Randolph Penning schon 1996. »Hinweise könnten allenfalls

Erstickungsblutungen im Gesichtsbereich bieten, die aber z. B. auch durch Reanimation erklärbar sind. Bei rein vorsichtshalber durchgeführten Obduktionen offensichtlicher SIDS-Kinder werden nicht ganz selten (bis zu ca.10 %) völlig unerwartet tödliche Misshandlungen festgestellt!« (ebda., S. 28). Auch die Pathologin Marie Valdes-Dapena kommt laut der Münchner Studie zu dem Ergebnis, dass »eine Unterscheidung zwischen einer Tötung durch Ersticken, zum Beispiel mittels eines weichen Gegenstandes, und einem SIDS nicht möglich« sei (ebda.). »Die makroskopischen und mikroskopischen Befunde sind dieselben.«

Wie darf man das verstehen? Wenn zwischen einem SIDS und einer Tötung durch Ersticken kein Unterschied besteht, heißt das doch wohl, dass beides identisch ist! Und tatsächlich sei das Ersticken »wohl die häufigste übersehene Methode der Kindstötung«, so die Münchner Studie:

> »Bei Säuglingen und Kleinkindern ist das Ersticken eine relativ leicht auszuführende Tötungsmethode. Zum einen werden Kinder durch die Hände des Täters, zum anderen auch durch Niederdrücken des Kindes in das Bettzeug oder Ähnliches erstickt. Somit ist derzeit eine Unterscheidung zwischen natürlichen und kriminellen plötzlichen Todesfällen im Säuglings- und Kleinkindesalter nicht immer möglich« (ebda., S. 28).

Wenn Geschwister der Gesundheit schaden …

Die Epidemiologie ist immerhin in der Lage, sogenannte »Risikofaktoren« festzustellen. Dabei handelt es sich aber ebenfalls nicht um klinische Symptome bei einem einzelnen Baby, sondern um statistische Merkmale des Kindes oder der Familie, die mit dem plötzlichen Kindstod einhergehen. Und diese Risikofaktoren lassen aufhorchen, handelt es sich doch zum großen Teil eben nicht um medizinische, sondern um soziale Risikofaktoren. Welche es genau sind, kann man in jeder gängigen Quelle nachlesen. Als besonders gefährdet gelten demnach

- »Kinder aus sozial benachteiligten Familien«
- »Kinder besonders junger Mütter (unter 20 Jahren)«
- »Kinder Alleinerziehender«
- »Geschwisterkinder von am plötzlichen Kindstod bereits verstorbenen Kindern«

Ferner zählen zu den Risikokindern »Säuglinge mit mehreren älteren Geschwistern« (Quelle: *Wikipedia*).

Die Frage ist nur: Mit welchem medizinischen Geschehen im Körper eines Säuglings lassen sich diese Risikofaktoren in Einklang bringen? Inwiefern schadet es der Gesundheit, als Kind einer besonders jungen Mutter, einer Alleinerziehenden oder als jüngstes Kind unter älteren Geschwistern geboren zu werden? »Dass junge Mütter unter den SIDS-Müttern deutlich überrepräsentiert sind, wird zwar durch sämtliche Studien, auch durch unsere Untersuchungen, bestätigt, jedoch findet sich nirgends eine Erklärung für dieses Phänomen«, heißt es denn auch in der Münchner Studie bei Zinka (»Der Plötzliche Säuglingstod«, S. 122). Sollte die Erklärung etwa darin liegen, dass junge, durch eine Schwangerschaft möglicherweise überraschte Mütter eher überfordert sind als ältere Mütter und daher leichter mal zum Kissen greifen?

Die »Münchhausen-Mütter«

Ein weiterer Risikofaktor ist das sogenannte »Münchhausen-by-Proxy«-Syndrom – ebenfalls keine Krankheit der Kinder, sondern der Mütter. Wobei »Münchhausen« für Lüge steht und »Proxy« für Stellvertreter, in diesem Fall das kleine Kind. Dabei handelt es sich um eine bizarre psychische Störung, bei der Mütter die eigenen Kinder verletzen und misshandeln, um sich wichtigzumachen, Aufmerksamkeit zu verschaffen und sich selbst als Heldinnen zu inszenieren. So etwas kann dann durchaus mal schiefgehen bzw. mit Mord und Totschlag enden. Meist werden Erstickungsmethoden (Mund zuhalten) angewendet, weil diese jederzeit verfügbar sind und nur wenige Spuren hinterlassen. Bahnbrechend waren hier Forschungen in London, bei denen Krankenhauszimmer von Kindern, die immer wieder unter merkwürdigen Beschwerden litten, mit Kameras beobachtet wurden. Dabei stellte sich heraus, dass bestimmte Mütter versuchten, heimlich die Atemwege ihres Kindes zu verschließen, sei es mit der Hand oder gar mit Frischhaltefolie. Nicht unbedingt, um das Kind sofort umzubringen, sondern um die Symptome zu produzieren, die weitere Aufmerksamkeit und einen verlängerten Krankenhausaufenthalt garantierten. Denn manche Mütter liebten das Leben im Krankenhaus, stellten Mediziner fest.

Zur Ehrenrettung Betroffener bzw. Hinterbliebener muss allerdings deutlich gesagt werden, dass auch weniger bösartige bzw. ehrenrührige Ursachen als Mord, Totschlag oder eine psychische Störung der Mutter für den »plötzlichen Kindstod« denkbar sind. Zum Beispiel:

- Körperverletzung im Affekt mit (unbeabsichtigter) Todesfolge durch Misshandlungen wie Schütteln (»Schütteltrauma«), wobei wichtige Blutgefäße im Kopf des Babys verletzt werden können. Tatsächlich wurden und werden viele »Schütteltraumata« als »plötzlicher Kindstod« eingeordnet.
- Unfall, zum Beispiel bei einem ungeschickten Hochnehmen/ Halten des Babys durch andere Kinder/Geschwister, wobei der schwere Kopf nach hinten fallen kann und so innere Verletzungen entstehen können. Tatsächlich zeigen viele ältere Geschwister die durchaus freundliche Neigung, Säuglinge aus den Bettchen zu heben, um mit ihnen zu spielen oder zu »schmusen«, und sie anschließend wieder hineinzulegen.

Vor allem in letzterem Fall ist es möglich, dass weder Eltern noch Geschwister eine Ahnung haben, was wirklich passiert ist. Des Weiteren muss gesagt werden, dass sich viele Eltern eines Säuglings aufgrund von Schlaflosigkeit und Überforderung nicht in ihrem normalen psychischen Zustand befinden.

Fest steht aber: Der wirklich spontane »plötzliche Kindstod« dürfte viel seltener sein als bisher angenommen. Denn schließlich gilt auch hier: keine Wirkung ohne Ursache. Kein Kind hört einfach auf zu atmen. Gerade die Atmung ist einer der stärksten Reflexe des Menschen. Viel häufiger als bisher angenommen dürften äußere Ursachen eine Rolle spielen, wie beispielsweise Unfall, Körperverletzung, fahrlässige Tötung, Totschlag oder gar Mord. Wie zum Beispiel auch bei jenem vier Monate alten Säugling, der am 14. Januar 2011 »verdurstet und verhungert im Ehebett seiner Eltern in Weilerswist lag« (*Kölner Express,* Online-Ausgabe, 8.7.2013). Zunächst seien alle vom »plötzlichen Kindstod« ausgegangen. Erst eine Obduktion »brachte die fürchterliche Wahrheit ans Licht«, so der *Kölner Express:* »Tobias, der eigentlich 6000 Gramm hätte wiegen müssen, war gerade mal 4060 Gramm schwer. Und hatte längerfristig nicht ausreichend zu essen und zu trinken bekommen. Am Todestag hatte Tobias' Kreislauf wegen des akuten Flüssigkeitsmangels versagt.« Dafür, dass die 33-jährige Mutter den Tod ihres Sohnes in Kauf genommen habe, gebe es jedoch keinen Hinweis, meinte der Richter bei der Urteilsverkündung im Juli 2013 – und entließ die Mutter des toten Säuglings mit neun Monaten auf Bewährung wegen fahrlässiger Tötung …

Geheimsache Selbstmord:
Topmanagersterben in der Schweiz

Wenn sich die Ereignisse überstürzen, wird manche Schlagzeile auch mal mit der heißen Nadel gestrickt. Als sich 2013 zum Beispiel eine Selbstmordserie unter Schweizer Topmanagern ereignete, konnte man Schlagzeilen lesen wie: »Ackermann tritt nach Selbstmord zurück« (*Boersenpoint.de,* 29.8.2013) oder »Zurich-CFO Pierre Wauthier hat vermutlich Suizid begonnen« (Finanz-Nachrichten, 27.8.2013). Wusste man denn nichts Genaues? Konnte man den Mann denn nicht stoppen? Auch als die Nadeln längst erkaltet waren, wurden die Stilblüten nicht etwa korrigiert. Auf beiden Webseiten konnte man die amüsanten und makabren sprachlichen Fehlleistungen noch viele Tage lang besichtigen. Aber das nur am Rande. Schließlich hat das Ganze einen ernsten Hintergrund, nämlich das geheimnisvolle Managersterben, das 2013 in der Schweiz einsetzte, oder besser die Serie geheimnisvoller Selbstmorde von Topmanagern großer Schweizer Unternehmen. Monatelang ging unter Schweizer Konzernchefs der Sensenmann um, und niemand wusste angeblich, warum. Oder wollte es bloß niemand wissen?

Da wäre zum Beispiel Carsten Schloter, der starke Mann des Telekommunikationsunternehmens Swisscom: männlich, blond, kantiges Gesicht, klarer, offener Blick: »Er war ein Topmanager aus dem Bilderbuch«, schrieb die *Bunte* über den 49-Jährigen, »extrem erfolgreich, blendendes Aussehen, sportlich, voller Überzeugungskraft.« Den Mann warf so leicht nichts um. Und das konnte auch gar nicht anders sein, denn als Chorknabe wurde man wohl kaum Vorstand eines Milliardenkonzerns. Die Swisscom ist die Telekom der Schweiz und entstand genau wie die deutsche Telekom durch Aufspaltung und Privatisierung der staatlichen Post (PTT). Heute macht das Unternehmen laut der

Schweizer *Handelszeitung* (Online-Ausgabe, 7.2.2013) einen Umsatz von 11,4 Milliarden Franken (9,1 Mrd. Euro) und beschäftigt in der Schweiz etwa 20 000 Mitarbeiter. Der schweizerische Staat hält noch etwa 57 Prozent der Anteile.

Vorstandsvorsitzender Carsten Schloter konnte auf eine glänzende Karriere zurückblicken. Nach dem Besuch eines Elitegymnasiums im französischen Saint-Germain-en-Laye studierte er in Paris Betriebswirtschaft. Anschließend heuerte er bei Mercedes-Benz in Paris als Systementwickler an und stellte als Team- und Abteilungsleiter Führungsqualitäten unter Beweis. Bereits damals zeigte er eine Affinität zur Kommunikationsbranche. Ab 1992 baute Schloter eine gemeinsame Mobilfunkfirma von Mercedes-Benz und Metro auf, später wurde daraus die Debitel France. 1995 wurde Schloter Geschäftsführer der Daimler-Tochter Debitel Kommunikationstechnik. Bis 1999 war er in leitender Position bei Debitel Deutschland tätig, bevor er in die Leitung der Swisscom wechselte. 2006 wurde er dort geschäftsführender Vorstandsvorsitzender (Chief Executive Officer, CEO).

Schloter galt als körperlich und geistig topfit: »Der 49-Jährige war in der Blüte seiner Schaffenskraft, er war erfolgreich, er war in Wirtschaft und Politik hoch angesehen, wurde auch von Gegnern ob seiner Visionen und seiner scharfen Rhetorik respektiert«, schrieb das Schweizer Wirtschaftsmagazin *Bilanz* (Online-Ausgabe, 4.9.2013): »Gut aussehend und sportlich, verkörperte er Virilität, er war einflussreich und wohlhabend, blieb dabei aber immer bescheiden.« 3500 Kilometer sei Schloter pro Jahr allein mit dem Fahrrad gefahren. »Mit dem Sport beginnt er am Wochenende am liebsten um sechs Uhr morgens.« Außerdem fuhr Schloter Ski und joggte. Die *Bunte* bezeichnete den Manager gar als »Extremsportler«. Tatsache ist, dass einem der Sport im Leben einen festen Rückhalt geben kann. Nach dem alten römischen Motto: »Mens sana in corpore sano« leiden sportliche Menschen weniger unter Depressionen als andere.

Ein Überflieger stürzt ab

Als Carsten Schloter in der zweiten Juliwoche 2013 im Luxushotel »Guarda Val« in Sporz/Lenzerheide (Graubünden) eincheckte, habe er jedoch »alles andere als entspannt« gewirkt, so die *Bilanz,* die den ausführlichsten Hintergrundbericht zur beruflichen und privaten Situation des Managers lieferte: »In sich gekehrt, nachdenklich, fast deprimiert scheint er Beobachtern, die ihn Abend für Abend auf der Terrasse sitzen sehen, eine Flasche Wein als einzige Begleiterin. Das passt so gar nicht zum asketischen Sportler. Zwei Wochen später ist Carsten Schloter, der Vorstandschef des Schweizer Telekomkonzerns Swisscom, tot« (ebda.). Tatsächlich: Am 23. Juli 2013 war der Überflieger Carsten Schloter plötzlich abgestürzt. Berichten zufolge wurde er am Morgen von seiner Putzfrau tot aufgefunden. Mitten aus dem Leben gerissen. Angeblich Selbstmord. Doch wie man sich denken kann, beginnen damit schon die Fragen. Erstens: »Warum nimmt sich ein derart erfolgreicher, rationaler und angesehener Mann das Leben?«, wollte die nicht gerade als Verschwörungsblatt bekannte *Bunte* wissen. Und: »Die, die Schloter kannten, finden keine Antwort auf diese Frage.« Schließlich habe sich »der Manager und Millionär« auf »der Erfolgsspur seines Lebens« befunden. Zweitens: Wie kam der Mann überhaupt ums Leben? Wer sich mit dieser Frage beschäftigte, stieß auf ein geradezu aseptisches Schweigen. Keiner der Betroffenheitsartikel enthielt auch nur den kleinsten Hinweis auf die Todesart eines der bekanntesten Manager der Schweiz. »Die Polizei geht von einem Suizid aus, die genaueren Umstände werden abgeklärt«, zitierte *FOCUS Online* eine Mitteilung der Swisscom. »Mit Rücksicht auf die Familie würden keine weiteren Angaben gemacht.«Wie intensiv man die Medien nach dem mutmaßlichen Suizid Schloters aber auch durchforstete – nirgends fand sich auch nur der kleinste Hinweis darauf, wie einer der mächtigsten Manager der Schweiz gestorben war. Die einzige Ausnahme machte die bereits zitierte *Bunte*. Ihren Angaben zufol-

ge hatte sich Carsten Schloter erhängt. Aus dem *Zürcher Tagesanzeiger* erfuhr man nur noch, dass Schloter einen Abschiedsbrief hinterlassen hatte, in dem er »ausschließlich private Gründe« für seinen Entschluss nannte (Online-Ausgabe, 20.8.2013).
Deshalb stellte ich der im Fall Schloter zuständigen Kantonspolizei Freiburg schriftlich folgende Fragen:

- Können Sie mir bitte den genauen Fundort der Leiche von Herrn Schloter mit Skizze nennen?
- Können Sie mir bitte die Auffindesituation der Leiche schildern und
- wie lange sich die Leiche dort bereits befunden hat?
- Können Sie mir bitte die genaue Todesursache von Herrn Schloter nennen?
- Können Sie mir bitte die Todeszeit nennen?
- In den Medien war von einem Abschiedsbrief die Rede: Wodurch steht fest, dass der Abschiedsbrief von Herrn Schloter verfasst wurde? War dieser Abschiedsbrief hand- oder maschinengeschrieben? Falls maschinengeschrieben: War der Abschiedsbrief handschriftlich unterzeichnet? Wurde der Abschiedsbrief kriminaltechnisch auf Echtheit überprüft (Handschriftengutachten, Fingerabdrücke etc.)? Welchen Inhalt hatte der Abschiedsbrief?
- Können Sie mir bitte sagen, wodurch aus Ihrer Sicht Selbstmord erwiesen ist?
- Wird in dem Fall weiter ermittelt und wenn ja, in welcher Richtung und wie lange noch?

Als Frist für eine Antwort setzte ich Freitag, den 6. September 2013. Auf eine Antwort warte ich bis heute vergebens.

Geheimsache Selbstmord

Nun ist es aber so, dass man die Todesumstände einer Person des öffentlichen Lebens nicht einfach verschweigen kann – zumindest nicht in Deutschland. Nach einem Urteil des Obersten Verwaltungsgerichts Berlin-Brandenburg vom 11. November 2010 hat die Öffentlichkeit zumindest ein Anrecht auf die »wichtigsten Eckdaten« eines solchen Selbstmordes (Aktenzeichen: OVG 10 S 32/10), also zum Beispiel auf Angaben zur Todesart, zur Auffindesituation der Leiche usw. Das Urteil wurde damals von mir erstritten, nachdem die Generalstaatsanwaltschaft Berlin die Umstände des Todes der Berliner Richterin Kirsten Heisig hatte verschweigen wollen, die Ende Juli 2010 angeblich Selbstmord begangen hatte. Polizei und Staatsanwaltschaft wollten weder etwas über die Todesursache noch über die Auffindesituation oder den Fundort der Leiche sagen. Nur dass sogenanntes »Fremdverschulden« auszuschließen sei, ließ man die Öffentlichkeit wissen – man weigerte sich aber, darzulegen, worauf sich diese Gewissheit gründete. Ich hielt dagegen, dass die Öffentlichkeit in der Lage sein müsse, sich selbst ein Bild vom Selbstmord einer Person des öffentlichen Lebens zu machen. Wenn den Behörden erlaubt werde, eine regelrechte »Nachrichtensperre« über einen solchen Todesfall zu verhängen, könne in Zukunft jedes Ableben einer derartigen Person offiziell einfach zum »Selbstmord« erklärt werden, ohne dass die Öffentlichkeit dies überprüfen könne. Seit der genannten Entscheidung kann in Deutschland ein Mensch des öffentlichen Lebens nicht mehr so einfach in einer »Blackbox« verschwinden – theoretisch jedenfalls nicht.

Man denke an den Fall Barschel

Auch in der Schweiz wurden Morde nachweislich als Selbstmord getarnt, und die Behörden duldeten diese Tarnung. Man denke nur an den Fall Barschel. Jenen schleswig-holsteinischen Ministerpräsidenten, der am 11. Oktober 1987 tot in der Badewanne seines Zimmers in einem Genfer Hotel aufgefunden wurde. Jahrzehntelang wurde hier von einem Selbstmord ausgegangen und die Wahrheit vertuscht. Bis auf den heutigen Tag wollen die Behörden die Wahrheit lieber nicht wissen, obwohl ein ehemaliger Mossad-Agent die Aktion inzwischen minutiös beschrieben hat. Wer es heute genau wissen will, muss nur in die nächste Buchhandlung gehen und sich das Buch *Geheimakte Mossad. Die schmutzigen Geschäfte des israelischen Geheimdienstes* (München 1994) des ehemaligen Mossad-Mannes Viktor Ostrovsky kaufen. Demnach wurde Barschel von Mossad-Agenten in dem Genfer Hotel »Beau Rivage« während einer Besprechung durch ein Medikament im Wein betäubt. Anschließend habe man abgewartet, bis Barschel eingeschlafen sei, und ihn dann mittels einer komplizierten Prozedur umgebracht (siehe auch Wolfram Baentsch: *Der Doppelmord an Uwe Barschel. Neue Fakten und Hintergründe zur größten Politaffäre der Bundesrepublik,* München 2006).

Was ich damit sagen will, ist: Einen Mord als Selbstmord zu tarnen ist leichter, als man denkt. Es muss ja nicht immer eine so komplizierte Variante sein wie im Fall Barschel. Ein einfaches Erhängen reicht als Tarnung auch, wie zum Beispiel im Fall Heisig. Nachdem ich die Auskunft der Berliner Staatsanwaltschaft über den angeblichen Selbstmord von Kirsten Heisig erhalten hatte, legte ich diese einem Kriminalbeamten mit Tatorterfahrung vor. Sein Urteil: »Ich sehe nur Fakten, die gegen einen Suizid sprechen. (…) Die Fakten aus dem Bericht der StA [Staatsanwaltschaft] … begründen den dringenden Tatverdacht, dass Frau Heisig am Abend des 28. Juni ermordet wurde und ihr Leichnam kurz vor der Auffindung an den Fundort verbracht wurde« (siehe: »Kripobeamter sieht Mordverdacht im Fall Heisig«, *KOPP Online,* 10.1.2011).

Ein vorgetäuschter Selbstmord

Aber ist es wirklich denkbar, dass Menschen so etwas Brutales tun und einen anderen aufhängen, um einen Selbstmord vorzutäuschen? Leider ja. »Nicht selten versuchen Mörder, ihr schon totes Opfer aufzuhängen, vielleicht sogar einen falschen Abschiedsbrief zu verfassen, um den Mord zu vertuschen« (*Was ist was?* Band 98: *Kriminalistik,* Nürnberg 2003, S.33).

Es gibt exemplarische Fälle von vorgetäuschtem Selbstmord durch Erhängen, auf die die ermittelnden Behörden hereinfallen. Am 16. Januar 2007 zum Beispiel wurde in Viersen ein 34-jähriger Mann namens Rolf Schmitz tot aufgefunden – laut dem *Kölner Express* hatte er sich erhängt. Arzt, Kriminalpolizei und Bestatter erklärten die Tat zum Selbstmord. Denn schließlich gab es einen handgeschriebenen Abschiedsbrief, »in dem die Verzweiflungstat begründet wurde« *(e110.de).* Der Mann wurde zur Bestattung freigegeben und beerdigt.

Dabei war in Wirklichkeit gar nichts klar. »Bereits wenige Monate nach dem Tod von Schmitz … kamen erste Gerüchte auf, die einen Selbstmord in Zweifel zogen und vielmehr auf ein Gewaltverbrechen hindeuteten«, berichtete *RP Online* am 1. Juli 2009. Außerdem tauchte ein weiterer Brief von Schmitz auf, in dem er die Befürchtung äußerte, ermordet zu werden. Sollte er, Schmitz, Selbstmord begehen, »dann war es keiner«, hieß es in dem Schreiben. Ob dieser Brief wirklich von Schmitz oder aber erst im Nachhinein von Freunden geschrieben wurde, um auf das Verbrechen aufmerksam zu machen, ist zwar nicht ganz klar, doch die Verdachtsmomente reichten aus, um die Leiche zu exhumieren und einer Obduktion zu unterziehen. Und siehe da: Die Rechtsmediziner stießen auf »Verletzungen, die man sich nicht selbst beibringen kann« (laut *n-tv*-Website, 30.6.2009). Welche genau, wollten die Behörden »aus ermittlungstaktischen Gründen« zwar nicht sagen, dafür barg der Fall aber gleich mehrere spektakuläre Erkenntnisse:

- Mitunter werden bei mutmaßlichen Selbstmördern eindeutige Fremdverletzungen von Ärzten, Polizei und Bestattern übersehen.
- Bei der Fälschung eines Abschiedsbriefes müssen sich Mörder offenbar keine besondere Mühe geben.
- Sogar ein handgeschriebener Brief eines Fremden geht als Abschiedsbrief des Opfers durch.

Und das heißt:

- Abschiedsbriefe von Selbstmördern werden nicht routinemäßig auf ihre Echtheit hin untersucht!

In dem geschilderten Fall führte das zu der grotesken Situation, dass zweieinhalb Jahre nach dem Mord keinerlei Handschriftenproben des Opfers mehr aufzutreiben waren. Denn der gesamte Hausrat des Toten war inzwischen aufgelöst bzw. vernichtet worden! Kaum zu glauben: Da bringt jemand dreist einen anderen Menschen um, hängt den Toten auf, schmiert mit der Hand ein paar Abschiedszeilen hin, und die Behörden akzeptieren das!

Das Recht auf ein plausibles Bild

So viel zum Thema vorgetäuschter Selbstmord durch Erhängen. Misstrauen ist also angebracht, denn selbst Polizei und Medizin fallen auf plumpe Fälschungen herein. Daher reicht eine bloße »Selbstmordmeldung« nicht aus. Vielmehr hat die Öffentlichkeit bei einer Person des öffentlichen Lebens ein Recht auf ein plausibles Bild des Selbstmordes. Wo und unter welchen Umständen sich der Swisscom-Vorstand Carsten Schloter in seinem Haus in Villars-sur-Glâne erhängte, wurde jedoch nicht mitgeteilt.

Dabei waren das noch längst nicht alle Fragen. Zum Beispiel wäre auch zu klären, warum Schloter überhaupt einen Selbstmord durch Erhängen gewählt haben soll: Besaß der wohlhabende, in einem großen Haus lebende Mann etwa keine Schusswaffe? Und wenn nicht, warum besorgte er sich für seinen Selbstmord dann keine? Schließlich ist das in der Schweiz für einen unbescholtenen Bürger und für einen Ausländer mit Niederlassungserlaubnis überhaupt kein Problem. Die Alpenrepublik hat eines der liberalsten Waffengesetze der Welt. Jeder unbescholtene Bürger über 18 Jahre kann einen Waffenerwerbsschein bekommen und sich damit eine Waffe kaufen. Und ein Selbstmord mit einer Schusswaffe wäre schließlich viel »angenehmer«, als sich zu erhängen – falls man in diesem Zusammenhang überhaupt von »angenehm« sprechen kann. Auf der anderen Seite ist Erhängen nicht nur eine Selbstmord-, sondern auch eine beliebte Mordmethode. Und zwar deshalb, weil dabei nur sehr wenige Spuren entstehen. Im Vergleich zu einem Schusswaffenmord fehlen zum Beispiel Spurenträger wie Mordwaffe, Kugel und Patronenhülse, und an einem Seil haften auch keine Fingerabdrücke.

Sind Topmanager nicht auch Menschen?

Nun ist natürlich die Frage, warum in diesem Fall Misstrauen überhaupt angebracht ist. Warum soll der Mann sich nicht erhängt haben? Sind Topmanager nicht auch Menschen? Warum sollten sie nicht auch einmal resignieren und sich das Leben nehmen? Ist es nicht möglich, dass sich hinter manch harter Fassade bisweilen auch ein sensibler Mensch verbirgt, der in Wirklichkeit nicht mit dem Leben klarkommt? Natürlich ist das möglich. So führte Carsten Schloter Medienberichten zufolge kein besonders glückliches Privatleben. Er lebte von seiner Frau und seinen drei Kindern getrennt. Mit einer neuen Partnerin hatte es zuletzt auch nicht geklappt. »Dass er die beiden Söhne (heute acht und 14 Jahre alt) und die Tochter (heute elf) nur noch alle zwei Wochen sehen durfte, bezeichnete Schloter, der sonst nur Erfolge kannte, als größte Niederlage seines Lebens«, so die *Bilanz* (Online-Ausgabe, a. a. O.). »Schuldgefühle plagten ihn seither. Die Situation war bis zuletzt unbefriedigend, aber stabil. Bis zu seinem Tod sprach Schloter stets positiv über seine Frau und seine Kinder.«

Nun ist, was nach einem Motiv für einen Selbstmord klingt, nämlich die Trennung von Familie und Kindern, eigentlich das genaue Gegenteil. Denn erstens lag diese Trennung zum Zeitpunkt von Schloters Ableben laut Medien schon vier Jahre zurück. Und zweitens: Wer unter der Trennung von seinen Kindern leidet, wird sich ja wohl nicht plötzlich für immer von ihnen trennen. Wer seine Kinder liebt, wird ihnen kaum so etwas Schreckliches antun, wie Selbstmord zu begehen und sie damit für immer alleine lassen. Zumindest ist das nicht gerade naheliegend. »Seine drei Kinder, das betonte er oft, waren für ihn das Wichtigste auf der Welt« *(Welt)*. In einem Interview hatte Schloter seine Kinder neben dem Sport als den wichtigsten Pol in seinem Leben bezeichnet (*Medienwoche,* Online-Ausgabe, 15.3.2013). Selbst einen beruflichen Wechsel in die USA hatte Schloter wegen seiner Kinder abgelehnt.

Zermürbungskrieg in der Konzernleitung

Auch im Berufsleben Schloters stießen Journalisten auf Konflikte, vor allem eine angebliche Dauerfehde mit dem Präsidenten des Verwaltungsrates der Swisscom, Hansueli Loosli. Der habe Schloter immer mehr an die Leine gelegt, kleinliche Rapporte verlangt und ihm auch sonst in vielerlei Hinsicht das Leben schwergemacht, berichteten die Medien. Ärger soll es auch um ein Stellenabbauprogramm gegeben haben, bei dem »die Zahl der Jobs im mittleren Management um 15 bis 20 Prozent« (*Bilanz,* a. a. O.) reduziert werden sollte. Unter dem Strich wurden es dann nur fünf bis sieben Prozent. Verwaltungsratspräsident Loosli ließ sich gar »Zugriff aufs Buchhaltungssystem geben. Mit Schloter diskutierte er ausgiebig, welche Einnahmen und Ausgaben warum auf welche Konti gebucht wurden« (ebda.). Was ganz nach Mobbing klingt.

Tatsächlich schien sich ein gnadenloser Kampf zwischen den beiden Topmanagern zu entwickeln. Schließlich soll Loosli sogar verdeckt einen Nachfolger für Schloter gesucht haben. Auch Schloter selbst soll von einem »Zermürbungskrieg« gesprochen haben; die Begriffe waren mit der Zeit immer militärischer geworden: »I want to have a shoot-out«, soll Schloter der *Bilanz* zufolge einem Freund gesagt haben: »Er wolle ein Duell wie im Western.«

Aber gehören solche Fehden und Rivalitäten nicht zum Alltag solcher Alphatiere? Wären sie überhaupt erst in ihre hohen Positionen gelangt, wenn sie damit nicht umgehen könnten? Und wäre ein Selbstmord wirklich der einzige Ausweg aus einer solchen Situation gewesen? Natürlich nicht: Schloters Chancen in der Auseinandersetzung seien nämlich »nicht einmal schlecht« gewesen. So habe Bundesrätin Doris Leuthard, die Leiterin des Eidgenössischen Departments für Umwelt, Energie, Verkehr und Kommunikation und damit »oberste Chefin« der halbstaatlichen Swisscom, »ihm die Tür bereits geöffnet. (…) Die öffentliche Meinung hätte der charismatische und rhetorisch brillante Swisscom-Chef sowieso hinter sich gehabt.« In den Wochen vor seinem Tod habe der Swisscom-Boss »seine berufliche Zukunftsplanung« auch anderweitig vorangetrieben. So habe er im Juni mindestens zwei Headhunter kontaktiert. Anfang Juli hatte sich Schloter demnach entschieden, »die Swisscom sofort zu verlassen«: »Wenn ich aus dem Urlaub zurückkomme, werde ich kündigen«, soll er vor seiner Abreise einem Vertrauten erzählt haben (*Bilanz*, a.a.O.). Ja, »er wollte am Tag vor seinem Suizid die Kündigung einreichen«, schrieb die Schweizer *Handelszeitung* (Online-Ausgabe, 22.8.2013).

Nach Lage der Dinge wäre das wohl auch vernünftig gewesen.

Normalerweise werden solche Probleme in der Wirtschaft ja auch nicht mit Selbstmord gelöst, sondern mit einem freundlichen Presse-Kommuniqué, einem »goldenen Handschlag« und einem neuen Job bei einem anderen Unternehmen. Den hatte er schließlich schon längst in Aussicht. Hoffnungen machte er sich zum Beispiel »auf ein Projekt, das ihn persönlich faszinierte«, so die *Bilanz:* ein gemeinsames Unternehmen »zwischen dem Schweizer Fahrradhersteller BMC/Stromer, der Swisscom, Google und dem amerikanischen Elektroautohersteller Tesla«. Das Thema sollte »Smart Mobility« sein, eine intelligente Kombination aus Informationstechnologie und Elektrofahrrädern. Die Markteinführung des nicht näher beschriebenen Produkts sei für 2014 geplant gewesen, »120 bis 150 Mitarbeiter« sollte »das mittelständische Gemeinschaftsunternehmen in der Anfangsphase beschäftigen«. Der passionierte Radler Schloter habe darin die Möglichkeit gesehen, »sein Hobby zum Beruf zu machen«: »›Carsten brachte viel Wissen und Herzblut in das Projekt ein‹, sagte Thomas Binggeli, Chef von BMC, ein enger Freund, der Schloter auf Radtouren begleitet hat. Schloter sah sich als potenziellen Chef der neuen Firma.«

Auch als Privatsportler suchte Schloter neue Herausforderungen. 2014 wollte er in Südafrika an dem Mountainbike-Rennen »Cape Epic« teilnehmen (*Neue Zürcher Zeitung,* Online-Ausgabe, 28.7.2013).

Die Frage bleibt: Warum brachte Schloter sich stattdessen unmittelbar nach seinem Urlaub um? Und zwar auch noch, nachdem er die Ferien mit seinen drei Kindern in seiner Ferienwohnung in Zermatt verbracht hatte? Sollte er währenddessen wirklich insgeheim Selbstmordpläne geschmiedet haben? Das zu glauben übersteigt beinahe menschliches Vorstellungsvermögen.

Eine Serie von Selbstmorden

Nun kann man über einen Selbstmord auf diese Weise natürlich trefflich weiter spekulieren. Eine verbindliche Antwort wird man dennoch nie finden. Der Einzelfall gibt sie oft einfach nicht her, zumal die Behörden mauern und den Informationsanspruch der Öffentlichkeit ignorieren. Irgendwann haben sich alle Überlegungen, Vermutungen und Spekulationen erschöpft, und man muss zugeben, dass nach wie vor alles möglich ist. Ganz anders sieht es aus, wenn das Geschehen Teil einer Serie ist. Wie bei einem Serienverbrechen können auch die Spuren zusammenhängender Selbstmorde addiert bzw. kombiniert werden. Und wie eingangs bereits angedeutet, wurde die Schweiz im Jahr 2013 geradezu von einer Serie von Selbstmorden hochkarätiger Manager heimgesucht. Nur einen Monat nach Schloter, am 26. August 2013, wurde der Finanzvorstand der Zurich Versicherung, Pierre Wauthier, tot in seinem Haus in Walchwil im Kanton Zug aufgefunden. Nach Angaben der Schweizer Boulevardzeitung *Blick* hatte auch Wauthier sich erhängt. Bereits zwei Monate vor Schloter hatte es einen anderen Manager »erwischt«. Am 20. Mai 2013 verließ Othmar Vock morgens um 9.15 Uhr sein Haus in Sissach (Basel-Landschaft) und kehrte nicht mehr zurück. Erst 20 Tage später wurde die Leiche des langjährigen Verwaltungsrates der Swisscom von Wanderern in einem nahe gelegenen, schwer zugänglichen Waldgebiet gefunden. Nach Angaben der *Bunten* hatte auch er sich erhängt.

Wir haben es also mit drei kurz aufeinanderfolgenden Selbstmordfällen hochkarätiger Manager zu tun:

- Othmar Vock, Finanz-Verwaltungsrat der Swisscom, Rücktritt im April 2012, am 20. Mai 2013 erhängt
- Carsten Schloter, Vorstandsvorsitzender der Swisscom, am 23. Juli 2013 erhängt, ein Abschiedsbrief

- Pierre Wauthier, Finanzvorstand der Zurich Versicherung, am 26. August 2013 erhängt, zwei Abschiedsbriefe

Alle drei haben sich Berichten zufolge erhängt. Ob und inwiefern man die genannten Abschiedsbriefe auf ihre Echtheit prüfte, wurde nicht mitgeteilt.

Verschwunden in der »Blackbox«

Auch zu den Todesfällen Vock und Wauthier wurden »aus Rücksicht auf die Angehörigen« keine weiteren Details bekanntgegeben, im Fall Vock, wie die Polizei Basel-Landschaft mitteilte, »aus Gründen der Pietät sowie aus Rücksicht auf den Persönlichkeitsschutz der involvierten Personen«. Mit anderen Worten, über das Ableben der drei Topmanager wurde eine Nachrichtensperre verhängt, die nur nicht so genannt wurde. Vielmehr war von »Persönlichkeitsrechten«, »Pietät« und »Rücksicht auf die Hinterbliebenen« die Rede. »Aufgrund eines mündlichen Vorbescheids des Instituts für Rechtsmedizin und der angetroffenen Situation am Wohnort ist in Zusammenhang mit dem Tod von Pierre Wauthier von einem Suizid auszugehen«, schrieb mir auch Marcel Schlatter von der Medienstelle der Zuger Strafverfolgungsbehörden: »Aus Rücksicht auf die Hinterbliebenen möchten wir keine weiteren Details zum Fall bekanntgeben.«

Das heißt, nicht nur Schloter, sondern auch die beiden anderen Menschen verschwanden mit ihrem Ableben in der erwähnten »Blackbox«, deren Wände aus Persönlichkeitsrechten und angeblicher Rücksicht auf die Angehörigen geschmiedet wurden. Auf der Strecke blieb dabei der Informationsanspruch der Öffentlichkeit. Normalerweise muss hier eine Abwägung zwischen öffentlichem Interesse und Schutz der Privatsphäre stattfinden, wie sie im Fall Heisig erfolgt ist, und die Öffentlichkeit darf nicht einfach »ausgesperrt« werden.

Selbstmord- oder Mordsystem?

Wie gesagt, über einen einzelnen Selbstmord lässt sich trefflich spekulieren. Der Fall »hängt« quasi »im luftleeren Raum«. Auch ein zweiter Selbstmord ändert daran noch nicht viel, es sei denn, es gibt eine Verbindung zwischen den beiden Fällen. Dann allerdings wird es interessant. Denn nun könnten die Selbstmorde eine Serie sein und ein System haben: entweder ein Selbstmord- oder ein Mordsystem. Im Falle des Telekommunikationskonzerns Swisscom haben wir es mit zwei Selbstmorden auf höchster Ebene zu tun – dem des Vorstandsvorsitzenden Carsten Schloter und dem des relativ frisch ausgeschiedenen Finanz-Verwaltungsrates Othmar Vock.

Nun sind Selbstmorde keine so häufigen Ereignisse, dass ein und derselbe enge Kreis (nämlich die Führungsetage eines Konzerns) binnen kurzer Zeit gleich zweimal betroffen wird. Tatsächlich waren die beiden Manager aber nicht nur bei demselben Konzern auf der obersten Ebene tätig, sondern arbeiteten auch noch eng zusammen. Und wenn sich solche engen Bekannten und Kollegen kurz hintereinander umbringen, mag man kaum an einen Zufall glauben. Vielmehr kann man mit an Sicherheit grenzender Wahrscheinlichkeit davon ausgehen, dass beide Todesfälle etwas miteinander zu tun haben.

Geldwäsche, die sich gewaschen hat

Die Zusammenarbeit hatte es schließlich in sich. Im Jahr 2007 hatte die Schweizer Swisscom nämlich den italienischen Kommunikationskonzern Fastweb übernommen. Federführend dabei waren laut Medien die späteren Selbstmordopfer Carsten Schloter und Othmar Vock. Vock war im Swisscom-Verwaltungsrat Vorsitzender des Ausschusses Revision, an dessen Sitzungen auch Schloter teilnahm. Die beiden Konzernlenker dürften schon bald gemerkt haben, was sie da eigentlich gekauft hatten – nämlich ein

Nest der italienischen Mafiaorganisation 'Ndrangheta. Im Jahr 2010 stand Fastweb im Zentrum eines Geldwäsche-Skandals, der sich »gewaschen« hatte: Über mehrere Jahre sollen Fastweb und dessen Tochter Sparkle »nicht nur Geld der 'Ndrangheta mit falschen Rechnungen gewaschen haben, sondern dabei auch noch Mehrwertsteuer dem Staat hinterzogen haben«, so das *Handelsblatt* in seiner Online-Ausgabe vom 24. Februar 2010. »Die 'Ndrangheta gilt als brutalste und mächtigste Mafiagruppe Italiens«, berichtete die Website von *n-tv:* »Einer Studie zufolge machte sie 2007 schätzungsweise 44 Milliarden Euro Umsatz mit Drogen- und Waffenhandel, Prostitution und Erpressungen« (28.4.2010). Die Milliardeneinnahmen wurden zum Teil bei Fastweb gewaschen. »Insgesamt sollen die Beteiligten [Mafiosi] zwischen 2003 und 2006 mit fiktiven Gesellschaften in Italien, Panama und Großbritannien rund zwei Mrd. Euro reingewaschen haben. Der zuständige Untersuchungsrichter Aldo Morgini spricht von ›einem der kolossalsten Betrugsfälle in der Geschichte Italiens‹« (*Handelsblatt,* Online-Ausgabe, 24.2.2010). Dass der Begriff Mafia-»Nest« nicht übertrieben war, mag man daraus ersehen, dass die italienische Justiz nicht weniger als 56 Haftbefehle gegen Fastweb- und Sparkle-Mitarbeiter erließ, darunter »auch gegen den Fastweb-Gründer und Ex-Vorstandsvorsitzenden Silvio Scaglia« (ebda.). Nicht weniger als zwei Milliarden Euro Mafiageld sollen durch die Bilanzen von Fastweb und Telecom Italia geflossen sein, so das *Handelsblatt* (Online-Ausgabe, 25.2.2010). Demnach half das kriminelle Schwarzgeld dabei mit, die Bilanzen der Firmen zu frisieren und die »Umsatzziele zu erreichen«.
Im April 2010 reichte es der Swisscom, und sie nahm die Zügel bei ihrer Skandaltochter noch fester in die Hand. »Carsten Schloter war treibende Kraft hinter der Übernahme von Fastweb«, schrieb die *Aargauer Zeitung* (Online-Ausgabe, 25.8.2013): »Nach dem Rauswurf zahlreicher Fastweb-Bosse musste er in Italien persönlich aufräumen.« Schloter, schon seit 2007 Verwal-

tungsratspräsident von Fastweb, wurde für einige Monate auch noch Vorstandsvorsitzender der »Mafia-Tochter«. »Sein Ansprechpartner im Swisscom-Verwaltungsrat war Othmar Vock« (*Aargauer Zeitung,* a. a. O.). Laut *Bunte* hatten die beiden »einen tiefen Einblick in die Geheimnisse von Fastweb«. Bei der Aufräumaktion habe sich Schloter in Italien sicher »nicht nur Freunde gemacht«.

Ärger mit der 'Ndrangheta

'Ndrangheta-Bosse sind nun mal nicht zimperlich. Laut *Neuer Zürcher Zeitung* vom 23. Juni 2011 weicht die Mafia »vermehrt auch in die Schweiz aus«. »Für ihre kriminellen Aktivitäten suchen Mafiaorganisationen die Zusammenarbeit mit Spezialisten aus dem Finanz- und Bankwesen.« Gemäß dem Schweizer Bundesamt für Polizei (fedpol) gewann »die kalabrische Mafiaorganisation 'Ndrangheta in der Schweiz an Bedeutung«. Auch laut *Tagesanzeiger* vom 28. März 2012 geht die größte Gefahr in der Schweiz »von der 'Ndrangheta aus«. Und rein zufällig hatte auch das Unternehmen des dritten Selbstmordopfers aus den Schweizer Topetagen, Pierre Wauthiers Zurich Versicherung, Ärger mit derselben Mafia-Organisation. In diesem Fall lautete das Geschäftsmodell Versicherungsbetrug. In Italien hatten die Mafiosi Hunderte von Autounfällen inszeniert, um bei der Zurich Millionenbeträge abzukassieren. Allerdings schien sich die Versicherung zu wehren. Wenige Wochen vor Wauthiers Tod berichteten italienische Medien von einem »tödlichen Schlag« gegen die betroffenen Mafia-Familien. Dabei wurden nicht weniger als 116 Verdächtige festgenommen (*Spiegel Online,* 26.7.2013). Der Chef der Mafia-Bande soll mehr als 20 Morde angeordnet haben (*Handelszeitung,* Online-Ausgabe, 26.7.2013) .

Selbstmorde ohne Sinn

Demgegenüber ergeben weder die Selbstmorde noch die Selbstmordmethoden (Erhängen) oder die angeblichen Abschiedsbriefe der drei genannten Opfer einen Sinn. Während manche Medien schrieben, Swisscom-Vorstand Carsten Schloter habe in seinem Abschiedsbrief ausschließlich private Gründe genannt, ist das anderen Medien zufolge nicht richtig: »In dem kurzen Abschiedsbrief an Freundin und Frau gibt Schloter entgegen anderslautenden Berichten keine Gründe für seinen Suizid an«, so das *Hamburger Abendblatt* (Online-Ausgabe, 5.9.2013). Seltsam: Der dreifache Familienvater und Vorstandsvorsitzende eines Milliardenunternehmens gibt keine Gründe für seinen Selbstmord an? Und noch bizarrer: »Er schreibt nur, er wolle niemandem zur Last fallen.« Sollte das stimmen, wäre das merkwürdig, aber typisch für einen fingierten Abschiedsbrief. Da die Täter nicht wissen, warum der Betreffende hätte Selbstmord begehen sollen, können sie auch keine Gründe nennen. Meistens bleiben die Formulierungen dann allgemein, wie »halte es nicht mehr aus«, »kann nicht mehr«, »weiß nicht mehr weiter«. Die Hinterbliebenen werden solche Floskeln dann für sich schon mit Inhalten füllen. »Niemandem zur Last fallen wollen« ist natürlich auch beliebt – ebenfalls eine allgemeine und schwammige Formulierung, die im Fall Schloter jedoch völlig deplaziert wirkt, denn schließlich war die Sportskanone ja kein Pflegefall.

Der rätselhafte Tod des Pierre W.

Auch der Zurich-Finanzvorstand Wauthier, erhängt aufgefunden am 26. August 2013, war genau wie Carsten Schloter ein begeisterter »Läufer und Triathlet«, berichtete der *Zürcher Tagesanzeiger* (Online-Ausgabe, 6.9.2013): »›Wauthier hatte eine Aura des Selbstvertrauens‹, berichtet eine Person, ›für mich war er immer ein Senkrechtstarter.‹« »Wie es zu Wauthiers Freitod am Montag letzter Woche kommen konnte«, erscheine »nach wie vor rätselhaft«. Zurich-Finanzvorstand Wauthier hinterließ, wie bereits erwähnt, gleich zwei Abschiedsbriefe. Über den Inhalt sickerte so gut wie nichts durch. Nur so viel: Der eine sei mit dem Computer verfasst, von Hand unterzeichnet und mit dem Satz »To whom it may concern«, »An alle, die es angeht«, überschrieben gewesen. Ebenfalls eine sehr allgemeine Formulierung, die normalerweise aus Angst gewählt wird, jemanden direkt anzusprechen oder zu beschuldigen – was im Falle eines Selbstmordkandidaten eigentlich keinen Sinn ergibt. Warum sollte er noch Vorsicht walten lassen oder irgendwelche Rücksichten nehmen? Oder wusste der Verfasser des computergeschriebenen Briefes schlicht und einfach nicht, wen er ansprechen sollte? Nichts da, denn im Brief selbst soll Wauthier ja den Zurich-Verwaltungsratspräsidenten Josef Ackermann »als Einzigen« namentlich genannt haben, so die Medien. Allerdings dürfte Ackermann auch der bekannteste Manager der Zurich Versicherung, wenn nicht sogar der ganzen Schweiz, gewesen sein.

Ironie der Geschichte: »Laut den befragten Personen kannte Ackermann den verstorbenen Finanzchef nicht gut, die beiden Führungskräfte sahen einander rund einmal pro Monat«, so der *Tagesanzeiger* (a. a. O.). Was natürlich schon die nächste Frage aufwirft: Kann einen jemand, den man »nicht gut kennt« und den man nur einmal im Monat sieht, tatsächlich so in die Enge treiben, dass man Selbstmord begeht? »Dass es der Streit mit Ackermann war, der Wauthier zum Suizid trieb, können sich die Vertrauten« denn auch »nicht vorstellen«, so das Blatt weiter. In seinem Abschiedsbrief »an wen auch immer« beziehe sich Wauthier auf zwei aufeinanderfolgende Begegnungen mit Ackermann, »ohne aber die Details zu beschreiben«, so das *Handelsblatt* (Online-Ausgabe, 31.8.2013). Gerade diese wären aber wichtig, um festzustellen, ob der Abschiedsbrief überhaupt echt ist. Denn genau wie beim Geständnis eines jeden anderen Täters kommt es auch beim Abschiedsbrief eines Selbstmörders auf das »Täterwissen« an. Enthält ein Abschiedsbrief keinen Adressaten, keine wenig bekannten Namen und auch sonst keine konkreten Details, die nur wenigen Menschen bekannt sein können, so ist Misstrauen angebracht. Dazu passt, dass das Schreiben angeblich nur eine Seite lang ist – da bleibt natürlich nicht viel Platz für detaillierte Ausführungen. Aber reicht das für den Abschiedsbrief eines Familienvaters und Konzern-Finanzvorstands wirklich aus? Hatte Wauthier am Ende seines Lebens wirklich nicht mehr zu seiner spektakulären Entscheidung zu sagen?

Sofortige geschäftliche Neutralisierung

Dazu kommt, dass die genannten Selbstmordopfer nicht nur alle direkt oder indirekt mit der 'Ndrangheta zu tun hatten, sondern Othmar Vock und Pierre Wauthier auch noch die Finanzchefs bzw. -kontrolleure ihrer Firmen Swisscom bzw. Zurich Versicherung waren. Und natürlich hatte auch Swisscom-Vorstandschef Schloter mit den Finanzen des Konzerns zu tun. So nahm auch er an den Sitzungen des Revisionsausschusses im Verwaltungsrat teil.

In der Reihe der plötzlichen und unerwarteten »Demissionen« muss nun aber noch der Verwaltungsratspräsident der Zurich Versicherung, Josef Ackermann, erwähnt werden. Ebenso überraschend, wie sich Finanzvorstand Wauthier das Leben genommen hatte, trat Ackermann nur drei Tage später, am 29. August 2013, von seinem Posten zurück, und zwar mit sofortiger Wirkung.

Was auf den ersten Blick etwas ganz anderes ist als ein Selbstmord, weist in Wirklichkeit viele Parallelen auf. Gemeinsam ist einem Selbstmord und einem solchen Rücktritt zum Beispiel die sofortige »geschäftliche Neutralisierung«. Eine weitere Gemeinsamkeit ist der »Abschiedsbrief«, der im Fall Ackermann zu einigen Rätseln Anlass gab. »Eine solche Rücktrittserklärung eines

Konzernführers hat es wohl noch nicht gegeben«, befand *Spiegel Online* am 29. August 2013 in einem Artikel über »Ackermanns rätselhaften Rücktritt«: »Josef Ackermann begründete seinen sofortigen Abgang als Verwaltungsratschef des Schweizer Versicherers Zurich am Donnerstag mit dem Tod des Finanzvorstands Pierre Wauthier.« Statt des Abschiedsbriefes von Pierre Wauthier gelangte also nur Ackermanns Rücktrittsschreiben an die Öffentlichkeit (zur besseren Übersicht habe ich die einzelnen Sätze im Wortlaut hier durchnummeriert):

1. *Der unerwartete Tod Pierre Wauthiers hat mich zutiefst erschüttert.*
2. *Ich habe Grund zur Annahme, dass die Familie meint, ich solle meinen Teil der Verantwortung hierfür tragen, ungeachtet dessen, wie unbegründet dies objektiv betrachtet auch sein mag.*
3. *Daher sehe ich eine weitere erfolgreiche Führung des Verwaltungsrates zum Wohle der Zurich in Frage gestellt.*
4. *Um jegliche Rufschädigung zu Lasten von Zurich zu vermeiden, habe ich beschlossen, von allen meinen Funktionen im Verwaltungsrat mit sofortiger Wirkung zurückzutreten.*

»Ackermanns Abschied von der Zurich Versicherung steckt voller Merkwürdigkeiten«, befand die *FAZ* (Online-Ausgabe, 1.9.2013):

> »Jene Vier-Satz-Botschaft des einstigen Deutsche-Bank-Chefs, was soll die uns sagen? Dass er, die ehrliche Haut, erschüttert ist über den Tod seines Finanzvorstandes und dass er, geradlinig, wie er ist, daraus die Konsequenzen zieht? Das wäre die ihm genehme Deutung. Doch die Ungewöhnlichkeit des Textes zeigt Ackermanns Bedrängnis. Wurde er gar erpresst, seine Schuld bei der Demission zu thematisieren? Wieso sollte er das sonst tun?«

Ackermanns Rücktritt versteht kein Mensch

Ja, warum? Ist das angegebene Motiv überhaupt der wahre Grund für den Rücktritt?

So wundert sich die *FAZ,* dass Ackermann überhaupt Verantwortung für Wauthiers Ableben übernahm: »Wer aber mag für einen Selbstmord Verantwortung übernehmen außer dem, der sich das Leben genommen hat?« Wohl wahr. Zwar können Menschen anderen Menschen schwer zusetzen. Sie können sie auch mobben und schikanieren. Aber ein erwachsener Mensch hat in der Regel die Möglichkeit, sich zu wehren oder notfalls zu gehen, sprich: zu kündigen, wie Carsten Schloter das vorhatte (aber seltsamerweise ebenfalls nicht tat). »Was Wauthier letztlich in den Tod getrieben hat, bleibt im Dunkeln. Kollegen und Investoren, die er vor seinem Selbstmord in London traf, machten keine Warnsignale aus. Nach Aussagen von Zurich-Mitarbeitern habe der Finanzchef Mails noch bis einen Tag vor seinem Tod beantwortet«, schrieb die Website von *n-tv* am 7. September 2013. Auch bei Pierre Wauthier fragten sich die Medien, »warum er nicht einfach seine Stelle kündigte« (*NZZ,* Online-Ausgabe, 1.9.2013). Zwar können sich im Falle eines Suizids andere schuldig fühlen – die Waffe geführt oder den Strick geknüpft haben sie deswegen aber noch lange nicht. Zu erwarten gewesen wäre daher eher eine allgemeinere Schulderklärung im Sinne von: »Wir fühlen uns alle schuldig. Hinterher fragt man sich immer, ob man etwas übersehen oder falsch gemacht hat.« Diese diffuse Mitschuld der Umwelt an einem Selbstmord löst zwar häufig Betroffenheit und Nachdenklichkeit aus, ist aber kein Grund für eine »harte Konsequenz« wie einen Rücktritt.

Carsten Schloter: Selbstmord oder Mord?

Die Bombe kam aus Italien

Was stimmte hier nicht? Hat Ackermann die Kritik der Familie nur erfunden, um einen Rücktrittsgrund zu konstruieren? Oder hat er sie nur zum äußeren Anlass für seinen Rückzug genommen? »In der Finanzwelt fragt man sich, was Ackermann, der sämtliche Stürme bei der Deutschen Bank, Prozesse, Anfeindungen und die Finanzkrise überstanden hat, zu seiner hastigen Flucht verleitet haben mag«, rätselte die *Neue Zürcher Zeitung* (a. a. O.). Tatsächlich hatte Ackermanns Rücktritt etwas von einer Angst- oder gar Panikreaktion. Was bei einem Selbstmord Wauthiers natürlich gar nicht nötig gewesen wäre. Auf Selbstmorde reagiert die Umwelt eher mit Schuldgefühlen. Eine Ángstreaktion in der Umwelt ist dagegen ein Zeichen für Mord.

Die Angst war schließlich überall mit Händen zu greifen. Als etwa Reporter der Schweizer Boulevardzeitung *Blick* nach Wauthiers Ableben bei seinem Wohnsitz in Walchwil vorbeischauten, trafen sie vor dem Haus auf die Angestellte eines Personen- und Objektschutzes, die erklärte, Wauthiers Witwe wolle nicht mit der Presse reden. Laut *Blick* wollte die Frau den Reportern auch verbieten, mit den Nachbarn zu sprechen: »Diese hätten einen Brief unterschrieben, dass sie keine Journalistenfragen beantworten, aus Rücksicht auf die Familie.« Auf Nachfrage schüttelte eine Nachbarin jedoch den Kopf: »Sie wisse nichts von einem solchen Brief.«

Was ging hier eigentlich vor? Schlussendlich sei die Tochter des Verstorbenen aus dem Haus gekommen und habe die Reporter hereingebeten. Dort habe ihnen die Witwe erklärt, dass sie nicht mit ihnen reden dürfe. Von dem Sicherheitsdienst vor dem Haus habe sie nichts gewusst: »Wer ist diese Frau draußen? Gehört sie zu euch Journalisten?«, fragte sie *Blick* zufolge: »Offenbar hat sie keine Ahnung vom Einsatz des Sicherheitsdienstes« (Online-Ausgabe, 30.8.2013). Am Ende sei noch ein junger Mann dazugestoßen, nach eigenen Angaben ein »Securitas-Mitarbeiter«. Die Firma habe bestätigt, dass es hier »um Persönlichkeits- und Objektschutz« gehe. Um Objektschutz? Warum Objektschutz? Und ist nun wirklich »Persönlichkeitsschutz« oder eigentlich »Personenschutz« gemeint? Ein kleiner, aber feiner Unterschied. Während im ersteren Fall der Schutz von Persönlichkeitsrechten gemeint ist, geht es beim Personenschutz um den physischen Schutz von Menschen. Merkwürdigerweise wusste die Familie noch nicht einmal etwas von ihrem »Glück«. »Man habe der Familie Hilfe in verschiedenen Bereichen angeboten. Zum Teil habe sie diese angenommen, zum Teil nicht«, zitiert *Blick* einen Sprecher der Zurich Versicherung. »Ein Redeverbot für Witwe und Nachbarn dementiert er: ›Es liegt uns fern, derartige Vorschriften zu machen. Uns geht es einzig darum, die Angehörigen zu schützen.‹« Wovor zu schützen? Oder vor wem? Wirklich nur vor der Presse?

Leser wittern Unrat

Während sich die Medien bedeckt hielten und keine Zweifel an den seltsamen Selbstmorden durchblicken ließen, traf das für ihre Leser nicht zu (Rechtschreibung im Folgenden beibehalten). Zum Suizid Carsten Schloters schrieb beispielsweise eine »Elisa« auf der Website der schweizerischen *Handelszeitung:*

> »So wie Schloter hier geschildert wird, auch dass er sich bei einem Head Hunter *(Tagesanzeiger)* bereits um andere Herausforderungen gekümmert hat, so ein Mensch macht in meinen Augen nicht Suizid. Ich glaube der Presse bzgl. Suizid kein Wort mehr, auch wenn sie die Polizei als Verstärkung ihres Suizid-Argumentariums benutzt. Und die Psychologen mit ihren analytischen Allgemeinplätzen, wo x-beliebige Personen in ähnlichen Lebenssituationen einsetzbar und austauschbar sind, können zum Teufel gehen. In dieser Geschichte stinkt es mächtig faul« *(Handelszeitung,* Online-Ausgabe, 22.8.2013).

Eine »Annette« antwortete:

> »Ich stimme Ihnen vollkommen zu. Es stinkt gewaltig und es paßt nichts zusammen. Wo sind die Ergebnisse einer zeitnah durchgeführten Obduktion, das zumindest auf einen Todeszeitpunkt (+/- ein paar Stunden) hätten schließen lassen? Laut einem anderen Bericht plante er außerdem, 2014 an einem großen internationalen Velorennen in (soweit ich mich erinnere) Südafrika teilzunehmen. Ich frage mich immer mehr, wer hier ein Interesse daran haben könnte, daß es so viele Ungereimtheiten gibt? Cui bono?« (ebda., 23.8.2013).

Besagte »Elisa« äußerte sich auch zum Todesfall Wauthier:

> »Vielleicht taucht auch noch ein dritter Abschiedsbrief auf? Besonders merkwürdig ist, dass die Schweizer vom zweiten Abschiedsbrief über das deutsche *Handelsblatt* erfahren! Wie kamen die Deutschen denn zu dieser Information und warum wussten die Schweizer Ermittler nichts davon??? Und warum erst Tage nach der Selbsttötung? Und dass der angeblich von einer ›Blitz-Depression‹ (lesen: *Die Welt*) heimgesuchte Herr Wauthier vor seinem verzweifelten Abgang ganz rational seitige Abschiedsbriefe mit dem PC schreibt und fein hübsch seine Unterschrift darunter setzt, ist ja auch zu bezweifeln. Glaubwürdig-sein tönt anders« (*Handelszeitung,* Online-Ausgabe, 2.9.2013).

Auf der *Blick*-Website schrieb ein »Beat Anliker«:

> »Jeder Suizid ist tragisch und hinterlässt viel Leid. Aber hier stimmt für mich etwas nicht. Wäre es nur die Arbeitsstelle gewesen, welche sein Leben belastet hätte, wäre es doch einfacher gewesen den Hut zu nehmen. Die bereits verdienten

Millionen hätten ja bestimmt gereicht um ein sorgenfreies Leben zu führen. Da müssen noch andere Gründe vorhanden sein, von denen man vielleicht ablenken will« (2.9.2013).

Und ein »Paco san« fügte hinzu:

»Ich verstehe nicht, dass ein CFO der ein paar millionen im jahr verdient, nicht einfach die firma verlässt, wenn er nicht mit den leuten zusammenarbeiten kann. er hätte locker 1 jahr sich überlegen können wo er in zukunft arbeiten möchte« (2.9.2013).

Auf der *Tagesanzeiger*-Website gab ein »Reto Frank« zu bedenken:

»Würde jeder, der von seinem Chef unter Druck gesetzt und kritisiert wird, Suicid begehen, hätten wir ein Massensterben. Ein CFO hat aber im Gegensatz zum kleinen Angestellten mehr Möglichkeiten, der Situation auszuweichen: Zurücktreten ins 2. Glied, Sabbatical, notfalls Kündigung, da finanziell abgesichert. Dem Angestellten bleibt nur die schwierige Suche nach einem neuen Job« (1.9.2013).

»Warum wechselte der Finanzchef nicht einfach seinen Arbeitgeber«, fragte auch eine »Yvonne Lehmann«: »Bei der Qualifikation und hoch des Lobes wäre es doch wohl ein Einfaches gewesen. Da gibt es viele Büezer* die sich manches vom Chef gefallen lassen müssen weil sie schlicht nicht viele andere Chancen haben. Das dünkt mich hier doch sehr seltsam!« (1.9.2013). »Die Zurich Insurance Group geriet über eine Tochtergesellschaft in Italien in

---

* Berndeutsch für einfache Arbeiter, Handwerker, Handlanger. Der Begriff ist nicht negativ besetzt.

die Fänge der Mafia, die via Versicherungsbetrug Mio ergaunerte (Italo-Mafia betrügt Schweizer Versicherung, HZ)«, schrieb eine »Elisabeth Krail«. Und weiter: »Der Chef der Mafia-Bande soll mehr als 20 Morde angeordnet haben. Auch Swisscom geriet mit Fastweb in den Mafia-Sumpf. Schloter u Othmar Vock (VR Swisscom, ebenfalls tot aufgefunden) räumten auf. Ackermann weiss mehr!!« (1.9.2013). »Klingt nach massivem Zusammenhang und sehr interessant«, meinte dazu eine »Annette Siegel« und fragt: »Warum aber wird die ›Ehrenwerte Gesellschaft‹ erst nach Jahren aktiv, wieso diese 3 Personen (bisher!) und wieso diese Reihenfolge? Todesursache: identisch, angeblich alle 3 depressiv, alle Tode kurz hintereinander innert 5 Monaten. Zufall? Absicht? Wer hat es da so eilig? Und: Who will be next?« (7.9.2013).

Mordanschlag auf Ackermann

Das fragte sich möglicherweise nicht nur diese Leserin, sondern vielleicht auch Josef Ackermann. Denn der kündigte nach der angeblich internen Angelegenheit bei der Zurich Versicherung kurz darauf auch noch seinen Rückzug aus einer ganz anderen Firma an – nämlich aus dem Aufsichtsrat von Siemens (12.9.2013). Warum war dieser Schritt nötig? Zwar lieferte der Topmanager eine wohlfeile Begründung (»unterschiedliche Vorstellungen«), aber das sind wohl nur Floskeln für die Öffentlichkeit. Immerhin ist Ackermann (soweit bekannt) ja auch der Einzige in dieser Viererreihe, auf den tatsächlich einmal ein Mordanschlag verübt wurde: Am 7. Dezember 2011 trudelte in der Poststelle der Deutschen Bank in Frankfurt am Main eine an Ackermann adressierte Briefbombe ein. Die Sendung kam aus Italien. Absender war eine Gruppe namens »Federazione Anarchica Informale« (FAI). Dabei handele es sich um eine »rätselhafte Gruppe«, so *Spiegel Online* am 9. Dezember 2011.

Meistens sind solche angeblich politischen Organisationen nur Tarnorganisationen von Mafia und/oder Geheimdiensten, wie bereits die in diesem Buch geschilderte Fälle Giuseppe Gulotta oder NSU gezeigt haben. Denken wir aber auch an die sogenannte »Rote Armee Fraktion«, die 1989 sogar einen von Ackermanns Vorgängern ermordete: den Vorstandssprecher der Deutschen Bank, Alfred Herrhausen. Bis heute ist eine Täterschaft der RAF nicht erwiesen, die Täter wurden bisher nicht gefasst.

Die Briefbombe einer »anarchistischen Gruppe« an den damaligen Chef der Deutschen Bank, Ackermann, ist also nicht irgendetwas, sondern lässt sämtliche roten Warnlampen aufleuchten. Die FAI sei die »seit Jahrzehnten wohl mysteriöseste terroristische Gruppierung Italiens. Dutzende Anschläge gehen seit nunmehr acht Jahren auf ihr Konto, doch keiner ihrer Aktivisten wurde je verurteilt, keiner ihrer ›Kämpfer‹ ist auch nur zur Fahndung ausgeschrieben – aus dem einfachen Grund, dass die italienische Polizei völlig im Dunkeln tappt.«

Ein typisches Merkmal für einen geheimdienstlichen Hintergrund (siehe die späte RAF).

Die Wahrheit ist: Die wirklichen Linken wollen mit der angeblichen anarchistischen Gruppe gar nichts zu tun haben und wissen auch nicht, wer dahintersteckt: »Für die linke Szene sind die Aktionen der Gruppe ein echtes Problem«, so die Website des *Stern* am 9. Dezember 2011:

»Durch die Aktionen der ›Federazione Anarchica Informale‹ gerät die Linke einmal mehr in einen allgemeinen Terrorverdacht – ohne selbst viel dagegen tun zu können. Dass sich unmittelbar nach Bekanntwerden des versuchten Attentats auf Ackermann mehrere anarchistische Gruppen von den Anschlagsplänen distanzierten, sie verurteilten und erklärten, die ›Federazione Anarchica Informale‹ gehöre nicht zur libertär/ anarchistischen Bewegung, findet sich bestenfalls in den einschlägigen Foren wieder. Und zwar gleich neben dem verzweifelten Versuch, endlich herauszufinden, wer eigentlich hinter der ›FA Informale‹ steckt, die der radikalen Linken seit einiger Zeit in regelmäßigen Abständen den Ruf ruiniert.«

»Viele Aktivisten auch der radikalen, der ›antagonistischen‹ Linken in Italien halten die FAI für eine von Geheimdiensten gesteuerte Truppe von ›Provokateuren‹«, schrieb denn auch *Spiegel Online* in dem Artikel über die geheimnisvolle Bande (a. a. O.). Der Grund für das »linke Misstrauen« liege darin, »dass die Polizei nie eines der FAI-Mitglieder stellen, nie einen der Anschläge aufklären konnte«. Die italienische FAI hat seit 2003 etwa 80 Briefbomben oder -Zündsätze verschickt, vor allem an Banker, Finanzinstitutionen, Steuerbehörden, aber auch an die Polizei, an Gerichte und Gefängnisse – allesamt Institutionen, mit denen auch die Mafia ein Hühnchen zu rupfen haben könnte, was wiederum für eine Verbindung zwischen Mafia und Geheimdiensten bei den Bombenattentaten spricht. Bezeichnenderweise schießen die angeblichen Anarchisten ihren Opfern ja auch mal in die Beine, wie am 7. Mai 2012 dem Chef des staatlichen italienischen Atomkonzerns Ansaldo Nucleare, Roberto Adinolfi – ein typischer Modus Operandi der Mafia. Zum anderen operiert die Bande von Kalabrien aus, dem Sitz der ’Ndrangheta. In Wirklichkeit sind solche Phantom-Gruppierungen Tarnorganisationen eines verdeckten Krieges, den Untergrund-Netzwerke wie Mafia und Geheimdienste (wobei die Grenzen fließend sind) gegen große Finanzinstitutionen führen, bei denen sie naturgemäß mächtige Interessen haben.

Fassen wir zusammen:

- Drei zum Teil eng verbundene Topmanager in der Schweiz begehen dubiose Selbstmorde.
- Ein weiterer, mit ihnen eng verbundener Topmanager inszeniert zwei dubiose Rücktritte.

- Abgesehen von Ackermanns kryptischen Erklärungen wird in allen vier Fällen eine absolute Nachrichtensperre verhängt, bei den Toten aus Gründen der »Pietät«.
- Swisscom und Zurich Versicherung, bei denen die Betroffenen tätig waren, hatten Probleme mit der Mafia ('Ndrangheta).
- Einer der vier Betroffenen wurde bereits von einer Mafia- und/oder Geheimdienst-Tarnorganisation angegriffen.

Der Tod des »Bankiers Gottes«

In jedem Fall wären die drei nicht die ersten Banker und Manager, die von der Mafia »geselbstmordet« worden wären. Einer der berühmtesten »Managerselbstmorde« ist wohl der Tod des einstigen Chefs der italienischen Banco Ambrosiano, Roberto Calvi. Der »Bankier Gottes« wurde am 17. Juni 1982 tot unter einer Brücke in London hängend aufgefunden, nachdem er Unsummen Mafiagelder »verbrannt« hatte. Die Diagnose des königlichen Coroners lautete Selbstmord. Merkwürdig, hatte sich Calvi doch zuvor der Rache der Mafia noch durch eine komplizierte und aufwendige Flucht aus Italien entzogen: »Er fuhr mit einem Motorboot nach Jugoslawien und von dort weiter nach Österreich. Schließlich bestieg er ein[en] Privatjet nach London, wo er am 15. Juni gemeinsam mit seinem Bodyguard Silvano Vittor in einer schäbigen Absteige unterkam«, hieß es in der Reihe *eines tages* bei *Spiegel Online* (18.6.2012). Und dann soll er sich einfach erhängt haben? Hätte er das nicht auch in Italien tun können? Und warum tat er das ausgerechnet unter einer Brücke, wo man schließlich auch erst einmal hingelangen muss? Hätten sein Hotelzimmer oder ein Wald nicht auch ausgereicht?

Calvis Hinterbliebene glaubten denn auch nicht an Suizid. Zehn Jahre lang kämpften sie darum, den vermeintlichen Selbstmord als Mord zu deklarieren. Schließlich kam die Wahrheit doch noch ans Licht: Der »überstürzte Aufbruch« Calvis aus Italien habe nicht verhindern können, »was längst beschlossene Sache war, wie ein abtrünniger Mafioso 2001 aussagte: Das oberste Cosa-Nostra-Direktorium soll demnach bereits im Frühjahr festgelegt haben, dass Calvi sterben musste. Wie die Staatsanwaltschaft später ermittelte, war es [Calvis langjähriger Bekannter] Carboni, der Calvi nach London lockte, um ihn dort seinen Mördern zu übergeben« und danach eine Aktentasche mit Dokumenten zu entsorgen, heißt es bei *eines tages.*

1998 stellte sich bei der Exhumierung und Obduktion der Leiche heraus: »Calvi wurde auf einem Müllplatz erdrosselt und dann erst an der Brücke aufgehängt. Darauf ließen Blutergüsse im Hirn schließen, Spuren am Hals und viele andere Indizien. So hatte er keine Nylonfasern des Seils an den Händen, was unzweifelhaft der Fall gewesen wäre, wenn er sich die Schlinge selbst um den Hals gelegt hätte.«

»Als überall die Zeitungen über den angeblichen Selbstmord des Top-Bankers berichteten«, soll es im Hauptquartier der Cosa Nostra »ein großes Gelächter« gegeben haben, so der Bericht bei *eines tages:* »Denn genau so hatte die Cosa Nostra den Mord auch aussehen lassen wollen.«

Bleibt zum Schluss die Frage: Hat etwa auch nach den Selbstmorden von Vock, Schloter und Wauthier jemand gelacht? Und: Wird es einen Nächsten geben? Von einer kriminaltechnischen Untersuchung bei den Schweizer Selbstmordfällen war schließlich bisher noch nicht einmal die Rede gewesen …

Der von der Mafia erhängte Banker Roberto Calvi 1982
unter der Blackfriars Bridge in London

Anhang 1

AO 91 (Rev. 11/11) Criminal Complaint

UNITED STATES DISTRICT COURT
for the
District of Massachusetts

United States of America	)
v.	)
	) Case No. 13 - 2106 - MBB
	)
Dzhokhar Tsarnaev	)
	)
Defendant(s)	)

CRIMINAL COMPLAINT

I, the complainant in this case, state that the following is true to the best of my knowledge and belief.

On or about the date(s) of _____ April 15, 2013 _____ in the county of _____ Suffolk _____ in the

_____ District of _____ Massachusetts _____ , _t(s) violated:

Code Section	Offense Description
18 U.S.C. s 2332a(a)	Use of a Weapon ᴄ. ᴅ Destruction
18 U.S.C. s 844(i)	Malicious Destruction of Property Resulting in Death

This criminal complaint is based on these facts:

See Attached Affidavit of Special Agent Daniel R. Genck

☑ Continued on the attached sheet.

Complainant's signature

Daniel R. Genck, Special Agent, FBI
Printed name and title

Sworn to before me and signed in my presence.

Date: 04/21/2013 @ 6:4T PM

Judge's signature

City and state: Boston, Massachusetts
BROOKLINE

Marianne B. Bowler
Printed name and title

AFFIDAVIT OF SPECIAL AGENT

I, Daniel R. Genck, being duly sworn, depose and state:

1.   I am a Special Agent with the Federal Bureau of Investigation ("FBI") and have been so employed since 2009. I am currently assigned to one of the Boston Field Office's Counter-terrorism Squads. Among other things, I am responsible for conducting national security investigations of potential violations of federal criminal laws as a member of the Joint Terrorism Task Force ("JTTF"). During my tenure as an agent, I have participated in numerous national security investigations. I have received extensive training and experience in the conduct of national security investigations, and those matters involving domestic and international terrorism.

2.   During my employment with the FBI, I have conducted and participated in many investigations involving violations of United States laws relating to the provision of material support to terrorism. I have participated in the execution of numerous federal search and arrest warrants in such investigations. I have had extensive training in many methods used to commit acts of terrorism contrary to United States law.

3.   This affidavit is submitted in support of an application for a complaint charging **DZHOKHAR A. TSARNAEV** of Cambridge, Massachusetts ("**DZHOKHAR TSARNAEV**") with using a weapon of mass destruction against persons and property at the Boston Marathon on April 15, 2013, resulting in death. More specifically, I submit this affidavit in support of an application for a complaint charging **DZHOKHAR TSARNAEV** with (1) unlawfully using and conspiring to use a weapon of mass destruction (namely, an improvised explosive device) against persons and property within the United States used in interstate and foreign commerce and in an activity that affects interstate and foreign commerce, which offense and its results affected

1

interstate and foreign commerce (including, but not limited to, the Boston Marathon, private businesses in Eastern Massachusetts, and the City of Boston itself), resulting in death, in violation of 18 U.S.C. § 2332a; and (2) maliciously damaging and destroying, by means of an explosive, real and personal property used in interstate and foreign commerce and in an activity affecting interstate and foreign commerce, resulting in personal injury and death, in violation of 18 U.S.C. § 844(i).

4.   This affidavit is based upon my personal involvement in this investigation, my training and experience, my review of relevant evidence, and information supplied to me by other law enforcement officers.   It does not include each and every fact known to me about the investigation, but rather only those facts that I believe are sufficient to establish the requisite probable cause.

FACTS AND CIRCUMSTANCES

A.   The Boston Marathon Explosions

5.   The Boston Marathon is an annual race that attracts runners from all over the United States and the world.   According to the Boston Athletic Association, which administers the Marathon, over 23,000 runners participated in this year's race.   The Marathon has a substantial impact on interstate and foreign commerce.   For example, based on publicly available information, I believe that the runners and their families -- including those who travel to the Boston area from other states and countries -- typically spend tens of millions of dollars each year at local area hotels, restaurants and shops, in the days before, during, and after the Marathon.   In addition, a number of the restaurants and stores in the area near the finish line have special events for spectators.

6.   The final stretch of the Boston Marathon runs eastward along the center of

2

Boylston Street in Boston from Hereford Street to the finish line, which is located between Exeter and Dartmouth Streets. Low metal barriers line both edges of the street and separate the spectators from the runners. Many businesses line the streets of the Marathon route. In the area near the finish line, businesses are located on both sides of Boylston Street, including restaurants, a department store, a hotel and various retail stores.

7.   On April 15, 2013, at approximately 2:49 p.m., while the Marathon was still underway, two explosions occurred on the north side of Boylston Street along the Marathon's final stretch. The first explosion occurred in front of 671 Boylston Street and the second occurred approximately one block away in front of 755 Boylston Street. The explosive devices were placed near the metal barriers where hundreds of spectators were watching runners approach the finish line. Each explosion killed at least one person, maimed, burned and wounded scores of others, and damaged public and private property, including the streets, sidewalk, barriers, and property owned by people and businesses in the locations where the explosions occurred. In total, three people were killed and over two hundred individuals were injured.

8.   The explosions had a substantial impact on interstate and foreign commerce. Among other things, they forced a premature end to the Marathon and the evacuation and temporary closure of numerous businesses along Boylston Street for several days.

B. Surveillance Evidence

9.   I have reviewed videotape footage taken from a security camera located on Boylston Street near the corner of Boylston and Gloucester Streets. At approximately 2:38 p.m. (based on the video's duration and timing of the explosions) -- i.e., approximately 11 minutes before the first explosion -- two young men can be seen turning left (eastward) onto Boylston from Gloucester Street. Both men are carrying large knapsacks. The first man, whom I refer to in this

3

affidavit as Bomber One, is a young male, wearing a dark-colored baseball cap, sunglasses, a white shirt, dark coat, and tan pants. The second man, whom I refer to in this affidavit as Bomber Two, is a young male, wearing a white baseball cap backwards, a gray hooded sweatshirt, a lightweight black jacket, and dark pants. As set forth below, there is probable cause to believe that Bomber One is Tamerlan Tsarnaev and Bomber Two is his brother, **DZHOKHAR TSARNAEV**.

10. After turning onto Boylston Street, Bomber One and Bomber Two can be seen walking eastward along the north side of the sidewalk towards the Marathon finish line. Bomber One is in front and Bomber Two is a few feet behind him. Additional security camera video taken from a location farther east on Boylston Street, as well as contemporaneous photographs taken from across the street, show the men continuing to walk together eastward along Boylston Street towards Fairfield Street.

11. I have also reviewed video footage taken from a security camera affixed above the doorway of the Forum Restaurant located at 755 Boylston Street, which was the site of the second explosion. This camera is located approximately midway between Fairfield and Exeter Streets and points out in the direction of Boylston and is turned slightly towards Fairfield. At approximately 2:41 p.m. (based on the video's duration and the timing of the explosions), Bomber One and Bomber Two can be seen standing together approximately one half-block from the restaurant.

12. At approximately 2:42 p.m. (i.e., approximately seven minutes before the first explosion), Bomber One can be seen detaching himself from the crowd and walking east on Boylston Street towards the Marathon finish line. Approximately 15 seconds later, he can be seen passing directly in front of the Forum Restaurant and continuing in the direction of the location where the first explosion occurred. His knapsack is still on his back.

4

13. At approximately 2:45 p.m., Bomber Two can be seen detaching himself from the crowd and walking east on Boylston Street toward the Marathon finishing line. He appears to have the thumb of his right hand hooked under the strap of his knapsack and a cell phone in his left hand. Approximately 15 seconds later, he can be seen stopping directly in front of the Forum Restaurant and standing near the metal barrier among numerous spectators, with his back to the camera, facing the runners. He then can be seen apparently slipping his knapsack onto the ground. A photograph taken from the opposite side of the street shows the knapsack on the ground at Bomber Two's feet.

14. The Forum Restaurant video shows that Bomber Two remained in the same spot for approximately four minutes, occasionally looking at his cell phone and once appearing to take a picture with it. At some point he appears to look at his phone, which is held at approximately waist level, and may be manipulating the phone. Approximately 30 seconds before the first explosion, he lifts his phone to his ear as if he is speaking on his cell phone, and keeps it there for approximately 18 seconds. A few seconds after he finishes the call, the large crowd of people around him can be seen reacting to the first explosion. Virtually every head turns to the east (towards the finish line) and stares in that direction in apparent bewilderment and alarm. Bomber Two, virtually alone among the individuals in front of the restaurant, appears calm. He glances to the east and then calmly but rapidly begins moving to the west, away from the direction of the finish line. He walks away without his knapsack, having left it on the ground where he had been standing. Approximately 10 seconds later, an explosion occurs in the location where Bomber Two had placed his knapsack.

15. I have observed video and photographic footage of the location where the second explosion occurred from a number of different viewpoints and angles, including from directly

5

across the street. I can discern nothing in that location in the period before the explosion that might have caused that explosion, other than Bomber Two's knapsack.

C. Photographic Identifications

16.   I have compared a Massachusetts Registry of Motor Vehicles ("RMV") photograph of **DZHOKHAR TSARNAEV** with photographic and video images of Bomber Two, and I believe, based on their close physical resemblance, there is probable cause that they are one and the same person. Similarly, I have compared an RMV photograph of Tamerlan Tsarnaev with photographic and video images of Bomber One, and I likewise believe that they are one and the same person.

D. The Bombers Emerge

17.   I base the allegations set forth in paragraphs 18 through 27 on information that has been provided to me by fellow law enforcement officers, including members of the JTTF and state and local law enforcement who responded to the crime scenes, as well as on publicly available information that I deem reliable.

18.   At approximately 5:00 p.m. on April 18, 2013, the FBI published video and photographic images of Bomber One and Bomber Two on its web site. Those images were widely rebroadcast by media outlets all over the country and the world.

19.   Near midnight on April 18, 2013, an individual carjacked a vehicle at gunpoint in Cambridge, Massachusetts. A victim of the carjacking was interviewed by law enforcement and provided the following information. The victim stated that while he was sitting in his car on a road in Cambridge, a man approached and tapped on his passenger-side window. When the victim rolled down the window, the man reached in, opened the door, and entered the victim's vehicle. The man pointed a firearm at the victim and stated, "Did you hear about the Boston

6

explosion?" and "I did that." The man removed the magazine from his gun and showed the victim that it had a bullet in it, and then re-inserted the magazine. The man then stated, "I am serious."

20.   The man with the gun forced the victim to drive to another location, where they picked up a second man. The two men put something in the trunk of the victim's vehicle. The man with the gun took the victim's keys and sat in the driver's seat, while the victim moved to the front passenger seat. The second man entered the victim's vehicle and sat in the rear passenger seat. The man with the gun and the second man spoke to each other in a foreign language.

21.   While they were driving, the man with the gun demanded money from the victim, who gave the man 45 dollars. One of the men compelled the victim to hand over his ATM card and password. They then drove to an ATM machine and attempted to withdraw money from the victim's account. The two men and the victim then drove to a gas station/convenience store in the vicinity of 816 Memorial Drive, Cambridge. The two men got out of the car, at which point the victim managed to escape.

22.   A short time later, the stolen vehicle was located by law enforcement in Watertown, Massachusetts. As the men drove down Dexter Street in Watertown, they threw at least two small improvised explosive devices ("IEDs") out of the car. A gun fight ensued between the car's occupants and law enforcement officers in which numerous shots were fired. One of the men was severely injured and remained at the scene; the other managed to escape in the car. That car was later found abandoned a short distance away, and an intact low-grade explosive device was discovered inside it. In addition, from the scene of the shootout on Laurel Street in Watertown, the FBI has recovered two unexploded IEDs, as well as the remnants of numerous exploded IEDs

7

E. Identification of the Carjackers

23.   I have reviewed images of two men taken at approximately 12:17 a.m. by a security camera at the ATM and the gas station/convenience store where the two carjackers drove with the victim in his car. Based on the men's close physical resemblance to RMV photos of Tamerlan and **DZHOKHAR TSARNAEV**, I believe the two men who carjacked, kidnapped, and robbed the victim are Tamerlan and **DZHOKHAR TSARNAEV**. In addition, the carjacker who was severely injured during the shoot-out in Watertown was taken to Beth Israel Hospital, where he was pronounced dead. FBI fingerprint analysis confirms that he is Tamerlan Tsarnaev, and the man's face matches the RMV photograph of Tamerlan Tsarnaev. RMV records indicate that Tamerlan Tsarnaev and **DZHOKHAR TSARNAEV** share the same address on Norfolk Street in Cambridge, Massachusetts. According to Department of Homeland Security immigration records, Tamerlan Tsarnaev and **DZHOKHAR TSARNAEV** are brothers. Tamerlan Tsarnaev was a Lawful Permanent Resident. **DZHOKHAR TSARNAEV** entered the United States on April 12, 2002, and is a naturalized U.S. citizen.

F. Preliminary Examination of the Explosives

24.   A preliminary examination of the remains of the explosive devices that were used at the Boston Marathon revealed that they were low-grade explosives that were housed in pressure cookers. Both pressure cookers were of the same brand. The pressure cookers also contained metallic BBs and nails. Many of the BBs were contained within an adhesive material. The explosives contained green-colored hobby fuse.

25.   A preliminary examination of the explosive devices that were discovered at the scene of the shootout in Watertown and in the abandoned vehicle has revealed similarities to the

8

explosives used at the Boston Marathon. The remnants of at least one of the exploded IEDs at the scene of the shootout indicate that a low-grade explosive had been contained in a pressure cooker. The pressure cooker was of the same brand as the ones used in the Marathon explosions. The explosive also contained metallic BBs contained within an adhesive material as well as green-colored hobby fuse. The intact low-grade explosive device found in the abandoned car was in a plastic container and wrapped with green-colored hobby fuse.

G. **DZHOKHAR TSARNAEV** is Located

26.   On the evening of April 19, 2013, police investigation revealed that there was an individual in a covered boat located at 67 Franklin Street in Watertown. After a stand-off between the boat's occupant and the police involving gunfire, the individual was removed from the boat and searched.   A University of Massachusetts at Dartmouth identification card, credit cards, and other forms of identification were found in his pockets.   All of them identified the man as **DZHOKHAR TSARNAEV**.   He had visible injuries, including apparent gunshot wounds to the head, neck, legs, and hand.   **DZHOKHAR TSARNAEV**'s wounds were triaged and he was brought to an area hospital, where he remains for medical treatment.

27.   On April 21, 2013, the FBI searched **DZHOKHAR TSARNAEV**'s dormitory room at 7341 Pine Dale Hall at the University of Massachusetts at Dartmouth, pursuant to a search warrant. The FBI seized from his room, among other things, a large pyrotechnic, a black jacket and a white hat of the same general appearance as those worn by Bomber Two at the Boston Marathon on April 15, 2013, and BDs.

CONCLUSION

28.   Based on the foregoing, there is probable cause to believe that on or about April 15, 2013, **DZHOKHAR TSARNAEV** violated 18 U.S.C. §§ 2332a (using and conspiring to use a

9

weapon of mass destruction, resulting in death) and 844(i) (malicious destruction of property by means of an explosive device, resulting in death). Accordingly, I respectfully request that the Court issue a complaint charging **DZHOKHAR TSARNAEV** with those crimes.

Daniel R. Genck
Special Agent
Federal Bureau of Investigation

Sworn and subscribed before me this 21st day of April 2013.

UNITED STATES MAGISTRATE JUDGE
MARIANNE B. BOWLER

10

Anhang 2

Nummer 439

EIDESSTATTLICHE ERKLÄRUNG vom 13. März 2013

Im Jahre zweitausenddreizehn, den dreizehnten März

Vor dem unterzeichneten Notar Paul DECKER im Amtssitz in Luxemburg.

Ist erschienen:

Herr Andreas Johannes KRAMER, Historiker, geboren in Hannover (Deutschland), am 26. Juni 1964, wohnhaft in Duisburg (Deutschland).

Welcher Komparent durch den amtierenden Notar über die Bedeutung der nachfolgenden eidesstattlichen Erklärung belehrt; im Rahmen von Artikel 402 der luxemburgischen Zivilprozedur, nachfolgende Erklärung beurkunden liess:

"Ich nehme zur Kenntnis, dass meine nachfolgende Erklärung mich im Falle einer Falschaussage strafbar macht.

Ich bin weder verwandt oder verschwägert, und stehe in keinem Arbeitsverhältnis der Beschuldigten in der „Bommeleeër" Angelegenheit.

Ich bin Historiker und wohne in Duisburg. Die Fakten über die ich berichte stammen allesamt von meinem Vater Johannes Karl KRAMER, ehemaliger Soldat im Rang eines Hauptmanns im Verteidigungsministerium in Bonn (Streitkräfteamt der Bundeswehr) Abteilung G4 und zusätzlich war er Agent des BND, Abteilung IV in München-Pullach.

Unter dem Code-Namen „Cello" war er Operationsleiter der Gladio-Stay Behind des BND und koordinierte Einsätze in Deutschland, den Beneluxstaaten und der Schweiz (P26).

Seit seiner Entarnung 1973 durch den KGB, vermittels Verrat seiner Sekretärin Heidbrun HOFER, lieferte er an KGB General Yuri DROSDOV als Doppelagent Informationen über die verbündeten Agenten in Stay Behind an Moskau. In seiner Koordinierungsfunktion der Geheimdienste Großbritannien (MI6), Belgien, Hollands (I&O) und Luxemburg (SREL) stand er u.a. in engem Kontakt mit Charles HOFFMANN.

Charles HOFFMANN in seiner Eigenschaft als Operationsleiter der Stay Behind in Luxemburg war als Spezialagent in einem damals geheimen Natostützpunkt in Sardinien in Sabotage, Sprengung und Einbrüchen im Zeitraum von 1973 bis 1976 ausgebildet worden. Die luxemburger Agenten der Stay Behind wurden in Schottland in den gleichen Sparten ausgebildet.

Die luxemburger Gruppe war verantwortlich für sämtliche Einbrüche und Sprengstoffdiebstähle während der Jahre 1984-1985.

Luxemburg war zudem im Jahre 1984, da es die Haager Konvention über das Verbot von Sprengfallen nicht unterzeichnet hatte, der ideale Ort solcher Übungen. Zudem sollten alle diesbezüglichen Attentate die Bevölkerung terrorisieren und politisch zu einem Rechtsruck einschwören.

Während in München (26.09.1980) und Bologna Natosprengstoffe verwendet wurden, bediente sich die luxemburger Gruppe der von ihr entwendeten Sprengstoffe. Die Ziele waren als Übungen gedacht für spätere Feindeseinsätze hinter den Frontlinien.

Wenn mein Vater die Interventionen verschiedener ausländischer Gruppen mit den Luxemburgern koordinierte, d.h. zusammenbrachte, so war Herr Hoffmann zuständig für die Auswahl seiner Agenten, die Zielorte und den Einsatz vor Ort im Zielgebiet.

Alles lief laut meinem Vater über seinen Schreibtisch. Für meinen Vater galten die luxemburger Agenten als sehr zuverlässige Partner innerhalb der Nato Stay Behind Organisation.

Das Verschwinden des Beweismaterials in mehreren Etappen wurde von meinem Vater zusammen mit Hoffmann organisiert um alle Spuren zu verwischen. Mein Vater hatte mir dies noch zu Lebzeiten während meiner Tätigkeit im Bundestag in Bonn 1991 und im Frühjahr 1992 anvertraut. Er hat mich damals ebenfalls über den streng vertraulichen Stand der Ermittlungen der Staatsanwaltschaft in Luxemburg informiert."

Also wurde vorstehende Erklärung durch den Komparenten diktiert und wurde dieselbe so wie sie mir diktiert wurde, niedergeschrieben und sodann dem Komparenten vorgelesen, welcher erklärt dieselbe wohl zu verstehen und dabei zu beharren, da sie der Wahrheit entspräche.

Zivilstandsbescheinigung.

Der unterzeichnete Notar bescheinigt den Zivilstand des Komparenten auf Grund seines deutschen Personalausweises Nummer 505092695 gültig bis zum 26. Juli 2015.

Worüber Urkunde, wovon der Notar kein Original behält (en brevet).

Aufgenommen in Luxemburg, in der Amtsstube des amtierenden Notars.

Datum wie eingangs erwähnt.

Und nach Vorlesung an den Komparenten, dem Notar nach Namen, gebräuchlichen Vornamen, Stand und Wohnort bekannt, hat Letzterer mit dem Notar unterschrieben.

Register

'Ndrangheta 298 f., 302, 312 f.

Acker, Markus 50
Ackermann, Josef 283, 301–306, 310 ff.
Adebolajo, Michael 210–215, 220
Adebowale, Michael 210 f.
Adinolfi, Roberto 312
Alben, Timothy 127
Albishausen, Wilfried 239 f.
Allende, Salvador 266
Alt, Franz 38
Anlage und Kredit Bank (AKB) 223
Apuzzo, Carmine 57 f., 61
Armas, Carlos Castillo 263
Arnold, Dietmar 19 f.
Avicenna 50

Bachmeier, Anna 268
Bachmeier, Marianne 268 f.
Baentsch, Wolfram 287
Barschel, Uwe 287
Bartsch, Jürgen 241
Basedau, Matthias 253
Baum, Gerhart 170
Bauman, Jeff 142 ff.
Bedi, Kiran 41
Berkowitz, David 246 f.

Binggeli, Thomas 294
Bliwier, Thomas 100
Bobbitt, Lorena 270 f.
Böhnhardt, Uwe 85, 101
steht nur hier mit Klarnamen, ansonsten als »Uwe B.«
Bonaparte, Joseph 48
Bonaparte, Napoleon 43–55
Boston-Marathon 119–158
Bräutigam, Frank 95
Breivik, Anders Behring 149
Brigade Mobile de la Gendarmerie 166
Buckley, Lacey 158
Bundesnachrichtendienst (BND) 165, 167 f.
Bushido 102

Calvi, Roberto 313 ff.
Campbell, Greg 115
Campbell, Krystle Marie 141
Carnival Spirit 185–198
Carpenter, David 246
CIA 263 f.
Commerzbank Berlin 29 ff.
Connor, Claire 211
Córdoba, Oscar 260
Cromitie, James 151 f.
Cyberkriminalität 159–164

Bildnachweis

S. 16 Computerkartographie Carrle nach ZDF Terra XPress ; S. 65 Computerkartographie Carrle nach Wikipedia; S. 92 Flyer; S. 93 Flyer; S. 121 Computerkartographie Carrle; S. 189 Computerkartographie Carrle nach www.carnival.com; S. 196 Computerkartographie Carrle nach www.carnival.com; S. 233 http://www.swr.de/report//id=10583092/property=download/nid=233454/1t395cp/index.pdf; S. 305 picture-alliance/EPA/WALTER BIERI; S. 315 picture-alliance/United Archiv